U0449925

经济所人文库

董志凯集

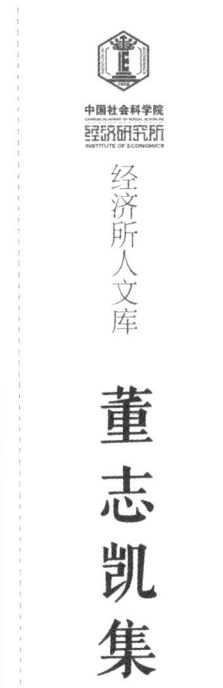

中国社会科学院经济研究所学术委员会 组编

中国社会科学出版社

图书在版编目(CIP)数据

董志凯集/中国社会科学院经济研究所学术委员会组编.
—北京:中国社会科学出版社,2019.1
(经济所人文库)
ISBN 978-7-5203-3563-8

Ⅰ.①董… Ⅱ.①中… Ⅲ.①经济学—文集
Ⅳ.①F0-53

中国版本图书馆 CIP 数据核字(2018)第254331号

出 版 人	赵剑英
责任编辑	王 曦
责任校对	孙洪波
责任印制	戴 宽
出 版	中国社会科学出版社
社 址	北京鼓楼西大街甲158号
邮 编	100720
网 址	http://www.csspw.cn
发 行 部	010-84083685
门 市 部	010-84029450
经 销	新华书店及其他书店
印刷装订	北京君升印刷有限公司
版 次	2019年1月第1版
印 次	2019年1月第1次印刷
开 本	710×1000 1/16
印 张	20.5
字 数	276千字
定 价	99.00元

凡购买中国社会科学出版社图书,如有质量问题请与本社营销中心联系调换
电话:010-84083683
版权所有 侵权必究

中国社会科学院经济研究所
学术委员会

主　任　高培勇

委　员　(按姓氏笔画排序)

　　　　龙登高　朱　玲　刘树成　刘霞辉
　　　　杨春学　张　平　张晓晶　陈彦斌
　　　　赵学军　胡乐明　胡家勇　徐建生
　　　　高培勇　常　欣　裴长洪　魏　众

总　序

作为中国近代以来最早成立的国家级经济研究机构,中国社会科学院经济研究所的历史,至少可上溯至1929年于北平组建的社会调查所。1934年,社会调查所与中央研究院社会科学研究所合并,称社会科学研究所,所址分居南京、北平两地。1937年,随着抗战全面爆发,社会科学研究所辗转于广西桂林、四川李庄等地,抗战胜利后返回南京。1950年,社会科学研究所由中国科学院接收,更名为中国科学院社会研究所。1952年,所址迁往北京。1953年,更名为中国科学院经济研究所,简称"经济所"。1977年,作为中国社会科学院成立之初的14家研究单位之一,更名为中国社会科学院经济研究所,仍沿用"经济所"简称。

从1929年算起,迄今经济所已经走过了90年的风雨历程,先后跨越了中央研究院、中国科学院、中国社会科学院三个发展时期。经过90年的探索和实践,今天的经济所,已经发展成为以重大经济理论和现实问题为主攻方向、以"两学—两史"(理论经济学、应用经济学和经济史、经济思想史)为主要研究领域的综合性经济学研究机构。

90年来,我们一直最为看重并引为自豪的一点是,几代经济所人孜孜以求、薪火相传,在为国家经济建设和经济理论发展作出了杰出贡献的同时,也涌现出一大批富有重要影响力的著名学者。他们始终坚持为人民做学问的坚定立场,始终坚持求真务实、脚踏实地的优良学风,始终坚持慎独自励、言必有据的学术品格。他们是经济所人的突出代表,他们的学术成就和治学经验是经济所最宝贵的财富。

抚今怀昔，述往思来，在经济所迎来建所90周年之际，我们编选出版《经济所人文库》（以下简称《文库》），既是对历代经济所人的纪念和致敬，也是对当代经济所人的鞭策和勉励。

《文库》的编选，由中国社会科学院经济研究所学术委员会负总责，在多方征求意见、反复讨论的基础上，最终确定入选作者和编选方案。

《文库》第一辑凡40种，所选作者包括历史上的中央研究院院士、中华人民共和国成立后的中国科学院学部委员、中国社会科学院学部委员、中国社会科学院荣誉学部委员、历任经济所所长以及其他学界公认的学术泰斗和资深学者。在坚持学术标准的前提下，同时考虑他们与经济所的关联。入选作者中的绝大部分，都在经济所度过了其学术生涯最重要的阶段。

《文库》所选文章，皆为入选作者最具代表性的论著。选文以论文为主，适当兼顾个人专著中的重要篇章。选文尽量侧重作者在经济所工作期间发表的学术成果，对于少数在中华人民共和国成立之前已成名的学者，以及调离经济所后又有大量论著发表的学者，选择范围适度放宽。为好中选优，每部文集控制在30万字以内。此外，考虑到编选体例的统一和阅读的便利，所选文章皆为中文著述，未收入以外文发表的作品。

《文库》每部文集的编选者，大部分为经济所各学科领域的中青年学者，其中很多都是作者的学生或再传弟子，也有部分系作者本人。这样的安排，有助于确保所选文章更准确地体现作者的理论贡献和学术观点。对编选者而言，这既是一次重温经济所所史、领略前辈学人风范的宝贵机会，也是激励自己踵武先贤、在学术研究道路上砥砺前行的强大动力。

《文库》选文涉及多个历史时期，时间跨度较大，因而立意、观点、视野等难免具有时代烙印和历史局限性。以现在的眼光来看，某些文章的理论观点或许已经过时，研究范式和研究方法或许已经陈旧，但为尊重作者、尊重历史起见，选入《文库》时仍保持原貌而未加改动。

《文库》的编选工作还将继续。随着时间的推移，我们还会将更多经济所人的优秀成果呈现给读者。

尽管我们为《文库》的编选付出了巨大努力，但由于时间紧迫，工作量浩繁，加之编选者个人的学术旨趣、偏好各不相同，《文库》在选文取舍上难免存在不妥之处，敬祈读者见谅。

入选《文库》的作者，有不少都曾出版过个人文集、选集甚至全集，这为我们此次编选提供了重要的选文来源和参考资料。《文库》能够顺利出版，离不开中国社会科学出版社领导和编辑人员的鼎力襄助。在此一并致谢！

一部经济所史，就是一部经济所人以自己的研究成果报效祖国和人民的历史，也是一部中国经济学人和中国经济学成长与发展历史的缩影。《文库》标示着经济所90年来曾经达到的学术高度。站在巨人的肩膀上，才能看得更远，走得更稳。借此机会，希望每一位经济所人在感受经济所90年荣光的同时，将《文库》作为继续前行的新起点和铺路石，为新时代的中国经济建设和中国经济学发展作出新的更大的贡献！

是为序。

于 2019 年元月

编者说明

《经济所人文库》所选文章时间跨度较大，其间，由于我国的语言文字发展变化较大，致使不同历史时期作者发表的文章，在语言文字规范方面存在较大差异。为了尽可能地保持作者个人的语言习惯、尊重历史，因此有必要声明以下几点编辑原则：

一、除对明显的错别字加以改正外，异形字、通假字等尽量保持原貌。

二、引文与原文不完全相符者，保持作者引文原貌。

三、原文引用的参考文献版本、年份等不详者，除能够明确考证的版本、年份予以补全外，其他文献保持原貌。

四、对外文译名与今译名不同者，保持原文用法。

五、对原文中数据可能有误的，除明显的错误且能够考证或重新计算者予以改正外，一律保持原貌。

六、对个别文字因原书刊印刷原因，无法辨认者，以方围号□表示。

作者小传

董志凯，女，1944年生于上海，1978年进入经济所工作。

董志凯1967年毕业于北京大学经济系，历任中国社会科学院经济研究所助理研究员、副研究员、研究员、博士生导师、研究室副主任、主任；中国社会科学院中国现代经济史研究中心主任；中国经济史学会第四届、第五届会长、名誉会长；国史学会常务理事；上海唯实文化研究所副理事长。

1978年，她进入中国社会科学院经济研究所工作，随即开始了革命根据地经济史的研究。这项研究是周恩来总理生前嘱托的。1974年，周恩来总理交给时任国务院秘书长的齐燕铭一项重要任务，让他组织力量研究新中国经济史。因为革命根据地是中华人民共和国的雏形，新中国经济史的研究要从革命根据地经济史研究起步。董志凯参加了经济研究所与财政部财政科学研究所的合作研究项目，为收集、研究苏区、抗日根据地、解放区的财经史料，她到广东、广西、山东、江苏等省查阅、抄写了大量的土地斗争史料。在此基础上，1979年至1984年，她又到中央档案馆收集解放战争时期解放区的土改资料。她相继出版了第一次与第二次国内革命战争、抗日战争、解放战争时期的土地改革史料，完成了《解放战争时期的土地改革》学术著作（北京大学出版社），研究中曾受教于陈翰笙、薛暮桥、杜润生、李友久等前辈、亲历者。她参加了《当代中国丛书中国的土地改革》的研究，与中央党史研究室、中央党校、中国社会科学院近代史所的学者探讨土地改革历史，完成了杜润生主编的《中国的土地改革》写作。

1987年，董志凯到中央档案馆收集"一五"时期工业化建设的档案材料，开始与中央档案馆合作编辑中华人民共和国经济档案资料。自1979年起，她在中央档案馆收集各类档案史料，一干就是40年。她担任常务副主编，主持编辑了大型学术资料丛书《中华人民共和国档案资料选编》，出版了1949年到1965年的档案资料选编31卷、3100万字。她亲自编辑了固定资产投资和建筑业卷、部分金融卷、部分外贸卷。选编档案枯燥繁杂，要在汗牛充栋、字数以亿计的档案资料中去粗取精、去伪存真，筛选和研究工作都需要精深的学术功底。《中华人民共和国档案资料选编》系列丛书，凝聚了她的心血。这部学术资料出版后，获得了国内外学术界的广泛赞誉，被称为功德无量的学术贡献。

在研究、编辑档案资料的过程中，董志凯发表了大量的学术论文，出版了一批学术著作。1993年，她出版了《跻身国际市场的艰辛起步》（经济管理出版社）。1996年，她组织研究的《中国经济分析（1949—1952）》（中国社会科学出版社）出版。1999年，与吴承明共同主编的《中华人民共和国经济史（1949—1952）》（中国财政经济出版社）出版，该书2004年获得中国社会科学院优秀成果一等奖。同年，她的专著《共和国经济风云回眸》由中国社会科学出版社出版。2004年，她的著作《新中国工业的奠基石——156项建设研究》，由广东经济出版社出版，这是第一部反映"156项"建设的研究成果，受到各方面关注。之后，董志凯主编的《中华人民共和国经济史（1953—1958）》2011年由中国社会科学出版社出版，2014年获中国社会科学院优秀成果奖。2014年，她撰写的《应对封锁禁运——新中国历史一幕》，由社会科学文献出版社出版，2017年获得中国社会科学院老干部优秀成果奖。

董志凯是中国社会科学院经济研究所第四次无锡、保定农村调查的主要主持人之一。1996年，受荷兰教育与科学部的资助，中国社会科学院经济研究所启动第四次无锡、保定农村调查，她参与课题的组织工作，并参与撰写了《中国村庄经济——无锡、保定

22村调查报告（1987—1998）》总报告和《无锡、保定农村调查统计分析报告（1997）》，分别于1999和2006年由中国财政经济出版社出版。这两部著作是自1929年陈翰笙发起无锡、保定农村调查七十余年间四次调查中唯一正式出版的全面调查成果。《中国村庄经济—无锡、保定22村调查报告（1987—1998）》一书全面反映七十年间无锡、保定22个村千余农户各方面的变化，《无锡、保定农村调查统计分析报告（1997）》对详细的农户统计数字从各个角度做出了统计分析，是研究我国农村难得的宝贵资料。

她还是中国经济史研究领域的领路者之一。她曾多年担任中国经济史学会中国现代经济史专业委员会副主任，担任中国社会科学院经济研究所中国现代经济史研究室首任主任、中国现代经济史研究中心首任主任，担任中国经济史学会第四届、第五届会长，现任名誉会长，对推动中国现代经济史学及中国经济史学的发展做出了突出贡献。

董志凯先生独著的代表作主要有：《解放战争时期的土地改革》《新中国工业的奠基石——156项建设研究》《共和国经济风云回眸》《应对封锁禁运——新中国历史一幕》等。

目　录

人民币之初 …………………………………………………………… 1
新中国国营企业的首次清产核资 …………………………………… 12
国民经济恢复时期的私人投资 ……………………………………… 27
新中国首都规划的初创及启示 ……………………………………… 45
三大改造对我国工业化初创阶段的双重作用 ……………………… 57
新中国装备工业的起步
　　——156 项中的装备工业 …………………………………… 68
20 世纪 60 年代经济调整的历史经验 ……………………………… 76
中国计划经济时期计划管理的若干特点 …………………………… 89
中国城市建设方针的演变（1949—2009 年）……………………… 108
三线建设中的企业搬迁的经验与教训 ……………………………… 123
1978 年以来中国所有制结构的重大调整与改革（1978—
　　2004 年）……………………………………………………… 137
投资结构调整与经济结构变迁（1950—2010 年）………………… 158
中国发展道路的经济史思索 ………………………………………… 180
改革开放与跨国（地区）投资历程考察 …………………………… 195
由"拨改贷"到"债转股"
　　——经济转型中的企业投融资方式变迁（1978—2015 年）
　　…………………………………………………………………… 210
从应对封锁禁运到建设"一带一路"
　　——历史启示与现实实践 …………………………………… 231
毛泽东与新中国独立完整工业体系的建立及中国的现代化…… 245

三治通胀
　　——陈云在共和国经济的关键时刻 …………………… 260
陈云对待资本与资本市场的思想实践探析 ……………… 275
改革为中国现代经济史研究开拓了坦途 ………………… 290
如何认识经济史研究中的"史无定法"
　　——缅怀吴承明先生 ………………………………… 294
编选者手记 …………………………………………………… 310

人民币之初

今天，我国人民用之、爱之，甚至敬之、拜之的人民币，它是如何来到人世间，又是怎样在市场上站住了脚，得到世人承认的？其中还有一些鲜为人知的故事值得回味和反思。它们对于认识、使用和爱惜人民币，都是很有意义、很有价值的。

中华人民共和国诞生之前，中国共产党领导的各解放区由于长期处于被分割状况，银行和货币各成系统。各解放区的地方性银行多达13个，大多各自发行货币。1948年以后，各解放区逐渐统一，币制统一工作也随之初步展开。1948年12月1日，华北人民政府就成立中国人民银行、统一发行货币问题，商得山东省政府和陕甘宁、晋绥两解放区政府同意，将华北银行、北海银行、西北农民银行合并成立中国人民银行，由中国人民银行发行人民币，先统一华北、华东、西北三大解放区的货币。人民币从此诞生了。1949年8月上海财经会议以后，人民币的发行集中由中央统一掌握。新生的人民币为了在中国的广阔市场上站稳脚跟，充分发挥其作为一般等价物的货币职能，经历了一番激烈的角逐和斗争①。

一 人民币诞生时我国金融市场上错综复杂的形势

1948年人民币正式发行以后至中华人民共和国成立初期，我

---

① 本文参阅中国社会科学院、中央档案馆编《1949—1952中华人民共和国经济档案资料选编·金融卷》，中国物资出版社1996年版，第一部分。

国仍一度持续恶性通货膨胀，金融市场紊乱，货币不统一，人民币难以流通，严重影响着经济秩序和生产恢复。以华南为例，1949年以前在市场流通的货币五花八门，既有银圆、双毫、铜圆，也有国民党政府发行的金圆券、银圆券、大洋券等，还有港币（香港元）、美元、越币（盾）、菲币（菲律宾比索）等。澄清金融市场，树立人民币为单一的本位币，让人民币占领市场，是新解放城市的紧急任务，也是建立新的经济秩序，恢复生产，保证供给的首要工作之一。

然而，人民币占领市场具有重重困难。首先，城市资产阶级不相信中国共产党和人民政府领导经济的能力，他们或明或暗抵制人民币的流通。其次，旧中国持续十余年的通货膨胀造成金融市场秩序紊乱，投机盛行，金融投机分子千方百计与人民币对抗。再次，中国人民解放军渡过长江以前，解放战争一般是先解放乡村，在乡村的包围下，后解放大中城市。这样在金融市场贸易上人民币就先在乡村生了根；城市一解放，人民币占领市场、恢复城乡交流，都比较容易，沈阳、北平、天津即是如此。但是渡过长江以后，人民解放军是先占城市，后占乡村，而城乡均是银圆市场，乡村不但不能帮助城市推行人民币，而且增加了人民币推行的困难。最后，财政经济的严重困难使通货膨胀反复发作，影响着人民币的信誉。为了使人民币占领市场，并且立稳脚跟，各级中国共产党组织、人民政府、金融部门发动人民群众，运用政治、经济、行政、法律等多种手段，通过大量工作，在不长的时间内解决了这一问题。

二 将伪金圆券驱逐出市场

国民党反动政府为了支持其反革命战争，拼命掠夺人民财富，在1948年和1949年，曾先后两次进行"币改"，发行伪"金圆券"与伪"银圆券"，但都迅速贬值，终于崩溃。中国人民解放军进入城市以后，对人民持有的伪币，是以负责的态度，短期内予以收兑,将其肃清。处理原则是迅速肃清,尽量减少因其继续贬值所可能造成的危害。为此,中国人民银行总行规定:肃清敌币的时间一般不应超过10天,限期中,人民有拒用与议定比价的自由,过期则停止流通。当时的政策是排挤与收兑相结合的方式,即尽可能将敌币从市场上排挤出去,如不可能,就根据主要物资的价格换算低价收兑之。而且随着解放战争的进展,收兑期限愈来愈短,收兑牌价愈来愈低,直至停止收兑,以鼓励人们把伪金圆券送到暂时尚未解放的地区,换回物资,减少损失。

北平、天津、上海、武汉等大城市一解放,各地军事管制委员会即发布告,宣布人民币为统一流通的唯一合法货币。自解放之日起,所有完粮纳税以及一切公私款项收付,物价计算、账务、债务、契约等均须以人民币为计算及清算本位。明令铁路交通事业及市政公用事业一律收人民币。伪金圆券为非法货币,限期收兑。不得再以伪金圆券或黄金、银圆及外币为计算及清算本位。1949年1月1日天津解放时,市军管会颁布通告,规定自即日起,伪金圆券可以流通20天,在限期以内,可按人民币对伪金圆券1∶6的比价予以兑换;同年2月2日,北京市军管会发布公告,伪金圆券可以流通20天,限期内人民币对伪金圆券按1∶10的比价予以兑换;4月23日南京解放时,兑换比价为1∶2500,限期为10天。

北平、天津解放初期,在伪金圆券的收兑中,曾采取"一般的"与"优待的"两种价格。天津差额较小,时间较短,并用集体兑换方式,效果较好。北平则优待的范围较大,时间长,差价大,初期零星兑换多、效果较差。此后发现这个办法弊病很多,即放弃了。

1949年5月27日上海解放时,上海收兑伪金圆券的时间规定在5月30日至6月5日;比价每日公布,第一天为人民币一元折伪金圆券拾万元。上海市在一周内收兑伪金圆券358044.77亿元。占伪金圆券流通总额的53%。

伪银圆券是国民党反动政府于1949年7月在广州、重庆发行的，因发行后不久，反动派即被逐出中国大陆，故流通量不多。人民政府亦按其各地区实际价值，规定适当的比率进行收兑，以照顾人民利益。如重庆市规定伪银圆券1元兑人民币100元。其后，中国人民解放军迅即宣告，新解放区伪银圆券一律作废，加速了伪银圆券的彻底崩溃。

由于1949年前伪金圆券已成为掠夺人民购买力的工具，任何人将伪金圆券在手中稍事停留都要受到损失，人们避之唯恐不及。所以收兑伪金圆券实际是给失去货币效用的伪币"料理后事"。工作进展得迅速而又顺利。到1949年年底，伪币的肃清工作在中国大陆已基本完成。

三 禁止金银流通

由于国民党反动政府的伪金圆券和伪银圆券早已失去信用，金银（特别是银圆）便长期普遍地成为国民党统治区市场交易的计算标准和流通货币。因此，查禁金银流通，就成为建立人民币本位的主要任务。中共中央于1949年6月8日发布了《关于打击银圆，使人民币占领阵地的指示》，指出："伪金圆券不打自倒，因此在金融上我们所遇到的敌人已不是软弱的伪金圆券，而是强硬的银圆。"

党和政府管理金银的方针是"严禁流通"与"低价冻结"。这是因为国家银行虽曾规定牌价收兑，但牌价低于黑市价，收兑数量不多。牌价低的原因不是政府不要金银，主要是因为政府没有足够的钱购买。据估计，当时全国黄金仅上海一地即约有1000万两，天津有约200万两，银币及银块全国共约7.6亿两，如果政府大量收购，势必发行许多货币，这将引起通货膨胀，物价上涨，对国民经济更加不利。在这种情况下，暂时只能采取"低价冻结"的办法。

根据上述方针，京、津、沪、汉、穗等大城市解放后，各地军事管制委员会与人民政府均及时颁布法令，禁止金银的流通与买卖，并组织力量查禁金银的计价行使和买卖流通，动员广大的工薪劳动群众，坚决打击金银的投机倒贩；银行并以适当牌价随时收兑；准许公私团体与个人持有，但携带出入境需要政府的许可证（属于自行佩戴之金首饰不超过一市两，银首饰不超过四市两，及私人用作馈赠之银质器皿不超过二十市两者不受限制）。

上海市作为旧社会投机家的大本营，这一斗争进行得最为激烈。1949年6月，解放后的上海市市场上银圆仍是实际的本位币，人民币反成了辅币。市面上流通的人民币，总额不超过20亿元（旧币，下同），由于它不是唯一的流通手段和支付手段，而完全浮在市上。6月初，公营企业每人预借工资3000元后，银圆即由6月3日的黑市价格720元左右猛涨到4日的1100元左右，暴涨近一倍，但以银圆黄金计算的物价反而微跌，正常的金融周转无法恢复，人民币不能买到整批的货物，只能购买小额货物，实际成了银圆的辅币，严重影响了生产恢复和市场繁荣，产业家和市民都对银圆投机者不满。在这种情况下，上海市决定对银圆采取严厉的政策。他们的做法是：先在报纸和群众会议上公布办法，警告投机者。6月5日，上海市《解放日报》发表了《扰乱金融、操纵银圆的投机者赶快觉悟》的社评，得到了市民的普遍热烈拥护，银圆黑市立即下跌。6月8日，上海市军管财经委接管委员会邀请金融、工商、企业界人士在中国银行举行银圆物价座谈会，到会人士一致希望军管会、人民政府立即取缔银圆投机。6月9日上海市公安局开始采取行动，逮捕最大的银圆投机分子并没收其财产。商店也与人民政府合作，拒收银圆。6月10日华东区金银管理暂行办法正式公布，同日上海市公安局奉军管会命令突击检查了上海金融投机大本营证券大楼，逮捕了正在进行非法交易的投机巨头及银贩达200余人。当日银圆黑市价格即下跌七八百元。10日下午上海市各厂职工首先表态，接着各界响应，坚决拒用银圆；上海市商会表示拒收银圆。6月11日，上海中国银行开始收兑银圆。6月14

日人民银行所管辖和领导下的各银行开始举办折实储蓄存款，以解决市民对纸币的顾虑。国营贸易部门出售米、煤、盐、油，并以人民币收购工业品，以解决工厂资金困难，并使人民币计价的工业品价格缓慢回升。同时对失业工人及贫民进行必要的救济工作。由于政策正确，计划周密，军政当局的领导及全市人民的合作，以及经济金融措施得当，上海市的银圆黑市在很短的时间内，即逐渐消失。

汉口在1949年6月底，银圆未禁止流通以前，人民政府只投入市场20亿元人民币，物价就波动起来；8月控制银圆黑市以后，贸易公司投入市场近百亿元人民币，物价却没有涨，可见禁止金银流通的重要意义。

至于新解放区的广大农村与小城市，过去普遍流通银圆，为了推行人民币下乡与逐渐禁止银圆流通，各地金融、贸易、财政等部门，曾密切结合，共同进行这一工作。例如湖南各级财政部门，在财委会统一领导下，为银圆普遍流通地区组织经济工作队（对专区）或小组（对县）下乡工作，收到了较好的效果。

同时，各地银行还加强了金银管理，一方面对黄金、白银挂牌收兑；一方面明确规定金银饰品业的业务范围，严禁从事金银买卖。国家对金银的生产和销售实行严格的计划管理，规定金银收购和兑换由人民银行统一经营，所有国营经济单位保存的金银要一律售与或存入中国人民银行。经过实施以上政策措施，到1950年上半年制止通货膨胀之后，金银与市场物价的联系即被割断了。

四　禁止外币流通

各地限期肃清外币，严禁流通。持有外币者必须向国家银行兑换人民币或换取外币存单，兑换率随时合理调整，如持有人愿以所存外币移做外币存款，可视同侨汇办理，存款出卖不受期限限制。对港币的处理开始时与其他外币稍有不同。由于华南地区解放较迟，与内地的物资交流至1949年年底尚未畅通，港币在华南的流通量又很大，流通面也很广。根据这种情况，1949年至1950年年初，暂时允许港币流通，但人民可以自由拒用。直至1950年条件成熟后，才坚决禁止港币流通。

1950年春，在华南市场发生了一场肃清港币的艰巨斗争。据当时报载，港币发行数额超过10亿，约有半数在华南流通；加之港币在华南根深蒂固，又与侨汇密切结合，不可能完全用人民币来收兑，否则会引起物价暴涨。因此在华南市场肃清港币的斗争更困难。为此政务院财政经济委员会（以下简称中财委）指示华南采取以下五项措施：(1)进入两广后即须展开普遍宣传，指出港币贬值的必然性及其侵略本质，以做组织群众性的拒用港币运动的准备。(2)进城后，立即宣布禁止港币计价流通，由于港币深入群众，短期彻底肃清有困难，故不必限期存兑，暂默认其持有。(3)首先组织群众退出港币换回必需物资，同时银行大力吸收港币存储并以适当价格收兑与举办折实储蓄。由于银行不宜因收兑港币而投放过多的本币影响本币稳定，兑换牌价必须适当降低以限制收兑数额。(4)积极组织内地物资运往新区支持本币。(5)加强市场管理及出入口管理。同时要求，对于华南流通的3000万美元以合理牌价督促存兑，以便利人民币投放。根据中财委的指示，1950年2月3日，广州市军管会颁布布告，禁止港币流通使用，同时将牌价从2月2日的2000元调整为3700元，港汇从3415元调整为3750元，并于2月10、11、12日动员5000多人大力宣传，国家银行同时收兑港币，鼓励港币存兑。至1951年10月，停留在华南市场上的港币不到原来的1/5，人民币占领了市场。

五 逐步兑换收清各解放区发行的地方货币

人民币发行以后，各解放区发行的地方货币即逐步收回。在以人民币统一各解放区货币的过程中，一般实行了"固定比价，混合流通,逐步收回,负责到底"的方针。从1948年12月1日起,华北、山东、西北解放区的公私款项收付及一切交易,就均以人民币为本币单位,原来的冀币(包括鲁西币)、边币、北海币、西农币就按与新币的固定比价,逐渐收回。当时发行的人民币对各种地方货币的收兑比价分别为:对中州币是1∶3;对冀南币、北海币、华中币是1∶100;对长城银行券是1∶200;对晋察冀边币、热河省银行券是1∶1000;对西农币、陕甘宁贸易公司商业流通券是1∶2000;对冀热辽边币是1∶5000。其他解放区发行的货币,也随着各大城市的解放,逐步兑换收清。如广州市军事管制委员会于1949年11月18日宣布,南方人民银行所发行之南方券,规定在粤赣湘边区及闽粤赣边区流通,凡携带南方券至本市区者,应向中国人民银行按人民币250元等于南方人民币1元的比率兑换。这些比价同当时市场上的自然比价基本一致。

东北地区由于解放较早,工业基础较好,在解放战争期间即开始了经济的全面恢复工作,承担着支持全国解放战争的重任。为了使东北的经济恢复避免受关内通货膨胀的影响,支持解放全中国的战争,并为经济恢复奠定基础,政务院财政经济委员会特意推迟了东北币的统一。直到1951年4月,才以人民币1∶9.5的比价收回了东北币。

1959年7月7日,中共中央决定在西藏地区使用人民币,并于7月29日决定以人民币收兑藏币。至此,人民币遍布了中国大陆的全部市场。

六 取缔和打击非法经营高利贷的地下钱庄

在多年通货膨胀的形势下,地下钱庄在中华人民共和国成立初期的大城市中势力很大。以全国金融中心上海为例,据估计,其存放款额平时为私营钱庄的30%—40%,在银根紧、利息高时,存放款额则要大于私营钱庄2—3倍。物价波动时,地下钱庄更是投机资金的调度枢纽。这些活动是完全违反国家的金融政策的。因此各城市对地下钱庄均严厉加以取缔。如：1949年11月下旬物价波动期间，上海一次查获了地下钱庄21家；广州在1949年12月间曾破获地下钱庄170余家。这对于打击金融投机，巩固人民币的市场地位，都起了重要作用。

在执行上述措施的过程中，各级政府注意了政策宣传、群众发动与必要的行政力量相结合。由于人民币占领市场符合广大工薪阶层、劳动群众的利益，也有利于正当经营的工商业的业务，所以在人民币占领市场的工作中动员了广大学生、职工、群众，使反对金银外币投机成为一个群众性运动；同时组织能掌握金银管理政策原则的干部为中心，结合纠察队或公安局等必要的武装力量贯彻执行。

七　稳定人民币币值，树立人民币信誉，巩固人民币的地位

中华人民共和国成立之初，为了稳定局势，国家负担的军政公教人员近9万人，部分地区尚未解放，战争仍在继续，财政收支不平衡，人民币的发行从1949年7月至11月增长近5倍，致使币值大跌，物价上涨两倍，人民币的信誉受到影响。为了巩固人民币在市场上的地位，必须迅速稳定人民币的币值。为了改变这种严重的局面，中财委主任陈云直接指挥，运用多种手段，在不到一年的时间内成功地解决了这个问题。

首先，在全国范围内进行物资调拨。东北自1949年11月15日至30日，每日运粮1000万斤（1公斤＝2斤）至1200万斤入关，以应付京津需要；派钱之光到上海、汉口调整纱布存量，催促华中棉花东运，并由西北财委派员将陇海路沿线积存的纱布迅速运到西安，以保证汉口、湘粤纱布供应；调拨2.1亿斤粮食供棉产区粮食销售。为了保证上述物资调运，各地贸易公司全力保证装卸车，铁道部保证空车及时回拨。

其次，紧缩银根。陈云于1949年11月13日向各地发出电文，要求中国人民银行总行及各主要分行自电文收到日起，除中财委及各大区财政经济委员会（以下简称财委）认为特殊需要而批准者外，其他贷款一律暂停，同时按约收回贷款；各大城市于11月25日左右开征几种能起收缩银根作用的税收；同时由各大区财委负责，自电文收到日起，暂停支付工矿投资及收购资金。

1949年由天津人民银行带头，各大城市陆续举办"折实储蓄"和短期存款；并机动调整利率，也对吸收游资、平稳物价起了一定作用。如：1949年11月物价波动时上海折实储蓄和短期存款增达400亿元，合当时21支纱万件以上；中国人民银行上海分行将短期存款期限缩短到7天、15天、30天期3种，并举办3天期的工商业存款，至1949年年底，吸收的短期存款余额有162亿元。这些措施均削弱了游资对商品的冲击力量。

再次，摸索和运用利率抽紧银根。如中国人民银行上海分行起初只考虑减轻工商业生产成本，采取低利率政策。他们经常将自身利率压低，低于私营钱庄的利率，试图以此牵制市场利率。但是在币值不稳定、商品投机利润率高于国家银行利率时，金融市场利率仍然攀高。因此上海便成立银钱业利率委员会，由其决定银行钱庄共同遵守的存放利率，开始管理市场利率。并采取机动调整的利率政策，当物价上涨时，迅速将利率提高，一方面吸收市场资金，减少游资作祟，增重商品投机的负担，使投机家们不敢过分囤货，以利稳定物价；当物价稳定或下降时，便将利率徐徐下降，减轻生产成本，照顾工商业的困难。随着经验的增长，在处理人民银行与私营银行的关系上进一步采取主动的策略，遇物价上涨时，提高利率，超出私营行庄利率水平，使投机家们有所顾忌；遇物价不稳或下降时，利率挂低至私营行庄利率之下，使市场利率水平，跟随人民银行的利率降低而下降；但每月平均利率，以不高于私营行庄利率为准。这标志着中国人民银行在金融市场上运用利率手段水平的提高，对于市场的稳定和维护人民币的信誉，起了重要的作用。

最后，也是此次平抑物价、稳定市场最关键的举措：通过全国统一财经、统一现金管理，迅速制服了肆虐我国市场十余年之久的通货膨胀。由于统一财经的有关专题文章已有许多，这里就不赘述了。

综上所述，人民币成为近一个世纪以来中国历史上罕见的独立、统一、稳定的货币，实在是来之不易。它既是革命战争胜利、中华人民共和国诞生所孕育出来的，又是经过尖锐、复杂的经济斗争的成果。人民政府在这场斗争中多方运用了政治、经济甚至武装手段，调动了行政、法制、市场等各方面机制，经过了反复激烈的较量，才使人民币占领了市场，初步发挥了流通手段的职能。而要使人民币价值尺度、支付手段和积累手段的职能充分发挥，就必须制服严重的通货膨胀。为此，人民政府又实施了统一财经的重大举措，实现了财政、现金、物资的收支平衡，促使国民经济迅速恢复和发展，这才使得人民币的基本职能得以奏效。今天，随着我国改革开放的进程和经济的高速发展，人民币的信誉进一步提高，流通范围进一步扩大，并行使国际计价、结算职能。抚今追昔，对历史的回顾将给我们以新的启示。

（原载《党史文汇》1995年第9期）

新中国国营企业的首次清产核资

1949年10月以来，我国通过没收接管官僚资本，赎买和改造私人资本，以及大量新的投入等途径，迅速建立和壮大了以国营经济为主导的社会主义经济基础。经过40多年的建设，列入国家财政预算管理的国营企业和事业行政单位的国有资产总额1991年已达17300多亿元。但是在较长时期，我国按照非商品经济体制管理国营企业。对投入企业的资本金，缺乏明确的经营目标和相应责任，影响了企业面向市场的自主经营与平等竞争。改革开放以来，我国经济生活中的多种利益主体已逐步形成，理顺产权关系已成为增强国营企业活力的基础环节，而清产核资则是综合配套改革产权管理体制的前提，也是转变企业经营机制所不可缺少的。回顾20世纪50年代初国营企业首次全国性清产核资，具有了解当时国营经济、国有资产的综合情况以及汲取清产核资经验教训的双重作用。

一 国营企业清理资产、核定资金问题的提出和简介

中华人民共和国成立之后，国营企业（当时又称公营企业）小部分是在解放战争中由人民政府自己建立起来的，大部分是随着战争的胜利没收接管的日伪和国民党官僚资本的企业。前者大部分是军需工业，是在解放战争中为了满足军事需要建立与发展起来的，经营方面一般都有供给制的特点。在供给制下培养起来的部分企业管理人员，不重视资产的清理估价和资金的管理运用。他们认

为"肉烂在锅里""利润多少都缴国库,核算不核算都一样,只要不贪污就行"。原属官僚资本的企业由于长期恶性通货膨胀,对资产的估价亦已混乱,加之官僚资本家将主要精力用于囤积居奇和投机倒把,使混乱加剧。人民政府接管了这些企业之后,1949年、1950年,开展了接管清点、工业普查和清理仓库工作,初步清理了资产。但是由于供给制思想的影响,缺乏清点经验和方法不一,资产的清理和估价仍然很不准确。流动资金的情况也很混乱,很多企业的经营者持供给制观点,认为流动资金越多越好,存料越多越方便,对企业经营管理"心中无数"。

1951年4月,中华人民共和国实施统一财经1年以后,长达12年之久的通货膨胀已被制止,物价已经稳定,全国经济形势已全面好转,企业经济运行有了一个相对稳定的外部环境。为了全面恢复和发展国民经济,政务院财政经济委员会(以下简称中财委)决定加强国营企业的经营管理,实行计划管理和经济核算制,而清理资产核定资金则是实施经济核算的前提。因此,1951年5月至7月,中财委主任陈云连续发布命令,颁布实施《关于国营企业清理资产核定资金的决定》(以下简称《决定》)和《国营企业资产清理与估价暂行办法》(以下简称《暂行办法》)等有关指示,决定"全国国营企业,包括工业(盐业、制酒在内)、铁路、交通(邮电在内)、贸易、银行、农林(渔牧在内)、水利等所有中央及大行政区经营的企业,均应将实有一切固定资产与流动资产重新清理、登记、估价并核定其企业资金"。

为了完成清产核资任务,《决定》要求组织各级国营企业清产核资委员会以各级财委副主任或部门首长兼主任,吸收有关机构主管人员参加,调配或指定专人办公。1951年6月1日,中财委设立了由李富春、朱理治、赖际发、刘澜波、武竞天、张文昂、吴波、李范五、姚依林、胡景云、王新元、陈维稷、王诤、张林池、郝执斋等组成的全国国营企业清产核资委员会,由李富春、朱理治分别任正副主任。为了层层培训清产核资的骨干,使他们懂得必要的会计知识和实施技法，采纳全国统一的清产核资政策，中财委于1951年8月17日至30日召开了全国清产核资会议，到会的67位代表组织了会计、估价、报表三个小组，详细讨论了清产核资的方针、任务和条例。会议确定此次清核范围"主要是清核国营企业系统"。公私合营企业"原则上可根据私人企业清估办法进行清估"，对于那些"国家股份占了绝大部分，私人股份有的逃亡在外，有的完全不参加管理"的公私合营企业可经过批准后采用国营企业的办法清核，对私人股份予以清核和明确；其他公私合营企业根据私人企业清估办法清估。地方公营企业可参照国营企业清产核资办法进行，清产核资结果向全国核资委员会备案即可①。

首次全国国营企业清产核资自1951年4月开始准备，至1952年年底基本结束，历时20个月。各部的清核工作多数在4个月内完成。至1951年12月全国"三反"运动开始之前，重工业部、燃料部、纺织部、轻工业部、铁道部、交通部各部直属企业，以及西北、西南两区国营企业的70%—80%已基本完成了资产的清理和估价。"三反"运动开始以后，清产核资工作基本暂停，至1952年6—7月间才恢复。"三反"运动以后，已完成核资工作的各部和大区做了复查工作，军委后勤企业、东北各省市公营企业、东北工业部部署了清查核资和固定资产重估工作。1952年年底，全国国营企业的清产估价已基本完成，并做了核定资金的准备工作，资金的核定于制定1953年计划时最后确定。

1953年4月3日，中财委决定撤销"全国核资委员会"，其未完成工作由财政部办理。

---

① 《中财委关于全国清理资产核定资金会议的总结报告》，1951年9月15日；中共中央于1951年9月21日批转该报告。

二 清估效果

（一）核定了 1951 年年底全国国营企业固定资产总值及其在各部门各大区分布状况

首先，国营企业固定资产的价值经过清估显著增加了。清估之前，全国国营企业的账面价值为 45.34 亿元，折旧值为 3.73 亿元，余值为 41.62 亿元；清估之后，重置完全价值为 191.61 亿元，已用年限基本折旧额为 61.75 亿元，余值为 129.86 亿元。清估前的账面余值与清估后的重估余值比较，增加 88.25 亿元，增长了 212.08%（见表 1）。

表 1　国营企业固定资产清估情况汇总（1951—1952 年）

单位：亿元，%

部门地区	清估日期	清估前账面价值			清估后价值			清估前（账面余值）后（重估余值）比较
		原值	折旧值	余值	重置完全价值	已用年限基本折旧额	余值	增（+）减（−）数
中央各部	—	19.65	0.73	18.92	133.35	40.84	92.51	+73.60
重工业部	1951.9	0.94	0.05	0.89	2.81	0.97	1.84	+0.95
燃料工业部	1951.6	1.74	0.13	1.60	5.13	2.19	2.94	+1.34
纺织工业部	1951.9	3.74	—	3.74	8.58	3.26	5.32	+1.58
轻工业部	1951.12	0.16	0.01	0.15	0.48	0.21	0.27	+0.12
铁道部	1951.9	8.62	0.37	8.25	95.65	25.83	69.82	+61.57
交通部	1951.9	1.21	0.03	1.18	6.46	2.85	3.61	+2.43
邮电部	1951.9	1.03	0.10	0.93	9.22	3.88	5.34	+4.41
财政部附属企业	1951.9	0.09	0.01	0.08	0.195	0.051	0.144	+0.064
农业部附属企业	1951.9	0.0155	0.0007	0.01	0.05	0.01	0.04	+0.03
贸易部	1951.12	1.62		1.62	2.9	0.73	2.17	+0.55
中国人民银行	1951.9	0.48	0.0247	0.46	1.86	0.84	1.02	+0.56

续表

部门地区	清估日期	清估前账面价值			清估后价值			清估前（账面余值）后（重估余值）比较
		原值	折旧值	余值	重置完全价值	已用年限基本折旧额	余值	增（+）减（-）数
大行政区（国营企业）	—	25.69	2.99	22.70	58.27	20.92	37.35	+14.65
东北区	1952.9	22.58	2.63	19.96	51.15	18.25	32.90	+12.94
华东区	1951.9	1.46	0.28	1.18	3.27	1.21	2.06	+0.88
中南区	1951.9	1.14	0.05	1.09	2.11	0.72	1.39	+0.30
西南区	1951.9	0.40	0.02	0.38	1.42	0.60	0.82	+0.44
西北区	1951.9	0.10	0.01	0.09	0.32	0.14	0.18	+0.09

注：因四舍五入，分项之和与总计略有出入。
资料来源：全国清产核资委员会编：《国营企业清理资产核定资金汇总表》，1953年。

其次，国营企业固定资产在各行业间的分布极不平衡。占固定资产总额半数以上（55.11%）的部分在交通运输部门，其中铁路又占了85%以上；在工业各行业中，国营企业的固定资产集中于重工业，钢铁、机械、煤炭、电力等行业的固定资产占了全部国营工业固定资产的80%以上。上述铁路、重工业两个方面的固定资产占了全部固定资产总额的80.67%，分布是相当集中的（见表2）。

再次，全国国营企业固定资产总值在各地区的比重为：东北区55%；华北区18%；华东区15%；中南区10%；西南区1%；西北区1%。[①] 半数以上国营企业固定资产集中在东北地区的原因在于，当时中国的重工业和铁路布局畸重于东北。

（二）核实后情况

1951年国营企业实际自有资金总额为15.23亿元，其中定额负债0.98亿元；1952年计划定额资金需用额为8.56亿元，1952

---

① 李富春、朱理治：《关于全国清产核资情况给中央的报告》，1953年，G128—4—365。

年计划定额负债减少 0.2 亿元；1952 年所需流动资金可减少 6.47 亿元，减去清仓上缴 0.0048 亿元，实际可减少流动资金 6.4652 亿元，至 1952 年年底已上缴财政部 1 亿元。①

表 2　全国国营企业固定资产总值（1952 年 12 月）

类　别	固定资产总值（按新建的资产价值）（人民币万元）	占比
工业	794840	41.48
重工业	644443	33.63
其中：钢铁冶炼	138077	7.21
机器制造修理	100338	5.23
煤炭	140405	7.33
电力	147841	7.71
化工及土石建筑业	117782	6.15
轻工业	150397	7.85
纺织	108054	5.64
橡胶加工	4795	0.25
造纸及食品工业	37548	1.96
交通运输	1055894	55.11
铁道	901401	47.04
交通	64595	3.37
邮电	89898	4.70
贸易	29045	1.52
银行	27333	1.42
其他	9016	0.47
总计	1916128（如按折旧后的残值计算为 1298646）	100

资料来源：李富春、朱理治：《关于全国清产核资情况给中央的报告》，1953 年。

---

① 全国清产核资委员会编：《国营企业清理资产核定资金工作总结》，1952 年年底，G116—1—9（7）。

（三）暴露和初步解决了企业经营管理中的一些问题

1. 资产管理中的混乱问题。由于清估前固定资产数额远远低于实际数额，提缴固定资产折旧基金相应不足从而表现出产品成本低，虚张了企业利润和经营成绩。如中央重工业、燃料、纺织、轻工、铁道、邮电、交通7部直属企业1952年提缴折旧基金共约1.1亿元，根据清估后的固定资产价值，应提缴基本折旧基金2.2亿元以上；其中铁道部清估后应提缴基本折旧基金1.02亿元（不包括原中长路），比1952年实际提缴数0.24亿元增加3.25倍。在流动资金方面，由于过去多数企业及其领导机关很少掌握和过问资金周转情况，以致资金周转期过长，如1951年部分部门企业的资金周转期为：铁道部267天、交通部318天、邮电部181天、纺织工业部178天（其中华东纺管局为243天）、重工业部226天（其中天津机器厂869天、太原钢铁厂236天）。

经过清产核资，交通部运输船舶较原账面增加30多艘，工作船舶增加200多艘，还发现了一个过去未曾清点过的仓库，内有价值600多万元的器材。其他各部门亦清理出大量积压的物资。

2. 财务管理中的违纪问题。主要表现为挪用生产基金和大修理基金进行计划外的基本建设，或将计划外的基本建设费用摊入生产成本。如中央交通部运输局挪用应上缴财政的190万元进行计划外基本建设工程；天津机械厂动用大修理基金兴建计划外办公室和浴室；天津橡胶厂建筑木工室工程费由生产成本摊销，等等。

上述问题的暴露促进了企业经营管理的改善，有利于国家财政收入的增加，为国家节约了资金。如石油总局在清产核资过程中针对暴露的问题编制了器材价值估价目录，规定了专用器材的使用年限，制定了固定资产和流动资产的划分标准，修订了固定资产管理制度，使一些长期不明确的问题做到了有章可循。① 又如石景山钢铁厂，在核定资金之前的1950年的资金周转率为1.133次，核定

---

① 《中央财经通报》1951年第13期。

资金后的 1951 年资金周转率上升为 4.24 次；周转时间从 321 天降到 85 天，给国家节约了相当于办同样的 1.2 个工厂的资金，约含 1951 年国家给予该厂基本建设投资的 274%。①

三 一些未解决的难题

（一）统一要求与分类实施的关系

国营企业的固定资产千差万别，如具体估价标准完全统一则往往脱离实际。以交通部的船舶估价办法为例，开始以运输船舶为标准，忽略了港口工务船舶的特点；估价以总吨作标准，致使上海区海务办事处的小型船舶估价过高，而大型轮船则估价过低。流动资金的核定也遇到类似问题。中财委原规定计划期内产品的资金定额以每日平均需用额和平均周期计算。但机械工业一些在制品，如工作母机和大型矿山机械，生产周期较长，在完工以前需巨额资金，一旦完工资金需要额骤减，以原标准按计划拨款势必脱离实际。当时曾提出按"平均需用额"核定资金，以银行信贷调剂资金，或采用特殊计算方式，但未获得明确结论。

（二）如何估算固定资产的使用年限

为了弄清现有固定资产余值，前提要搞清固定资产的计划使用年限，这样才能知道每年每月应当提取多少折旧，分摊多少固定资产转移价值。首次清产核资主要依据固定资产的物理耐用年限确定使用年限，即固定资产受物理磨损和自然磨损可能延续使用的时间。由于固定资产千差万别，对一般机器设备作了年限规定，但专业设备的使用年限不可能逐一规定，只能由技术人员和熟练工人根据资产原定使用年限结合实际使用情况予以估算。而且由于各企业机器设备的利用率不同，即使一般机器设备的使用年限也需依据每年使用时间折算，对折算比率亦缺乏明确规定，造成了部分固定资

---

① 《人民日报》1951 年 7 月 30 日。

产使用年限估算不确。与此相关的是固定资产折旧率的计算问题。当时折旧率是依据固定资产重估后的价值及废弃时的残值结合使用年限予以估算；但是对使用期未考虑减除大修理期，未考虑固定资产的使用成本及其经常性维修和大修理费用；对由于劳动生产率提高和技术进步导致固定资产的无形损耗要求提前更新设备提高折旧率亦未考虑；部分企业对残值的估算全部按总值的一定百分比来定。① 这些都影响折旧率的计算正确。

（三）对大修理基金的计算和折旧的提取缺乏标准

大修理基金关系到流动资金的核定和折旧基金提取问题，② 涉及企业固定资产的局部更新，是清产核资和国营企业中国有资产管理的一项重要问题。然而在首次清产核资中，对大修理与中小修理的界限不清，各企业自行划分。较认真者如石景山钢铁厂经过技术人员、车间工人结合核资工作人员讨论的结果，决定每一次固定资产修理费用不超过基本折旧三个月的提取额者为小修理，超过三个月而不到一年者为中修理，超过一年者为大修理，但设备每年须检修一次或一次以上者不作为大修理。关于大修理的折旧率，当时规定需根据固定资产主要设备和附属设备的新旧程度、使用情况，结合以往经验决定大修理次数，并估算每次大修理所需材料、人工、费用，确定大修理费用的总额，从而确定大修理的折旧率。这是一系列复杂和烦琐的调查和计算。因此，一些企业往往不根据每项固

---

① 如华北纺织管理局判断固定资产折旧的办法为，由管理局先按机器的制造年份定出机器新旧程度的估成范围：1916 年以前者一律估 45%；1916—1937 年者估 46%—75%；1938—1948 年者估 60%—90%；1949 年及以后者估 95%—98%。然后由各厂根据上述范围，按机器的新旧情况着重注意各主要机件（如主轴、罗拉、锭子、滚筒及车面、车架等）部分的磨损情况，凭目光及经验进一步评定机器新旧程度的百分比，最后再交由局核资委员会及各厂技术人员组成的联合估成组复查评估［《纺织工业部清理资产核定资金工作总结》，1953 年 4 月 29 日。G116-1—116.2（22）］。

② 我国自 1951 年清产核资中确定按照大修理折旧率按月提取大修理折旧基金，专款专用。"一五"计划时期按上述规定办理。此后大修理基金管理制度多次变化。1973 年财政部规定企业的大修理基金按照国家规定的大修理提成率提取，与折旧基金相区别，以便既保证大修理，又能给企业结合实际灵活处置的自主权（参见田椿生、刘慧男《论折旧》，中国财政经济出版社 1986 年版，第 230—242 页）。

定资产的具体情况来计算大修理折旧率，而只笼统取一个数字概括。如太原钢铁厂将所有固定资产的大修理折旧率简化为全按基本折旧率的3/5来计算。这种做法虽然简便，但难以反映实际情况，失去了准确性。

（四）流动资产的估价难以全面

由于流动资产种类繁多，受地区、时间、来源不同等因素的影响价格各异，各部和大行政区所颁发的单价目录难免以偏概全。各企业在执行时估价偏高偏低的情形较多，上级审核时只能就数量多、比重大的资产作些调整。如交通部规定，按"一般上下不超过单价目录所列价20%为准"调整。

由于此次清产核资从政策理论到实际操作都存在许多问题，因此这次工作虽然收获很大，但仍仅仅是给计划管理和经济核算制打下一个初步基础，有许多工作需要在此基础上抓紧进行。譬如：

（1）处理核资后多余材料和不需用、未使用的固定资产。据不完整资料，1952年年底这类资产价值13.5亿元。清产核资期间，铁道部曾通过四个半月的内部调配和向外推销，处理1.2亿元的这类资产，使物尽其用。中财委总结典型经验，于清产核资后期颁发了《呆滞材料处理办法》《不需用及未使用固定资产处理办法》等，继续通过组织调剂，以减少呆滞积压。

（2）核资后的流动资金定额仍普遍偏高，部分企业资金运用状况仍不经济。如纺织部属下麻纺厂资金周转期高达201天，纺织机械厂达247天，梭管厂达336天，中南电工厂达305天，天津机械厂部分国内材料储备期达500天或500天以上。如何掌握资金运用状况，加速资金周转，当时各企业认识互异，采用方法不一，需要尽速改进。

（3）资产清点估价普遍存在不切实际、估价偏低的情况，需重点复查。为从长计议，财政部颁布了《国营企业年度清查财产办法》，力图使国营企业财产经常清点，相对准确；还需根据《国营企业资金核定暂行办法》拟订固定资产和流动资金的管理办法，以利于掌握和改进资产、资金的运用。

（4）当时认为，企业间的商业信用和预收定金制度的存在，是妨碍企业财务管理正规开展和造成资金浪费的一个重要原因。在清产核资过程中，中财委规定了限制或取消预收定金的办法，中国人民银行降低了对企业信贷的利率。但是问题并没有解决，如何严格实施银行划拨清算，提高资金使用效益，仍是国营企业经营管理的重要课题。

（5）清产核资过程中暴露出来的问题。诸如财务和物资供应计划的保守及其与生产、建设计划的脱节，会计统计制度不健全，不能及时和正确反映财务动态；作为企业流动资金主要内容的原材料、燃料、工具、配件的收发、保管制度的混乱；产品销售及收款合同制度不严、实施不力，应交国库款项未能及时上交等问题。多数企业在清产核资过程之中及其之后均未积极设法改进。

四　主要经验教训

（一）清产核资需要端正思想和风气

清理资产核定资金的工作能否做好，关键在于各企业能否正确处理国家、企业和工人的利益，克服本位主义和经营管理上的供给制思想。当时清产核资的思想障碍主要有三种：只注意生产，不注意经营的供给制思想；资产估价时低估，以图减少折旧、降低成本，增加利润的本位主义思想；核定资金时希图提高定额，以求"宽打窄用""有备无患"的保守思想。为了顺利完成清核工作，必须与这些思想做斗争，同时要改革产生这些思想的不明确的产权关系。为了解决这些问题，中财委于1952年6月19日曾通报号贯彻首长负责，亲自领导，发动群众，使所有职工认识清产核资的政治和经济意义，以达依靠群众做好清产核资工作。力图通过政治思想工作提高清产核资的准确性，当时收到了成效。但是由于当时的经济目标模式是向单一的公有制过渡，产权关系问题难以从理论上深入探讨。

（二）需要制定资产估价的科学标准

首次清产核资对资产的估价方式基本为"历史成本法"。即以固定资产当初投资额作为原值，减去按规定比例提取的折旧，形成固定资产净值；流动资产以购入价作为流入产品和存货的计价标准。这种方法没有考虑由于技术进步引起的资产价值的变化，没有考虑币值、市场等经济状况变化对资产价格的影响，无形资产的价值也无从体现。因此，这种方法易使企业资产的账面价值与实际价值发生背离，特别在科学技术飞跃发展、劳动生产率迅速提高的形势下，背离尤为严重。

然而在中华人民共和国成立初期，在历史数据资料和干部经济管理知识普遍缺乏的情况下，能够以"历史成本法"确定资产估价标准，根据标准清产估价仍然难能可贵。从各部门资产清理估价的结果来看，凡制定了估价标准的清估结果就比较正确，各企业间亦易于平衡，反之则估价不准。例如重工业部对机器主要设备制定了统一估价标准，一般估价比较正确；各主管专业局所属企业进一步制定了各行业专业设备的估价标准，使同一行业的资产估价保持平衡，如钢铁工业在估算炼铁设备标准时，曾由重工业部钢铁工业局召集钢铁厂的工程师，在石景山钢铁厂会同技术人员、工人讨论高炉估价问题，制定高炉估价标准。全国核资委员会统一颁订了房屋估价标准。由于各企业专业设备、机器主要设备以及房屋等主要资产占据了固定资产的大部分，这些资产的估价就有了接近于实际的标准，这次清产估价的结果才基本可信。

（三）需要制定计算流动资金定额的具体办法

企业流动资金的核定，当时以计划需要的流动资金定额为依据。要使资金核定正确，首先要使资金定额的计算方法合理，切合企业的实际情况。中财委颁发的《国营企业资金核定暂行办法》分别就原料、材料、燃料和辅助材料的定额、备品定额、低值和易耗品定额、在制品定额、产品定额、预付费用定额等规定了计算原则，要求国营企业严格计算并审核其必需的最低国家投资额。并规定："凡季节性的生产式营业，以及其他特殊原因所需用作非正常周转的流动资金，应由国家银行短期贷款解决"。依据该暂行办法，各部和各大行政区制定了补充规定，力求明确各项流动资金定额的计算方法和构成要素。①

在核定资金过程中，曾发现有些办法规定得不合理。如全国核资委员会制定的"国营企业清理资产核定表格"中，曾规定计算流动资金周转率采用"商品销售成本"为标准。这种计算方式不仅难以反映企业生产和业务经营的真实情况，而且存在严重偏差。即在企业生产经营不良，提高了商品生产成本的情况下，资金周转总额增加，资金周转率表现为加速，流动资金显得节约；反之，如果企业生产经营进步，降低了生产成本，缩减了资金周转总额，却造成了资金周转率迟缓、流动资金浪费的错觉。为了改正这种错误，重工业部于1952年9月提出资金周转额应以产品经过销售以后的形态为基础。理由在于：（1）工业企业的产品只有经过流通过程，完成销售以后，才能实现流动资金的周转，实现企业应纳的税款和利润，开始新的生产周期；（2）在参加周转的流动资金总额不变的情况下，只有依靠增加产品数量，提高质量，降低成本，打开销路，才能有效地提高资金周转率。这是一个体现了商品经济管理的正确意见，但是没有被采纳。

（四）清产核资与编制计划、审查决算相结合，可以相得益彰

清产核资涉及企业经营的各个方面。实践表明，清产核资必须与企业的生产、财务计划编制和会计决算等项工作结合进行。

首先，企业的生产财务计划必须在清产核资的结果之上编制才能正确。原因在于：（1）固定资产折旧计划必须以清理资产、重估价值的结果来编制，才能使计划年度原有的固定资产总值、折旧

---

① 参见重工业部等《1951年清理资产、核定资金工作总结》，1952年9月，G116—1—40（5）。

率及提取的基本折旧金数额准确。此次清估后固定资产折旧率降低了，但是由于固定资产总值大幅度增长，清估后提取的折旧金仍增加了。如重工业部增长一倍左右。这些变化还影响企业年度预算、固定资产大修理以及商品生产成本等一系列指标。（2）固定资产数额和价值的变化影响流动资金数额、商品生产成本和物资供应计划的变化。（3）商品生产成本的变化影响着商品销售利润，从而影响生产财务计划。因此，只有将清产、计划、核资结合成一体，才能使各项数据准确可靠。

其次，将审查计划、核定资金与审查决算结合进行，可以将下一年度的计划与上一年度经过查核实际完成的数额比较，使清产核资与计划的准确度都得到提高；并能依据上一年度自有流动资金实际使用状况作为下一年度流动资金调整的基础，使资金的调整更加符合实际。

首次全国性国营企业的清产核资迄今已经40年了。其间，我国国营企业固定资产总额扩大了100倍以上。改革开放以来，我国大陆的经济体制向着社会主义市场经济的方向变化，多种经济成分长期并存的形势已经明朗，国有资产经营管理方式的改革正在探索。新形势下清产核资势必有一些与40年前不同的特点。首先，国营企业固定资产的主体是几十年来国家投资形成的，有账可查；不似中华人民共和国成立初期经历长期战争和通货膨胀，账据不全。其次，经济管理人才和财会人才大批成长，处理估价、核资有比较丰富的经验。再次，有可能通过社会主义市场经济体制和理论的发展，运用一些新的范畴和方法处理以往的难题。如资产评估的对象不仅包括有形资产而且包括无形资产，资产评估的主要方法不仅有历史成本法，还有市场法、收益法等。同时在新的体制下又产生新的难点，需要从理论上和实践中加以解决。最后，在多种利益主体并存的形势下，利益矛盾更加尖锐，需要通过明确产权关系，在加强法制建设和管理、开展思想道德观念教育等方面做了大量工作。

总之，在产权管理体制改革、新旧交替的过程中，新形势下的清产核资有利于摸清国情、国力和进行宏观决策；有利于解决经济生活中一些深层次的矛盾和问题；有利于深化经济体制改革，维护和巩固国有经济在国民经济中的主导地位。为了扬长避短，完成"八五"期间的清产核资，在这项工作试点过程中回顾首次清产核资，温故知新，定能有所裨益。

（原载《中国经济史研究》1993年第4期）

国民经济恢复时期的私人投资

1949—1952 年我国正值经济恢复时期，社会及政权的性质是新民主主义，是一种"新的资产阶级民主主义"。在经济上，一方面国营经济处于领导地位，掌握国民经济的命脉，而占国民生产总值的比重却较小，另一方面，合作社经济、国家资本主义经济、私营经济（又分为私人资本主义经济和个体经济）与国营经济并存，私营经济所占的比重很大。在多种经济成分并存的情况下，私人投资和资金市场就不可避免地存在着，而且受到国家政策的鼓励和保护。新民主主义阶段是社会主义初级阶段的前身，其私人投资的状况如何，与一般私人投资比较有何特点，经营管理上有些什么经验教训？回答这些问题，对于重新肯定多种经济成分并存的社会主义初级阶段的经济建设，对于今天建立包括个人投资主体在内的各类投资主体的合理运行机制的探讨，都可以起到借鉴作用。然而，由于以往很长一段时间中在指导思想上笃定社会主义经济成分单一化，以及受非商品经济观念的影响，使得这方面资料积累不足，研究成果鲜见。本文试图就此作一初步探讨。

一 国家对私人投资的方针和政策

1954 年之前，《中国人民政治协商会议共同纲领》（以下简称《共同纲领》）起着临时宪法的作用。《共同纲领》第三十条规定："凡有利于国计民生的私营企业，人民政府应鼓励其经营的积极性，并扶助其发展。"根据这个宗旨，政务院财政经济委员会（以下简称中财委）私营企业局对私人投资制定了一系列政策。

1950年3月，中央人民政府政务院发出了《关于统一国家财政经济工作的决定》，对全国财政收支、物资调度和现金使用，实行统一管理。此后，国家财政收支迅速接近平衡，保证了市场的供应和物价的稳定。社会虚伪购买力消失以后，市场上出现了一种暂时的萧条状态。产品滞销，若干物资一时供过于求，歇业停业增加，失业人数和劳资纠纷增多，私人将投资工商业视为畏途。在这种情况下，中财委私营企业局制定了《私营企业投资暂行条例》（草案），鼓励私人投资经营有利于国计民生的企业，解除投资人的思想顾虑。这个草案经中财委原则通过后提交政务院审查。与此同时，1950年5月中财委召开7大城市工商局长会议，6月中共中央召开七届三中全会，确定了调整工商业，帮助私营工商业克服暂时困难，在国营经济领导下五种经济成分统筹兼顾的方针政策。两次会议以后，随着调整工商业政策的实施，从8月起，工商业情况开始好转。在迅速变化的形势面前，仅仅奖励投资已不够全面，需要颁布一项私营企业普遍适用的法令。于是周恩来总理指示中财委私营企业局按照五种经济成分统筹兼顾的方针，综合该局原起草的《私营企业投资暂行条例》（草案）和政务院法制委员会起草的《新公司草案》两个文件草案的精神，起草一个《私营企业暂行条例》，实行两三年后总结经验，再起草一个完整的私营企业法。根据周总理的指示，私营企业局经过两个多月的研究、起草、讨论、修改，完成了这个条例。政务院于1950年12月30日颁布了《私营企业暂行条例》。1951年3月30日中财委又颁布了《私营企业暂行条例施行办法》，遂在全国实施。这两个文件基本上反映了国民经济恢复时期国家对私人投资的方针和政策。下面就以其为主要内容分析当时对私人投资政策的几个主要特点：

（一）鼓励和保护私人投资

《私营企业暂行条例》第一条即说明是"根据中国人民政治协商会议共同纲领的经济政策的规定，在国营经济领导下，鼓励并扶助有利于国计民生的私营企业"而制定的。条例中有关保护私人投资的条文，有第八、第九、第十四、第二十五、第二十六、第二十九等条。

私人投资的首要问题是保障私人财产所有权和利润。为了解除投资人的顾虑，条例规定："企业的财产和营业受充分保护，经营管理权属于投资人"；针对有些资本家怕投资之后分不到红利，条例第二十五条明确，对于股息、分红予以法律保障。

为了保障投资人的营业权利，明确股东所担负的责任，条例规定企业可以变更营业范围，添设分支机构，迁移地区、转业、停业、歇业和解散，有限责任股东就其投资额或所认股份对公司负其责任，无限责任股东所负连带无限清偿责任，亦应俟企业的财产不足清偿业务时才履行。

为了克服企业开办过程中缺乏资金的困难，便利资金融通和社会集资，条例第二十九条规定公司可以发行公司债券，其债券可以自由转让，可以委托银行代募或承募；企业在创办或增资时交纳股款，或因购买公司债券需要现金时，可以用黄金、外汇向中国人民银行折兑人民币抵交。

这些规定使私人投资得到了法律的保护和鼓励，并且在法律上允诺了新民主主义经济体制下资金市场的设置。

（二）对新创设的企业实施审核登记制度，努力使私人投资配合计划生产

私人投资是个别的、局部的，难免是盲目的。1950年年初资本主义工商业在生产和经营中遭遇困难的原因之一，就是1949年前后一度盲目发展的某些行业，如纸烟、火柴、肥皂等生产超过了社会的需求。1950年5月中财委召开七城市工商局长会议以后，对于批准开业采取了较为审慎的态度。《私营企业暂行条例》对于私人投资的方向和结构，仍采取审慎的原则。其中第十一条规定，"新创设的企业应依法令报经地方主管机关核准营业，方得筹设"，核准以后还要履行一定的组织手续，到工商行政机关办理登记。核

准的目的是为了配合计划生产①，减少社会财力物力的无谓损失，保护私人投资的利益；登记是为了国家对私营工商业有全面了解，便于统一管理，并使企业名称的专用权受到法律保护。为了切实保护有利于国计民生的工商业投资，还规定"企业经营的业务，如应国家迫切需要，或在技术上有重要的改进或发明，而短期内不能获利者"，经中财委批准，可在一定期限内予以减免税的优待；如果企业需要两年以上准备时间方能营业，在不影响企业的财务计划的情况下，可以在开始营业前酌派股息给股东。

（三）确定利润分配的原则和大致比例

在保障产权的基础上，利润的分配是投资者最关心的问题。《私营企业暂行条例》按照中国以往办公司的习惯，把扩充生产事业，稳固公司基础放在第一位，规定先留 10% 以上的利润作为公积金。余额分派股息，股息最高不超过年息 8%，分了股息之后如仍有盈余，可分红利。股东的红利和董事、监事等的酬劳金占以上两项提取后利润余额的 60%，其他为"改善安全设备基金"、"职工福利基金及职工奖励金"等。这些分配原则既考虑到了生产发展又照顾到投资者的利益。股息与中华人民共和国成立前甚至抗战前比较，尚不算低。然而与当时中国人民银行定期存款利率——月息在一分至一分五之间，年息近 20% 相比，则低了许多。② 这样的股息难以吸引游资。但是当时一般工商业在正常情况下的平均利润尚不及 20%，也难以提高股息标准。

（四）私人投资需遵守"公私兼顾、劳资两利"的原则

这是新民主主义经济下私人投资的重要特点。《私营企业暂行

---

① 陈云在 1952 年 5—6 月召开的全国财政会议上指出，有关国家经济命脉的建设应由国家掌握，其他有利于国计民生的建设可由私人经营，对国家和私人的投资方向做了大体分工。

② 1950 年 6 月 22 日颁布的中国人民银行定期存款利率存期 1 个月为 10‰，6 个月为 15‰，随着金融市场的整顿和国民经济的恢复，中国人民银行 1950—1952 年先后 9 次调低了储蓄存款利率；1952 年上半年"三反"、"五反"运动以后，物价进一步稳定，中国人民银行于 1952 年 6 月 21 日决定将利率全面下降，储蓄定期存款利率 1 个月为 7.5‰，6 个月为 10.5‰。

条例》规定，私营企业除应遵守国家法令，接受国营经济领导外，"政府得于必要时制定某些重要商品的产销计划，公私企业均应遵照执行"，投资人执行其经营管理权时，凡与"劳资双方利益有关者，应由劳资协商会议或劳资双方协商解决"。

二　私人投资的途径

1950年和1952年两次调整工商业后，私营工商业一般都有了盈余，有的甚至盈余颇大。一部分大粮商、大批发商与部分进口行业的商人积聚了巨额资金。由于国家加强了对市场的领导，部分私商转变经营方向，有的正在转业和等待转业，一些私营工商业由于国家实行加工订货统购包销，可以节余部分流动资金。上述种种情况使私营工商业有了剩余资金和闲置资金。这些资金的出路有以下几方面：直接投入生产流通，存入国家银行后间接投入生产流通，从事投机囤积、私自拆借、高利贷等非正常信用活动，以及赌博、迷信、挥霍，等等。

为了引导私营工商业和其他私人资金投入有利于国计民生的经济事业中，防止其从事投机扰乱市场，在国民经济恢复时期实施的办法是，在国家银行信用为主导的前提下，通过发展多种信用形式，包括投资公司集资、证券发行和买卖、银行办理长期性存放款等，组织长期资金市场，吸收私人资本转化作长期生产资本。

（一）发挥中国人民银行的信用主导作用，吸收私人游资，鼓励私人投资

（1）积极开展储蓄业务，吸收社会游资。朝鲜战争爆发以后，美国加紧对中国封锁禁运，市场商品供应一时趋紧，社会上"重物轻币"心理重新抬头。1950年10月底，银行存款比上月减少1900万元。中国人民银行根据中财委指示积极开展储蓄业务，吸收社会游资。除了主要以保本保值方式扩大吸收储蓄存款外，还举办有奖储蓄吸收资金。一些私营行庄也办理保本保值存款，中国人

民银行欢迎私营行庄将存款以保本保值方式转存,并对其转存款加息。还通过降低汇兑手续费,扩大汇兑业务,争取私营工商业在中国人民银行开户。至 1950 年年底,银行各项存款比同年 1 月增加了 59%。①

同时,交通银行办理长期存款,重点吸收各企业的公积金和折旧准备金,为了吸收私营企业的存款,采取贷款和说服它们采用专款专用的方式扩大再生产。交通银行收存的款项,于当日以保本保值存款送存中国人民银行。②

(2) 使私营经济收付经过银行,了解和掌握私人资金的活动情况。从 1951 年起,银行普遍开展私人业务。主要做法是同私营企业分别订立各种业务合同,并通过私营企业与国营企业的往来,建立与私营企业的间接关系,争取私营企业的大部分收支通过中国人民银行办理,以便调节私人资金活动,保证市场稳定与活跃。

(3) 扩大对私营企业的贷款,使私营工商业者加强经营信心,提高投资热情。1950 年年初,私营工商业一度经营困难,中国人民银行一方面贷款给国营贸易部门,支持其扩大加工订货,统购包销,从而解决私营工商业的原材料供应和产品销售的困难;另一方面相应增加了对私营工厂的贷款。如上海市分行对申新纱厂等重要工业企业发行期限较长、金额较大的设备改造性生产贷款,并同企业订立业务合同,促进企业加强财务管理,坚定其经营信心。据不完全统计,银行对私营工商业的贷款,1950 年 5 月为 2186 万元,同年 9 月为 4963 万元,增加了一倍多。

1952 年 5—6 月间,各地"三反""五反"运动相继结束,不少私营工商业由于失去信任,资金不足,感到经营困难。为了提高私营工商业者经营和投资的热情,1952 年 5 月起,银行扩大了对私营企业的贷款。1952 年 6 月 1 日起还大幅度降低了对私营企业

---

① 参见尚明主编《当代中国的金融事业》,中国社会科学出版社 1989 年版,第 68 页。
② 参见交通银行总管理局《第二次经理会议文件》,1951 年。

的贷款利率,一般降低了 30%—50%,并在贷款的金额、期限、条件、方式等方面及抵押品保证制度上适当放宽,使私营工商业者普遍加强了经营信心,提高了投资热情。1952 年 7 月以后,私营工商业有了发展。

(二) 领导组织投资公司

一般来说,投资公司是金融市场高度发展的结果。它以其他公司的股票和债券为经营对象,通过证券买卖和股利、债息来获得利益。而中华人民共和国成立初期在北京、上海等大城市试办的投资公司与西方各国的投资公司完全不同,它们是在中国人民银行领导下的公私合营性质的投资公司,其作用是吸收社会游资,向工业企业直接投资。

中华人民共和国第一个公私合营的投资公司为北京市兴业投资公司。该公司于 1950 年 9 月成立,资金来源于募股,股份总额预定为 200 万元人民币,公股占 30%,其余 70% 向私人募集。开业时已收足第一期招募的股本 100 万元,到 1952 年年底,共实收股本 221.65 万元,其中公股主要来自人民银行北京分行,占公私股本总额 47.09%;公私合营股占 19.67%,私股占 33.24%,私股来自工商各界及华侨等,其中个人投资约占私股的 78%。[1] 至 1951 年年初,该公司参与投资的有北京市针织染整股份有限公司、中华科学企业公司、合成化学工业公司、利华企业公司及畜产联营社 5 个单位,其中一家是发起性质。核定投资额共计 43 万元[2]。兴业投资公司对于投资单位改善经营管理,提高经营积极性,改善会计制度和提高技术水平都起到了促进作用。公司本身经营情况也比较好。从 1950 年兴办到 1956 年决算,累计纯收益为 100 余万元。兴业投资公司在全国起了示范作用。1951 年 3 月由于有十分之一的胜利折实公债抽签还本,津沪两地都有一批货币出笼,为了吸收游

---

[1] 《中国金融》1954 年第 2 期。
[2] 《中央财经通报》1951 年第 4 期。

资投入建设，天津、上海、武汉等城市陆续建立起一批投资公司。1956年前后，随着我国工商业和金融业的社会主义改造完成，这些投资公司陆续停办。①

恢复时期的投资公司是国家资本主义的金融企业。在多种经济成分并存的新民主主义经济体制下，它是国家资金带动私人资本而后扶植管理工商业的一种组织形式。京津两市的投资公司开始时均以30%左右的国家资金带动70%左右的私人资本，再由投资公司合理投放出去，又可以间接团结数十百倍的私人资本，使这些企业提高管理水平和加强资金积累，并推动这些企业与人民银行建立业务联系。这样既有利于生产事业的恢复和发展，也有利于稳定金融和物价。

新民主主义经济体制下创办并经营投资公司是一项大胆的尝试，其业务往来牵涉到国家的产业政策、金融政策、公私关系和工商关系等。因此经营管理投资公司是一项复杂而艰巨的工作。从恢复时期的实践来看，它是国营金融业的有益补充。

（三）取缔和重新设立证券交易所

证券交易所是买卖债券、股票等有价证券的市场。它对于股份公司利用发售股票来筹集资金是必要的，股票证券化，能够加强投资人的信心和热情。但是证券交易所也往往使投机者利用期货交易来进行买空卖空的投机活动。证券行市的涨跌，使一部分能控制证券市场的大投机者大发横财，多数小投机者遭受损失。由于证券交易的投机性加剧了上海解放初期的物价波动，使通货膨胀火上浇油，上海军管会于1949年6月10日查封了当时金融投机的总指挥部证券大楼，逮捕重要投机分子200多人。天津军管会也于1949年年初明令停止证券交易，北京的证券交易所也相继停业。实践证明，上海、天津等城市解放初停止证券交易活动对于打击金融投

---

① 1957年，根据国务院关于"一般投资公司应该采取收缩的方针，撤销行政机构"的通令，全国各省市将投资公司移归交通银行接管，投资的企业也先后实行归口管理。

机，稳定人民币的历史地位都发挥了重要作用。

1948年12月中国人民银行在石家庄成立并发行人民币以后，我国各大城市相继打击黑市投机倒把活动，人民币地位逐步巩固。天津市于1949年4月物价已相当稳定。这时游资转向证券黑市交易的日益增多，如启新公司的股票由一千元涨至五六千元，成交数量由数百单位达到三四千单位。天津市军管会为了吸收游资投入生产，于1949年4月27日决定开放证券交易，6月1日正式成立天津市证券交易所。天津开放证券交易后，北京部分资金向天津转移。同年11月北京市第二届各界人民代表会议建议政府建立北京市证券交易所。中财委于1949年11月26日经中国人民银行通知北京：为了诱导游资逐渐投向生产性事业，并消灭北京已存在的证券交易黑市，同意设立证券交易所。根据这一指示，北京市证券交易所于1950年2月1日成立，受北京市人民银行领导。

当时上市的股票种类不多，天津有12种，北京只有6种。大部分是私营公司发行的，也有少数公私合营企业，如济安自来水公司、耀华玻璃公司等。这些股票都是旧有的，中华人民共和国成立后没有新股票上市。经纪人大多为个人，如北京证券交易所经审查合格的经纪人共22家，其中法人5家，个人经纪人17家。在个人经纪人中银钱业出身的12家，全店改业的2家，以往经营证券业务的3家。参加证券交易的客户主要是金钞贩子、囤积商人和旧官僚、旧军阀以及他们的家属，还有一些倒闭的银行、钱庄的从业人员和殷实富户。经纪人和客户的这种构成使得证券交易具有很大的投机性，在市场行情稳定时参与的客户就少，行情起伏波动时参加交易的人就多。北京市证券交易所1950年、1951年两年证券交易情况见表1。

表1数字表明，在证券交易所开业时由于证券行情波动，客户增加，业务活跃，但是实际交割额占成交总额的比例很低，交易的投机性相当大，1951年交割的比重有所上升，但是成交和交割总额都大幅度下降。由于经纪人和从事辅助工作的人过多，证券交易

有限,加之巨额呆账,资金不足,周转失灵,以及一些合股经纪人的股东之间产生矛盾等原因,到1950年年底尚营业的16家经纪人共亏损4809万元,到1951年年初只剩下8家经纪人。此外一些经纪人违法经营,如虚报资本、套购股票、逃避准备金等,导致政府勒令停业清理。1952年证券交易所全面停业。

表1　北京市证券交易所1950年、1951年两年证券交易情况

单位:元,%

时间	成交单位总额	交割单位总额	交割占成交总比例
1950年2—12月	1783960	232425	13.03
1951年1—11月	394706	112509	28.5

证券交易所在解放初期的经济条件下对于保护和吸收私人投资起到了一定积极作用。一方面,它使资本家在心理上得到安全感,减少了资本的外流;另一方面,它给吸收游资开辟了一条路,对于稳定经济、促进经济发展起了积极作用,证券交易市场对于反映游资状态、提高股票的地位也有一定作用。但是在当时的条件下,其积极作用有限,而消极作用难以避免,生命力就很有限了。

三　私人投资的结构和状况

(一) 一般私人投资的结构和状况

中华人民共和国成立初期我国经济发展水平很低,广大劳动人民的收入和消费水平都很低,劳动人民的边际消费倾向接近于1。这些情况决定了私人投资者主要是工商业资本家,投资额也不很大,增长率也比较低。但是由于政策鼓励,特别是1950、1952年两次工商业调整以后,投资增长较多。表2是1949年至1952年公私合营工业中私股及私营工业资本额的变动情况:

私营工业资本和产值集中在纺织和食品工业,占了总额的

50%以上，其他行业虽然户数较多，但规模小，资金和产值所占的比重也较小。如据华北全区2873个较大型的私营工业企业1952年的统计：纺织企业为522个，占私营工业企业总数的18.27%，占私营工业企业产值比重的34.72%；食品工业企业203个，占私营工业企业总数的7.06%，占其产值的21.02%；金属加工企业662个，占私营工业企业总数的23.04%，占产值的11.74%；燃料采掘方面的企业467个，占企业总数的16.25%，占产值的2.56%；化学加工企业1.16个，占私营企业总数的4.04%，占产值的0.07%。①

表2　1949—1952年公私合营工业及私营工业历年资本发展情况

单位：亿元；%

项　号		1949年	1950年	1951年	1952年
公私合营工业资本额	①	1.3	2.4	3.28	5.37
其中：公股	②	0.87	1.22	1.66	2.82
私股	③	0.36	0.74	1.01	1.82
私营工业资本额	④	13.13	13.57	16.98	16.57
③+④		13.49	14.31	17.99	18.39
私人工业资本增长率		100	106.08	133.36	136.32

资料来源：国家统计局：《中华人民共和国七年来公私合营工业及私营工业生产情况基本统计资料》，1956年8月。中国人民银行北京分行金融研究所刘波、石英、徐伟：《北京证券交易所简史》，《北京档案史料》1987年第4期。

与工业投资相比较，私人投资于商业的户数和资金都多得多。以广州市1950—1952年国内私人投资（华侨投资除外）为例，投资于工业的为408户，401万元，投资于商业的为847户，766万元，后者为前者户数的一倍多，资金近一倍。其他行业投资额比重

① 华北统计局编：《1952年华北区统计资料》，1953年7月。

由大至小顺序为运输业、服务业、饮食业、金融业、建筑业,对农业的投资为零。①

私人投资的地域仍然十分集中,主要在大中城市。据 1955 年国家统计局的统计,12 个城市中公私合营工业及私营工业的资产占了全国这方面资产总额的 67%,其中上海一市即占了 41.5%。②

(二) 华侨回国投资的结构和情况

中华人民共和国成立后制定和执行了保护侨汇和鼓励华侨回国投资的方针和政策。1949—1952 年侨汇和华侨投资是稳步增长的。据中国人民银行和外贸部的统计,1951 年侨汇收汇达 1.68 亿—1.69 亿美元,超过了太平洋战争爆发之前 1.35 亿美元的历史最高水平。但是侨汇大部分用于赡家,用于投资的只是极少数。据中国银行统计,1951 年 1 月至 1952 年 8 月华侨投资总数仅为 1368 万元人民币。

华侨的投资大部分是通过国家银行和公私合营的投资公司进行的。这些投资大部分用于轻工、纺织、饮食等工业部门。然而那些私人直接投资于私营经济的资金则以商业为第一位,轻工业为第二位,以下依次为运输业、饮食业、服务业等。以广州情况为例(见表 3):③

上述投资情况表明,中华人民共和国成立初期的私人投资多是万元以下的小额资本,通过国家银行和投资公司进行的,大部用于工业部门,私人直接投资的,由于资金不足和缺乏长期资金市场的指导,工业投资较少,大部分资金投向金额较小、周转较快的商业方面去了。

---

① 广州市"五反"运动委员会编:《1950—1952 年广州私营经济统计资料》,1952 年 10 月。

② 国家统计局:《中华人民共和国七年来公私合营工业及私营工业生产情况基本统计资料》,1956 年 8 月。

③ 广州市"五反"运动委员会:《1950—1952 年广州私营经济统计材料》,1952 年 10 月。

表 3　　　　　1952 年年底广州市私营经济中华侨投资状况

单位：户；人；元%

行业	国外华侨投资（港澳除外）				港澳华侨投资			
	户数	人数	投资额	比重	户数	人数	投资额	比重
总计	470	2990	5121100	100	1161	5274	14821700	100
轻工业	132	800	1358600	26.50	261	1419	2545400	17.2
商业	236	1576	1760800	34.4	721	1831	8763200	59.12
饮食业	18	36	603200	11.8	50	291	381700	2.58
建筑业	2	9	600	0.01	1	1	1500	0.01
运输业	37	186	954200	18.6	78	260	1720400	11.6
服务业	40	356	433400	8.46	41	441	266700	1.79
金融业	5	27	10300	0.2	9	1031	1142800	7.7

四　私人投资在国民经济恢复时期的地位和作用

（一）促进了国民经济的恢复和发展

首先，在中华人民共和国成立初期百废待兴的形势下，国家不可能将所有的经济环节都包下来，零售商业、饮食服务业等沟通城乡交流、方便人民生活的行业需要私人投资来办，一部分进出口业务也由私营进出口商办理，原有的私营工商业也需要进一步投资经营并扩大生产。在这些方面，有利于国计民生的私人投资不仅不妨碍国营经济的建立和发展，而且有助于国家将有限的财力物力集中投入到重大项目中。

其次，资本家和个体经营者在利益要求驱动下总是千方百计争取投资，这有利于将闲置资金及时投入生产。根据中共上海市委调查委员会的调查，123 家工厂的资产净值在 1950、1951、1952 年 3 年中总产值增长 8.38%，其中 1951 年比 1950 年增长 16.92%，1952 年比 1951 年下降 7.3%；但是其固定资产总值和净值则是逐年稳步上升的，自有流动资金随资产净值的增减波动较大，另对

56家商业户的调查反映的情况也大体一样（详见表4至表8）。① 如果考虑到侨资、外资的引进，以及国内其他私人资金的来源，那么私人投资的必要性和可能性都会进一步增加。由于采取了鼓励有利于国计民生的私人投资的方针，在产供销等方面形成了比较有利的投资环境，国民经济恢复时期私营工商业呈发展的趋势②。

表4　　　1953年6月5日123家工厂资产净值增减变化情况　单位：万元

年份		1950年		1951年		1952年	
		金额	指数	金额	指数	金额	指数
资产净值		39341	100	45996	116.92	42639	108.38
固定资产	总值	41437	100	42883	103.49	44776	108.06
	折旧	15265		16047		17052	
	净值	26172	100	26836	102.53	27724	105.93
自有流动资金		13169	100	19160	145.49	14915	113.26

注：金额已折成1955年币值改革后的新币。

表5　　　1953年6月5日56家商业户资产净值增减变化情况　单位：万元

年份	1950年		1951年		1952年	
	金额	指数	金额	指数	金额	指数
资产净值	2334	100	2713	116.24	2358	101.03
固定资产	1163	100	1143	98.28	1267	108.94
自有流动资金	1171	100	1570	134.07	1091	93.17

注：金额已折成1955年币值改革后的新币。

---

① 中共上海市委调查研究委员会：《关于上海市私营工商业资金与利润的情况报告》，1953年6月5日。
② 倩华等编著：《七年来我国私营工商业的变化（1949—1956）》，中国财政经济出版社1967年版。

表6　　　私营资本主义工业基本情况的变化（1949—1953）

单位：户；人；亿元

时间	1949年	1950年	1951年	1952年	1953年	备注
企业单位绝对数	123165	133018	147650	149571	150275	
指数	100	107.6	119.88	121.44	122.01	
职工人数绝对数	1643832	1815893	2022800	2056589	2230937	
指数	100	110.47	123.05	125.11	135.72	
总产值	68.28	72.78	101.18	105.26	131.09	
指数	100	106.59	148.18	154.16	191.99	
资产净值绝对数	20.28	21.11	28.34	25.98	29.41	未经清估
指数	100	104.09	139.74	128.11	145.02	

表7　　　　　1950—1953年私营商业基本情况的变化

单位：万户；万人；亿元

时间	1950年	1951年	1952年	1953年
企业单位绝对数	402	450	430	414
指数	100	111.94	106.97	102.99
从业人员绝对数	662	740	676.8	607.9
指数	100	111.78	102.24	91.83
其中：雇工绝对数	96.7	116.7	91.7	76.6
指数	100	120.68	94.83	79.21
销售额绝对数	181.4	242.2	191.7	223.0
指数	100	133.52	105.68	122.93
资本额绝对数	19.9	22.0	20.2	19.2
指数	100	110.55	101.51	96.48

注：①本表不包括饮食、服务业；②资本额为登记资本；③本表数字为资本主义商业与小商小贩合计数。

私营工商业的发展促进了国民经济的恢复和发展，也没有影响社会主义经济成分的壮大。1950—1952年我国工业平均每年增长速度为34.8%，尽管带有经济恢复的性质，这个速度也是相当高的。社会主义工业所占的比重由 1949 年的 34.7% 上升到 1952 年的 56%，国家资本主义工业的比重由 9.5% 上升到 26.9%，资本主义工业自产自销部分的比重则由 55.8% 下降到 17.1%。社会主义零售商业的比重由 1950 年的 14.9% 上升到 1952 年的 24.6%，私营零售商业同期比重则由 85% 下降到 57.2%。①

表 8　　　　1950—1953 年私营饮食业基本情况的变化②

单位：万户；万人；亿元

时间	1950 年	1951 年	1952 年	1953 年
户数	75	83	85	84
从业人员	120	140	145	131
其中：职工	7.2	12.6	12.5	11.2
资本额	0.9	1	1	1
销售额	9.8	13.5	13.6	15.1

（二）唯利是图的投机性危害市场稳定和国家建设

私人资本与新民主主义的其他经济成分，特别是国营经济的领导地位既有一致、和谐的一面，又有对立、矛盾的一面。在国民经济恢复时期私人投资与国家之间进行了两次或两种较大规模的较量。一次发生于中华人民共和国成立伊始，由于资本家中的一些人认为共产党没有能力领导经济，妄图在经济上与共产党较量。他们趁国家困难之机，套购、哄抢和囤积粮食、棉纱、五金、化工等商品，使这些商品的价格于 1949 年 10 月以每天 20%—30% 的速度猛涨，破坏了生产和流通的正常秩序，威胁着各阶层人民的生活，加重了国家在财经方面的困难。共产党和人民政府采取一系列有效措

---

　① 参见范守信《中华人民共和国国民经济恢复史（1949—1952）》，求实出版社 1988 年版，第 148 页。
　② 参见工商行政管理局编《中华人民共和国历年私营商业饮食业变化情况》，1956 年 12 月。

施对投机资本进行了坚决的斗争，统一财经工作进一步保证了市场的供应和物价的稳定。另一次发生在1950年调整工商业之后，1951年私人投资大幅度增加，投机资本通过日常社会经济生活中的非法行为向人民民主国家挑战。如用金钱、物资为诱饵，拉拢腐蚀国家干部，以牟取非法利润，违反国家税收法令，隐瞒营业收入，少交或不交国家税收，以牟取非法所得；私商在承包国家工程、承包器材、承接加工订货中，以虚报成本、提高价格等方式盗骗国家财产；资本家在承办国家工程或其他项目中，不按规定要求施工和投料，用工用料严重不足，或以假充真，以劣充优，给国家造成巨大损失；资本家通过其派进国家机关、经济部门、企事业单位内的"坐探"和被他们拉下水的干部，窃取国家有关市场、物价、税收、金融，物资存储调运、对外贸易及其他方面的情报，投机倒把、牟取暴利等。1951年年底至1952年在全国范围内开展的增产节约运动中，将这些违法行为归纳为"五毒"，即行贿、偷税漏税、盗窃国家资财、偷工减料、盗窃国家经济情报，开展了群众性的"五反"运动，有力地打击了上述违法活动。但是也在一定程度上影响了私人投资的发展。

五 几点启示

1. 国家领导下的资金市场和多元融资工具是私人投资的主要途径，它有助于减少处于"体外循环"和呆滞状态的资金，加速其运转，有助于解决众多的小额资金持有者希望资金周转的短期性与企业所希望的资本的长期性的矛盾，有助于在国家银行的领导下按国家需要控制资金流向。马克思曾经充分肯定集中私人手中的资金对于社会进步的重要意义：如果没有股份公司式的资本集中，也许现在还没有铁路。国民经济恢复时期的投资公司、证券交易所为集资和融资作了初步摸索，起了一定的积极作用。在改革开放的新形势下，社会集资已成为资金运转的重要渠道，有必要在国家银行的领导下，稳步开放资金市场。这是降低投资成本，促进资金周转的重要措施。

2. 需要制定个体、私营经济发展的行业政策和总体规划，按照政策、规划以不同方式和层次鼓励和调节私人投资，以适应有计划的商品经济的要求。对于年纯收入在万元以上以及有各种来源的高额持金户来说，设置直接投资条件和指南是十分必要的。需要根据国家产业政策和总体规划制定专门针对私人投资的行业政策和规划，由于个人投资的规模和结构在不同地域差距极大，这种行业政策和规划在中央和地方之间、地区和地区之间、各个城市等不同地域之间，以及国内资金、侨资、外资等不同来源之间需要细致周到地加以区别。并且在各级经济部门设专职做调查研究工作，沟通信息，使政策和规划成为各具特色又统筹兼顾的有机整体。政策和规划制定之后，即要有奖罚分明的多渠道、多层次的调节手段，由工商管理等经济执法部门通过开业登记、按不同税率征税等方式确保监督执行。

3. 对私人投资中的投机行为、违法行为必须及时予以抑制和打击，在新的条件下提倡和实现"公私兼顾、劳资两利"。

（原载《中国经济史研究》1992年第3期）

新中国首都规划的初创及启示

　　城市建设规划是保证城市各项建设事业有秩序地、协调地发展，使城市建设取得良好经济、社会、环境效益的重要依据。其一旦制定与实施，必然会在较长时期产生影响和作用。而首都的建设规划与一般城市比较，则关系到国家的形象，影响与作用更要深远得多；受历史与环境的制约更加繁重。首都必定是一个国家的政治中心。然而它是否同时是这个国家的经济文化中心，抑或具备历史名胜、旅游胜地等功能，则视各个首都所在的国情地情而定，并受各种历史条件钳制。今日的首都北京，经过半个世纪的沧桑，各个方面早已超越中华人民共和国成立初期规划内涵，但是当初规划的影响至今尚存。半个世纪之后，拂去故纸的尘埃，了解规划初创的背景与缘由，对于今日的首都建设仍能产生联想与启迪。

　　1949年年初，随着解放战争的迅速推进，城市接管与建设问题日益成为建设中华人民共和国面临的重大问题。在新的形势下，中国共产党改变了28年农村包围城市的战略方针。1949年3月，中共七届二中全会决议中提出了工作重心由乡村移到城市，开始由城市领导乡村的战略方针。决议指出：中心环节是迅速恢复和发展城市生产，把消费的城市变成生产的城市。这一方针统领着中华人民共和国成立初期的各项城市工作。也是今日回顾和评价当初首都建设规划的一条主线。

一 建立计划规划机构和法规条例

（一）建立计划规划机构

中华人民共和国成立前夕，1949年7月，北京的前身——北平市在全国率先建立了"北平市都市计划委员会"，于7月6日颁布了"北平市都市计划委员会组织规程"。规定该会负责都市计划之调查、研究、设计、订定等工作；草拟与都市计划有关之规章；宣传并指导都市计划之实施。委员会由北平市长、市人民政府建设局局长、平汉铁路局长以及专家5—13人组成。①

此后，随着经济建设的大规模开展，1952年10月，北京市与天津、包头、大同、太原、石家庄、唐山、邯郸、张家口九个城市一起成为华北地区最早建立城市建设委员会的城市。城市建设委员会与计划委员会分工，专职领导城市规划设计和监督检查城市的一切建设工作，并设规划设计、监督检查的专门机构。该委员会由党政主要负责人担任主任，另设专职副主任，统一领导，解决有关问题。②

（二）制定建筑管理规则

配合北京市规划管理，1950年6月12日，市政府首次制定了《北京市建筑管理暂行规则》。规定在北京市进行的工程均要经建设局查勘核准发给建筑执照后方得动工。这些工程的范围十分宽泛，涉及公私各类建筑。包括：①新建、改建、翻修的房屋、棚厂、临街墙垣、门楼、临街篱笆木壁及其他围栏；②临街房屋挑顶、重修或更换木料；③院内房屋抽梁换柱；④向街面或临户开门、开窗；⑤修筑院内沟道渗井；⑥安装动力机器；⑦街道或屋顶安设广告牌或广告标柱；⑧拆卸房屋或其他建筑物；⑨修建门前步

---

① 北平市秘书厅编印：《北平市政报第4号》，1949年8月1日。
② 刘秀峰：《大力加强基本建设工作的领导》，1952年10月30日。

道；⑩临街支搭凉棚；⑪将普通住房铺房改作工厂或其他公共场所；⑫其他与公共安全及交通有关之工程。可见其范围不仅与公共有关之工程几乎无所不包，而且涉及私宅院内建筑。

建筑执照分营建、修理、杂项、拆除四种。其有效期限为：营建执照6个月，修理执照3个月，杂项执照1个月，拆除执照1个月。如果违反规则，建设局得处以工程估价的1%—10%之罚金，或由建设局会同公安局予以取缔。

（三）确立建设北京的三条原则

1953年第一个五年计划开始实施以后，城市建设随着工业化的步伐而大大加快。城市建设出现了杂乱无章的局面。1954年11月，中共北京市委提出了改进北京市房屋建筑，加强管理的三项原则：①

1. 严格控制建设用地，在统一的计划下进行建筑

当时大工厂和高等学校的选址均经过论证，按规划进行；建筑最多最乱的是机关办公室和住宅建筑。出现了在城内有空就挤、遍地开花，在城外则各占一方、互不配合的现象。对此，市委提出：除了在各机关现有院落中，修建一些造价低的车棚、饭厅、厕所等临时建筑以外，凡不在重点改建或建筑地区而与将来规划有冲突或规划还没有把握者，尽可能暂不修建造价较高的楼房；在公园和将来准备作为公园的地方，在没有通盘计划之前，也不零乱地进行建筑。

2. 成立首都统一建房委员会

对机关办公、住宅用房，在中央主管机关领导下，实行统一拨款，集中资金，统一建设的办法。此前机关建房资金是按条条逐级下分，分到各单位，各搞各的。这种做法虽然有利于调动各方面的积极性，但是难以统筹兼顾。因此，市委提出成立由齐燕铭为主任的首都统一建房委员会，设立常设机构，调集有关部门原来管理建

---

① 《中共北京市委关于改进北京市房屋建筑问题的意见》，1954年11月23日。

房工作的干部参加工作。某些特别重要的建筑,如全国人民代表大会、国务院、中央各部永久性的办公大楼等,可按照全市统一的总的规划,由建设单位组织专门力量领导其建设工作。

3. 加强规划设计工作的统一领导

鉴于北京市的设计力量只能担负全市设计任务的 1/3,其余 2/3 特别是某些重大建筑的设计,均由中央设计院及中央各部的设计机构所担负。市委请求中央设计院指定相当力量担负北京的建筑设计,并在市规划设计机构的统一部署下分担若干干线的具体规划和设计工作。为了加强设计的审核工作,在规划设计机构下吸收中央设计院、北京市设计院的建筑师和有关部门的代表组成建筑审核会议,进行审核。特别重要的设计还应做出模型,公开展览,广泛征求意见,更重要者必须送中央审批。

国家计委党组和国家建委党组迅速对北京市关于上述原则的报告进行了座谈。同意市委所提出的三条意见的原则:首都建筑用地统一计划,严格控制;机关建房用款应统一拨付,集中使用,统一建设;整体规划的设计等工作必须加强和统一领导。并要求尽早确定北京市整体规划和建设计划,但不同意成立首都统一建房委员会,只要求北京市市政府成立一个强有力的办事机构进行工作。并提出要改变以往财政建筑拨款不考虑配套的居民福利设施和公共基础设施经费的问题;在规划时要考虑防空设施;要组织专门小组到莫斯科、华沙学习都市建设的先进经验。还打算将由国务院机关事务管理局负责的中央级的行政用房由北京市政府统一管理起来。①

二 关于首都行政中心位置的争议

平津战役期间,中国人民解放军与国民党傅作义将军共商和平

---

① 齐燕铭整理:《国家计委党组、国家建委党组座谈改进北京市房屋建筑问题的意见》,1954 年 12 月 22 日。

解放北平大计，为保存古都做出了历史性贡献。然而北平解放以后如何建设未来新中国的首都，仍是一个未解的课题。它与新的国家面临的诸多问题一起，摆在了人民政府面前。为了解决新中国建设的一系列重大问题，1949年6月21日，刘少奇率中共中央代表团离北平赴苏联访问。在6月下旬至7月上旬的初步会谈中，中方为获得苏联3亿美元贷款同意斯大林所提出的条件，包括中国向苏联提供其所需要的茶叶、桐油、大米、钨砂、猪鬃及植物油等，并感谢苏联对于中国的帮助。8月14日，刘少奇与来华苏联专家的负责人柯瓦廖夫及苏联专家220人一起离开莫斯科回国。此后，中国党和政府在有关新中国建设的一系列重大问题上，包括首都、城市建设规划方面，虚心求教于苏联专家。

1949年年底，苏联专家巴兰尼克夫先生提出了北京市未来发展计划的报告。报告内容包括首都建设目标、用地面积、行政中心位置等。其目标为将北京建设为一个现代的、美丽的首都；在用地方面，为适应将来人口的适当增加，并减少现有城区人口的密度，主张扩展市街用地面积；并主张基本不改变原行政中心设置的位置。

这个报告引起了关心首都建设的各方人士的广泛热烈的讨论。在建设目标和扩大用地等方面讨论中意见一致，分歧集中于首都行政中心位置的问题。苏联专家的意见是将行政中心设于原有城区以内，而另外一种意见是将行政中心设于西郊新市区。结果将行政中心设于原城区以内的意见占了上风。这种主张的理由主要有以下一些：

（1）可以充分继承以往的设施。认为北京城经六百余年之建设，一切街道、园林、河道、宫殿等已经成为具有相当规模足以代表中国风格的国际有名城市，并已具有城市各种生产必需的设备（如电、上下水道、剧院……）。在这一基础上继续建设，既有利于保存和改造原有设备，又便于充分发挥其作用。

（2）可以节省建设经费。据苏联专家的经验，城市建设的经费中，房屋建筑占50%，基础设施（当时称"一切生活必需的设备"）占50%，如果因新建房屋而拆除旧房，其损失亦不超过全部建设费的20%—30%。因此，如果放弃原有城区于郊外建设新的行政中心，除房屋建筑外还需要进行一切生活必需设备，经费要大量增加。

（3）有利于行政中心的迅速完善和使用。限于时间与经费，新建行政中心区一切园林、河湖、纪念物等环境与风景之布置，将不可能与现有城区一切优良条件相比拟；而且新的房屋建筑必须于一切基础设施新建完成后才能使用。

（4）可以避免旧城区荒废。受人力、物力、财力等条件的限制，建设新市区势必难以新旧兼顾，将造成旧城区的荒废。

（5）首都需要集中一切可以积累的资本于工业。根据中央变消费城市为生产城市的方针，首都建设应以发展工业为中心的任务，要积累一切资本投资于工业，必须以最经济的方法进行行政中心建设，以最经济的方法使北京更加美丽和现代化。①

综上所述，将行政中心设于原市区，最基本的原因是出于经济考虑，即在发挥城市市政基本功能的基础上将积累的资金用于工业；同时在保护世界最大规模的宫殿群的基础上在可能的条件下兼顾旧城区的保护。当时处于下风的不同意见则借鉴国内外保存古都的经验主张旧市区原封不动，将行政中心移往新辟市区，在北京西郊再建一个新北京。梁思成先生也曾设想：在旧北京之外，再建一新北京，状如哑铃两个中心。中间用地铁高速路连接。这些设想当时未被采纳。而当年设想的新北京，今日也已成为北京的市区。

这一争议的结果决定了北京市50年的建设。今天，北京已经成为面积、人口均较中华人民共和国成立初期增加了10倍以

---

① 参见《1949—1952 中华人民共和国经济档案资料选编·基本建设投资和建筑业卷》，中国城市经济社会出版社1989年版，第596—597页。

上的国际大都市,同时又是世界历史名城之一,行政中心仍位于原市区。回顾当初的争议,我们不能不钦佩先人对古城、对新生的共和国的高度责任感。今日,人们对古都的建设增加了许多新的视角,视野宽阔多了。如旅游、环境、土地资源利用、可持续发展等。中国政治中心的定位与首都经济建设规划的关系也大大不同于中华人民共和国成立初期了。对此,我们既要尊重历史的选择,又要探索现代化的需求。

三 解决首都水资源问题

世界大国首都及中国历史上最著名的古都如西安、洛阳、开封等大都依靠大江大河而建。北京没有可依靠的大江大河,但1911年只有76万人,面积只有今日二环路围起来那么大,仅用地下水就够了。① 随着人口增多,北京缺水的情况越来越严重。20世纪50年代初这个问题已露端倪。当时尽管北京附近有永定河和潮白河两大水系,但是由于两大水脉的水流季节性很强,没有水库蓄存,无法利用。整个市内河湖水系全部依赖玉泉山的泉水供应。其流量只有0.7—1立方米/秒。而市内的自来水则完全依靠地下水提供,其总供水量只有1—2立方米/秒。每逢夏季,自来水已感压力不足。随着人口增加和工业发展,缺水问题越来越严重。

20世纪50年代初的中苏两国协议中,确定由苏联派遣专家来中国帮助解决总体利用水力资源的规划勘测工作,其中包括永定河的根本治理和流域开发。永定河虽然沿北京西部流过,但季节性强,雨季洪水成灾,旱季近乎断流,难以利用。治理永定河的重点是在其上游建设官厅水库,控制永定河全流域的95%。建设目的包括防洪、蓄水、发电、供给首都工业与生活用水,并适当地发展灌溉与航运。其主要工程含拦河坝、输水道和溢洪道三项建筑。总

---

① 参见傅守彬《中国城市建设切莫走入误区》,《经济日报》1999年3月11日。

投资 3564 万元（不包括移民及交通改线等费用）。1951 年 9 月，国家批准了官厅水库工程的初步计划；1951 年 11 月正式开工；1954 年 7 月竣工验收，由水利部工程管理局官厅水库管理处接管。

官厅水库的竣工，使北京市不需要很大的投资和进行复杂艰巨的工程就可以把永定河水引入北京。这不仅能够缓解首都缺水的严重困难，还有助于把护城河和各小河沟的污水冲洗出去，减少首都的污染。1954 年，北京市将引永定河水入京列为第一个五年计划时期市政建设的重要工作，由水利部和北京市设计院共同设计，于 1954 年 9 月将计划任务书报送国家计委。国家建委于 1955 年 12 月 31 日批示该项工程设计由北京市人民委员会审批。

此举为永定河水系比较丰富的水资源得以蓄存，并可能引进北京，对于此后近半个世纪缓解北京缺水危机，使首都具备基本生存条件，在 20 世纪的后半叶日益繁荣兴旺奠定了基础。其难以估价的巨大作用还将跨越世纪之交，在 21 世纪继续展现。

四 有重点地进行市政建设，多方集资建设住宅

首都的市政设施与房屋住宅，长期处于供给远远不敷需求的状态。在中华人民共和国成立初期资金短缺却又百废待兴的形势下尤为突出。1951 年，北京城区有房屋约百万间，其中机关、部队占用 22 万间，尚感紧张。房价高昂，租金不断上涨，低薪人员新租房屋的租金有的已占薪资的 40% 以上，一般市民苦于无处找房。

中共北京市委、市政府面对这一难题，通过调查研究，决定一方面将有限资金进行重点市政建设；另一方面多方集资建设住宅。后者的办法为组织公私合营的房屋公司，在 1951 年一年内修建房屋 1 万—2 万间，卖给机关或租给工人及公教人员居住。预计集资 1000 万元，资金来源由市财政开支、中国人民银行投资及私人入股三方面来解决。为了便于吸收私人资金，要使投资者能够得到合理的利润，并允许自由退股，于 1950 年组织各区房屋修缮委员会，

当年修缮房屋8000间，调整房租，以保护房客利益并使房东能够修缮房屋。为了保证这样大规模的修建计划贯彻执行，由北京市组织建筑公司，统一计划，统一采购，派得力党员干部监督建筑及修缮，以免包工者偷工减料。

各大城市严重缺房是一个相当普遍的问题。中央对北京市委提出的组织公私合营的房产公司、修建房屋解决房荒的计划十分赞赏，并将北京市的经验批转各地仿行。①

五 关于首都人口发展规模问题

都市建设规划的重要内容之一为发展规模问题，它与人口发展规模有密切联系。

1949年年初，北京全市人口约200万人，至1954年年底已增至335万人，在近5年时间中，增长了67.5%。人口迅速增长的原因有三方面：一是中央一级机关的建立和扩大，1954年年底包括军事机关与军事学校已达22.6万人；二是基本建设规模的扩大，1954年年底基本建设职工已达18.2万人；三是工业的恢复和发展以及高等学校的发展。

除去郊区农业人口和流动人口外，在335万城市常住人口中，城市常住人口约267万人。其中，工交建筑业职工、高校师生约占20%左右，服务业职工占25%左右，被抚养人口占55%左右。

1955年年中，北京市聘请了8名苏联城市建设专家来京工作。按照苏联的经验，城市人口分为基本人口、服务人口和被抚养人口三类。其中基本人口指现代工业职工、建筑业和对外交通运输业职工、中央一级机关工作人员、高等学校师生员工等。大城市的基本人口应占30%或30%以上，其余为消费人口。也就是说，服务业

---

① 参见《1949—1952 中华人民共和国经济档案资料选编·基本建设投资与建筑业卷》，中国城市经济社会出版社1989年版，第638页。

与被抚养人口要降至 70% 以下。

对于苏联城市人口构成的经验，国家计委、建委与北京市的意见均认为不能完全照搬，但又可资借鉴，从而改变人口构成的不尽合理之处。主张"今后在社会主义建设和改造过程中，需要对现有消费人口中的一部分采取逐步转业、就业或迁移等措施。这样，既可使人口的组成逐渐趋向合理，也可相对地降低人口的增长速度。"①

同时，估计今后人口增加的因素会有一些变化。如中央一级机关精简以后，虽然还可能再增设一些新的机构，但干部可能不会像以往几年那样大量增加；基本建设职工由于劳动效率的提高，人数也不应再增加，或者还可能减少一些；工业和高等学校的发展，是今后北京市人口增长的主要因素，但在今后一定时期内工业和高等学校建设的规模不会很大，同时还考虑有一些多余的劳动力可供利用，所以如能采取一些有效的措施，人口的增长速度估计比以往几年能够慢一些。根据这些预测，认为在此后 15 年，即到 20 世纪 70 年代初可以将北京市城市人口控制在 350 万人左右。这一数字不包括京西矿区、长辛店等规划区外工矿区的人口、流动人口和郊区农业人口。如果在此后 15 年间郊区的行政区划没有变动，假定农业人口按 65 万人计算（1954 年年底有 53 万人），规划区外的工矿区人口按 20 万人计算（1954 年年底有 15 万人），城市流动人口按 15 万人计算（1954 年年底有 15 万人），则规划区内外的人口总数估计可达到 450 万人左右。②

---

① 《国家计委党组、国家建委党组关于首都人口规模问题的请示》，1955 年 12 月 12 日。

② 1970 年北京市总人口为 770 万人，1978 年北京市总人口为 872 万人，其中农业人口为 393 万人，非农业人口为 479 万人，据国家统计局编：《改革开放 17 年的中国地区经济》（电子版）；国家统计局综合司编：《全国各省、自治区、直辖市历史统计资料汇编（1949—1989）》（中国统计出版社 1990 年版）数据整理。

六 启示

今天，我们回顾中华人民共和国成立初期的这段历史，缅怀新中国首都建设的先驱们在城市规划中的作为，以下启示至今仍是很有意义的：

1. 城市建设必须认真制定与严格实施整体规划。城市规划不是主观任意的构想，而是受客观规律约束支配的。中华人民共和国成立初始，从战火硝烟与农村根据地走进北平（北京）的革命者，虚心向国内外专家求教。确立了制定城市规划、实施城市规划、按照城市规划建设首都的指导思想。这与20世纪中叶，各国的城市化进程由盲目无序转变为自觉有序，由土地投机为主导转变为政府控制的合理规划——这一世界潮流是一致的。在社会主义市场经济的环境下，在城市投资、建设多元化，注重城市开发经营的今日，强调城市规划的科学性；特别是规划一旦制定，就要严格实施，避免主观随意性，等等。其难度加大了，意义也更大了。

2. 城市规划要因地制宜，发挥城市综合功能。在城市规划中，需考虑其作为政治、经济、文化中心的综合功能；更需注重城市人居环境，将基础设施中的技术内容（资源发展、环境保护、污染防治等）与艺术内容（大众行为、环境形象、精神文明等）应融为一体来考虑。尽管当年受历史局限，曾经将消费与生产对立起来，但是在物质条件匮乏的条件下，先人对于保护历史文物、改善首都环境、便利居民生活等诸多方面，尚给予了综合考虑，力图统筹解决，在新时期的城市规划中，我们在规划中更应有所作为。

3. 城市规划要认真顾及人与环境、自然资源的关系。经济建设是城市发展的前提和动力，但又受地域空间和各种自然条件的制约。城市市区规模是城市规划的核心和关键。水资源作为人类生存的生命线，是城市规划的基础。当年官厅水库及其引水工程的兴建，是在北京历史上值得大书一笔的事情。时至今日，水、土地、空气等资源环境已越来越突出地成为制约城市发展的大问题了。为了更好地调整与优化城市资源配置结构，要集约用地。要改变急功近利的观念，从大局着眼，从长远着眼，杜绝贪大求全、乱占土地的建设项目；加强能源技术开发及其成果转化，减少废弃物排放量；加强水资源管理及其合理开发利用，并且加速工业结构生态化建设。

总之，历史告诉我们：规划不是制定终极状态的蓝图，而是一个连续不断的过程，是一种对城市的不断地认识、控制和管理的过程，以便追求正确的发展方向和发展步骤。北京是千年古都，是遵从中国古代哲学思想，按照详细的城市规划，逐步建立起来的一座伟大的城市。梁思成称之为"世界都市计划的无比的杰作"。同时，北京又是一个年轻的城市，目前正在全球化的进程中向国际性大都市迈进。今日，首都的发展迫使我们改变过去规划思想及设计思想，从单纯的物质建设、政治需要、观赏艺术转变为追求人与大自然和谐统一及满足人的多方面要求的综合场所。在科技迅速发展的新的历史条件下，当今城市规划已采用了许多复杂的新技术，如系统科学、运筹学、投入产出技术、电子计算机和遥感遥测等。这必然使首都城市规划不断完善，使古老的北京与现代化同步，使未来的北京更加兴旺发达。

（本文节选原载《中国城市经济》2010年第2期，本次收录的为全文）

三大改造对我国工业化初创阶段的双重作用

工业化是迄今为止世界各国生产力发展的一个必经过程。我国于1953年至1957年的第一个五年计划时期，在国民经济恢复和发展的基础上进入了工业化的初创阶段，与此同时，提出并实行了对农业、手工业和资本主义工商业的社会主义改造。三大改造对工业化的作用如何？是否有利于工业化的进程？这是探讨和评价三大改造的一个基本标准。本文试图从当时的具体历史条件出发，分析三大改造在我国工业化初创阶段与之相辅相悖的双重作用，力求把生产关系的变革和生产力的发展联系起来作些探讨。

一　工业化战略的选择和三大改造的提出

1949年，刚刚诞生的中华人民共和国面临着恢复国民经济的严重任务。在中华人民共和国成立头三年的国民经济恢复时期，我国经济建设的根本方针是"公私兼顾，劳资两利，城乡互助，内外交流"，以"达到发展生产，繁荣经济的目的"。与此相适应的经济体制是：在国营经济领导下，合作社经济、农民和手工业者的个体经济、私人资本主义经济和国家资本主义经济，分工合作，各得其所。虽然在中华人民共和国成立前夕，中国人民政治协商会议制定的共同纲领曾对有计划有步骤地重点发展重工业，以创立国家工业化的基础作出了有关规定，但在整个恢复时期，全国财政收入还是主要用于军费开支，调整和恢复经济，为大规模的经济建设作准备。特别是抗美援朝时，中共中央提出了"边打、边稳、边建"

的方针。财力安排的次序是:"国防第一;稳定市场第二;其他支出,包括行政费用、经济投资、工作人员生活费等排在第三。"政务院财经委员会主任陈云明确指出:"要工业化,现在只能打基础,不能过于着急。"① 当时,既没有把工业化列入日程,也没有正式提出"改造"的问题。1950年6月中共七届三中全会提出的"调整公私关系",其基本指导思想仍是在国营经济领导下的五种经济成分统筹兼顾。在上述方针指引下,我国顺利地实现了国民经济的恢复和发展,1952年年底,主要工农业产品产量都达到或超过了历史最高水平。

在这个基础上,毛泽东于1952年年底提出了"一化三改"的过渡时期总路线,将工业化和三大改造并列提了出来。就当时的主观愿望而言,提出三大改造是基于对社会主义经济的认识,即认为社会主义的社会化大生产不能同个体农业、手工业和资本主义工商业并存。而时过境迁之后,全面分析当时的经济状况,可以看出,将工业化与三大改造联系在一起,不仅仅出于理论认识,而且来自实践的要求。这是由优先发展重工业的工业化战略所决定的。因为发展冶金、机械、能源、国防工业等需要大量资金,而这些项目大多具有规模较大,建设周期较长,在短期内资金难以回收、周转的特点。我国经济基础十分薄弱,从事重工业建设困难是很大的,唯一的出路就是集中各方面力量进行重点建设。为此靠市场交换往往难以奏效,高度集中的以行政管理为主的计划体制,是最容易达到此目的的捷径。

在市场经济环境中,积累是循着所谓人们的边际消费倾向进行的。只有达到一定的收入水平,才有一定的储蓄率;有了一定的储蓄率,才构成一定的积累投资率。因此在市场条件下,收入水平同积累率、产业结构之间存在密切关系。在收入水平普遍很低的条件下,通过市场机制实现高积累率发展重工业是很困难的。然而在高

---

① 陈云:《1951年财力使用方针和财委工作要点》,1951年2月21日。

度集中的计划体制下,则可以用行政手段通过指令强制调动全国的物力、财力、人力,去实现明确的目标,包括优先发展重工业,若干年生产若干万吨钢,发若干千瓦电,修建若干公里铁路等。

为了实行高度集中的计划体制,就不能任凭私人资本主义和个体经济自由发展。因此,1953年6月,中共中央政治局根据李维汉的报告,确定了"经过国家资本主义,完成由资本主义到社会主义的改造"的基本方针。

具体来看,在实行优先发展重工业的工业化战略的开端,实践中提出的第一个突出问题就是粮食。随着农民生活水平的提高和大规模工业建设中对粮食需求量的迅速增长,轻工业却无力生产足够的产品销往农村,以至粮食生产的增长和收购量的增长赶不上粮食销售量增长的速度。因此,1953年10月全国的粮食问题已经很严重。这具体表现在:(1)收进的少,销售的多。7、8、9三个月共收进98亿斤,销售了124亿斤。(2)不少地方,如受灾地区、粮食脱销地区、小城市和集镇,开始发生混乱。(3)东北灾情严重,上调中央的粮食减少16亿斤。(4)京津面粉不敷供应,差6亿斤,只能实行定量配售。(5)如不采取措施,收购计划和销售计划的差额可能达到117亿斤,即使完成收购计划,也有87亿斤的差额。而粮食混乱可能导致物价全面上涨。针对这种情况,1953年11月19日政务院作出《关于粮食计划收购和计划供应的命令》,12月初在全国实行。

粮食以及随后油料、棉花等主要农产品的统购统销,有效地限制了市场对农业、轻工业和手工业的作用;有力地加强了行政手段对经济的控制作用。这样就有可能使社会平均收入维持在较低水平的同时,保证重工业的投资和社会的相对稳定。而农产品的统购统销和重要物资的行政分配阻断了私营工商业、个体农民同市场之间的联系,也就为将其纳入国家集中管理的轨道提供了前提,或者说为三大改造提供了可能性。

综上所述,就"一五"期间的客观经济状况而言,优先发展重工业的工业化战略，决定了建立高度集中的行政手段管理的计划经济体制，这种体制又决定了三大改造的必要性及其可能性。

但是，三大改造的提出与工业化还存在相悖的一面，即脱离生产力水平的改造速度和单一所有制的改造目标。

按照马克思主义的观点，经济和政治、革命和建设是统一的。物质生活的生产方式制约着整个社会生活、政治生活和精神生活的过程。在分析三大改造与生产力之间的辩证关系时一方面应注意到：1952年年底，我国钢产量达到了135万吨（马克思宣布资本主义丧钟敲响时，全世界钢产量为52万吨），发电量73亿度，工业总产值在工农业总产值中的比重为41.5%，机器工业产值在工业总产值中已占64.2%，职工人数1600万，具备了一定规模的社会生产力。

当时我国生产力比较发达的地区，已有了社会化生产的一定规模和水平。这是在一定程度上集中管理经济的物质基础。但是这仅仅是很初步的基础，还要看到以下三个问题：

第一，我国各个区域经济发展很不平衡。以1952年的工业来说，沿海地区占工业总产值的69.4%，其中轻工业占71.5%，重工业占65.5%；而占我国面积3/4以上的内地，其工业所占比重不足1/2。所谓沿海地区的工业，也只集中在上海、天津等少数大城市和辽宁、江苏、山东省的部分城市中，仅上海一市就占了全国工业总产值的20%。就全国大多数地区来说，生产的社会化、商品化水平都非常低。对于这些地区来说，三大改造的提出不是生产力水平高度发展的产物，恰恰相反，它是与生产力水平低下，财力、物力、技术力量不足并存的。在这种特殊的历史背景下，计划经济就带有很大的盲目性，生产者从事社会性劳动所服从的计划和指令便具有明显的行政命令性质，资源和劳动力配置能否优化在很大程度上则取决于决策者的主观意志。

第二，中共中央1953年估计，完成过渡时期总路线所提出的"一化三改"的任务，大体需要经过三个五年计划，就是大约十五年的时间。直到1955年7月31日，毛泽东在《关于农业合作化问题》的报告中还坚持这个观点。当年12月，毛泽东仍考虑1960年基本普及高级农业社。但是在实践中，"一化"和"三改"的进展脱节，出现了大距离的"时间差"。

针对我国人口众多、资源比较丰富、市场需求量很大的特点以及当时的国际环境，周恩来指出：我们的工业化，就是要使自己有一个独立的完整的工业体系，或者说，在现代技术基础上建立一个基本上独立的完整的工业体系，能以之保证国民经济的技术改造和国防的巩固。但1957年我国完成三大改造以后，第一个五年计划期间开始施工的限额以上的820多个建设单位中，全部建成的仅约有450个，约占54.9%；苏联帮助设计的156个重点项目中，已经建成投产的仅有57个，占36.5%，部分建成投产的10个，两者合计占42.9%。这就是说，第一个五年计划期间虽然奠定了工业化的初步基础，但是距离实现工业化还有漫长的路程。仅以用电量来看，1957年大部分农村没有电，农村用电仅占全国用电的0.6%，不到城市生活用电的1/10（城市生活用电占总用电量的13.5%）。这样，生产关系的变革就脱离了生产力的发展，而要真正巩固农业、手工业和资本主义工商业改造的成果，必须实现工业化才行。这种脱节，就为以后变革中出现的种种悲剧埋下了种子。

第三，三大改造的目的是为了适应生产力的发展，满足工业化初创阶段的急需，还是抽象地为了实现单一的社会主义经济结构？或者服从于"经济结构愈单一，工业化的速度就愈快"的盲目认识呢？关于这个问题当时有不同的看法，但是后两种看法最后占了上风，即作为政治目的，并且盲目地将"大"和"公"作为解放生产力的手段和标志。其中的理论是非没有通过科学的论证，而是用政治斗争的特殊方式来褒贬，压抑了不同意见，从而对生产力的发展产生了不利影响。

二 三大改造对工业化的作用

正由于三大改造的提出与工业化有相辅相悖的两个方面，因而三大改造对工业化也就产生了积极和消极两个方面的作用。其积极方面，首先是在基本建设投资金额大幅度增加的情况下，维持了资金和物资的基本平衡和市场的基本稳定。

三大改造使个体农业、手工业和资本主义工商业纳入国家计划的轨道。当时国家计划最重要的作用是通过分配投资确定经济发展方向、发展结构和资源配置等。我国全民所有制单位的固定资产投资额，自1952年至1956年连续五年大幅度增长。其中1952年比上年增长85.7%，1953年比1952年增长110.3%，1956年比1952年增长269.2%，1957年比1956年略有下降，但仍为1952年的247.2%。这对于一个工业基础十分薄弱、居民消费水平很低（1952年全国居民人均年消费水平为76元，其中农民人均62元，非农业居民人均148元；在消费总额中，农民占68.7%）[①]，仅能勉强维持低水平生活标准的国家来说是很不容易的。在这种情况下，要增加积累的数量，扩大固定资产投资规模，同时维持社会的安定，只有人为地将全国消费水平维持于相对平均的低水平上，特别要求占消费总额70%左右的农民不能较快地增加收入。

从1952年到1957年，国民收入增长了153%，非农业居民的人均收入由148元提高到205元，增加57元，增长26.3%；农民的人均收入由62元提高到79元，增加17元，增长17.1%，同期农业产值增长了24.8%，工业为128.6%。

然而直至1957年，在全部工业产值中，以农产品为主要原料的产值约占50%；农副产品和用农业原料制成的工业品，在国内

[①] 参见国家统计局编《国民收入统计资料汇编》，中国统计出版社1987年版，第17、20页。

市场主要商品供应量中约占 80%，在出口总额中约占 75%。农民每年不仅把自己净收入的约 7% 作为农业税上交国家，而且由于工农产品之间的差价，农民又把相当于自己净收入的约 5% 奉献给国家积累，两项合计约为 12%。另一种计算是：国家预算收入中，5 亿农民所交农业税约占 10%，由于农业及其副产品收购、加工、销售、运输等的利润和税收，间接构成财政收入的约为 40%（其中包括了工人所追加的价值）。然而，"一五"期间对农业投资的比重占基本建设总额的 7.1%，加上救灾中救济农民的经费、推广优良品种、新式农具、改良农业技术的经费，合计约等于农民交纳税款的 1/3[①]。可见，工业化所需资金主要是由农业积累的，同时在工业化的初创阶段，工业又不能为农民提供多少生产资料和足够的生活资料。

在这种情况下，农民之所以没有陷入资本主义国家原始积累下的绝境，主要有两方面原因：一是与土地改革以前比较，农民的收入显著增加了，这是由产量增加和负担降低双重原因造成的；二是互助合作运动对于土地改革后出现的生产资料配置有所调剂，有利于集中使用有限的生产资料和简单协作，有利于战胜灾害；并且在互助组和初级社的组织形式下，统一经营的程度比较适宜，农民有比较充分的自主权去经营家庭副业和个体生产；国家又在农业生产技术、农业投资、贷款等方面给合作社以优待。因此，这个时期的农业产值按可比价格统计，一直保持了上升的趋势，1957 年比 1952 年的农业总值增长了 24.8%。

如前所述，市场的基本稳定同统购统销、国营商业控制了市场是分不开的，而统购统销又是与三大改造互为因果的。

此外，在我国工业化初创阶段，人口的压力也是不容忽视的，当时的工业生产水平不足以吸收农村的剩余劳动力，合作化的组织

---

① 参见国家统计局编《中国固定资产投资统计资料（1950—1980）》，中国统计出版社 1987 年版，第 97、103 页。

形式在一定程度上强制农村容纳了较多的劳动力，这也有利于初创阶段的社会安定。

其次，通过三大改造，发挥原有企业的作用，帮助私营企业克服生产任务和原材料不足的困难。

在"一五"期间，各年工业总产值中依靠当年基本建设增加的部分，平均不过占总增长额的5%左右，1957年工业总产值中有60%以上是由1952年以前的原有企业生产的[①]。因此原有企业的生产情况如何，对工业化的影响很大。在原有企业中，历年公私合营和私营工业产值所占的比重，每年均在1/3以上，其作用是不容忽视的。

"一五"期间，私营工商业经过有步骤地从个别企业的公私合营到全行业的公私合营，从国家资本主义的低级形式转为高级形式。对于公私合营企业自身的生产来说，经社会主义改造后形成的以下几个因素，有利于生产的发展：（1）国家可以把企业的供应、生产、销售环节纳入计划，统筹安排生产，使私营企业摆脱生产、经营和销售方面的种种困难，提高了生产能力的利用水平。据1955年统计，公私合营企业的设备利用率比私营企业一般高出10%—20%[②]。（2）公私合营后企业内部通过实行民主管理、计划管理、改善职工集体福利，使劳资矛盾得以缓和，提高了工人的生产积极性，使劳动生产率大幅度提高。公私合营企业中工人的劳动生产率，1952年比1950年提高了118%，1955年比1950年提高了214%，1955年公私合营企业工人的劳动生产率，比一般私营企业高出一倍[③]。按总产值计算，"一五"期间我国工业劳动生产率提高了61%，1956年基本上完成资本主义工商业的社会主义改造，

[①] 国家统计局：《我国国民经济问题研究资料》，1960年4月。

[②] 国家统计局：《中华人民共和国七年来公私合营工业及私营工业生产情况》，1956年。参见陈云在国务院召开的《关于私营工商业问题的座谈会上的谈话》，1954年12月31日。

[③] 柳随年、吴群敢主编：《中国社会主义经济简史》，黑龙江人民出版社1985年版（下同），第131—132页。

这一年工业劳动生产率提高了19%①。（3）国家对公私合营企业投资，帮助其扩建和改建，以及部分企业在公私合营过程中适当地联营和合并，有利于这些工厂增加生产。1956年公私合营企业的总产值，比这些企业1955年的总产值增加约32%②。

当然，三大改造对工业化也有消极作用，首先是经过对资改造，私营企业也同原有的公营企业一样，难以进行独立的经济核算，影响了品种的更新、质量的提高和固定资产的更新。

在三大改造中，国家控制了流通渠道，对私营和公私合营企业实行加工、订货、统购、包销，工业和商业部门都按计划生产和收购，这使企业失去了自主经营的权力和市场竞争的压力。这固然有助于解决私营企业任务和原材料不足的困难，但同时使公私合营后的企业与国营企业一样，在体制上与市场机制分家，脱离了商品生产的轨道，结果应验了陈云1955年的预言。他指出："不能保持好的品种、好的质量的情况，在统购包销以后就发生了，因为我们没有什么竞争，统统是国家收购的，结果大家愿意生产大路货，不愿意生产数量比较少和质量比较高的东西"。"公私合营以后，这种情况很可能进一步发展"③。1956年3月，陈云提出解决这个问题的主要办法是将部分产品和设计送回市场中去，包括对一部分商品国家不再统购包销，而实行选购的办法；对商品设计和销售情况实行奖励制度；实行价格浮动，优质优价，好货可以提价，次货可以降价，等等。但是，不允许企业留利的传统经济观点，使这些办法未能得到实施④。

被改造的工业企业大部分属于轻工业，在新的经济体制下，企业的固定资产折旧资金随利润一同上交国家，一时虽有利于国家集中资金，然而长期下去却严重阻碍了这些企业更新固定资产和采用

---

① 国家统计局：《我国国民经济问题研究资料》，1960年4月。
② 柳随年、吴群敢主编：《中国社会主义经济简史》，第131—132页。
③ 《陈云文选》第2卷，人民出版社1995年版，第295页。
④ 国务院：《关于工商之间的业务关系仍按现行办法执行的通知》，1957年1月6日。

新技术，形成了生产上"复制古董"，老企业多年一贯制的情况。加之国家对轻工业投资的比重相对很低，造成了工业内部结构的不尽合理。

其次，使农业增长速度放慢，从而也影响了工业化的速度。

1955年秋冬以后，农业合作化运动发展迅猛。1956年1月，入社农户占全体农户的70%，年底达到96.3%；而且高级农业生产合作社成为主要形式，占75.6万个合作社的71.4%。据湖北鄂城调查，高级社平均每社198.9户，初级社平均每社48.2户[①]。这样，在一年中做了原计划10余年所要做的事。

初级社一哄而起带来的问题尚未解决，过急的并社升级又带来新的问题：规模过大，干部管理水平跟不上，生产组织管理混乱；财务管理混乱，少数干部多吃多占；分配上队与队之间、社员与社员之间存在平均主义；由于高级社内统一组织生产、劳动、经营和分配，社员的家庭副业普遍呈现萎缩状况。这些问题严重影响了社员的劳动积极性，造成我国农业生产总值和粮食产量的增长速度下降[②]：

表1　　　　1955—1957年农业总产值增长指数（以上年为100）　　　单位:%

年份	农业总产值增长指数	粮食产量增长指数
1955	8.5	8.5
1956	5.8	4.8
1957	4.3	1.2

经过1958年的"大跃进"和人民公社化，更导致了1959至1961年连续3年的严重的农业生产水平的下降，直至1964年农业

---

① 杜志雄：《鄂城县土改与合作化时期农村经济的稳步发展》，《农村经济情况》1986年第6期。

② 参见《中国统计年鉴（1985年）》，中国统计出版社1985年版，第25页。

生产才恢复到 1957 年的水平。在此期间，工业生产不能不相应下降，工业化的速度也随之被迫放慢。

上述三大改造在工业化初创阶段对工业化的影响，在不同年度作用的程度不同。在"一五"期间，特别是前 4 年，积极因素是主要的。1957 年以后，消极因素逐渐占据主要方面。三大改造的相辅作用，在工业化初创阶段比较明显，相悖作用则随时间的推移越来越突出。而我们一直对于三大改造理论上的两重性缺乏深入探索，将其中符合我国历史条件所采取的一些做法和"一五"期间宏观决策正确、实施合理所带来的成就，简单地套用社会化大生产需要摆脱私有生产关系束缚的一般原理加以解释；将针对特殊历史条件的部分具体做法上的意见分歧，简单地、普遍地归结为两种思想、两条路线、两条道路的斗争，从而导致了理论与中国社会实际的偏离。用偏离实际的理论去指导实践则带来了更大的失误，以致 20 世纪 60 年代中叶国内外形势发生变化以后，我国的经济发展战略和经济体制未能及时变化和改革，反而一误再误，最终导致工业化速度放慢，生产力发展迟缓，与世界经济发达国家的差距显著加大。

（原载《中共党史研究》1989 年第 1 期）

新中国装备工业的起步

——156 项中的装备工业

鉴于中国工业极端落后的状况，国家在制订第一个五年计划时，决定优先发展以能源、原材料、机械制造为主的重工业，实施优先发展重工业的方针，以求得巩固国防，建立国民经济发展的物质基础。首先集中力量建设苏联帮助我国设计的 156 个工业项目。

"156 项"建设是中华人民共和国首次通过利用国外资金、技术和设备开展的大规模的工业建设。在资本主义封锁的严峻环境中，苏联、东欧国家的资金、技术和设备使中国突破了封锁，获得了 20 世纪 40 年代的技术和设备，这在当时是比较先进的；苏联的低利贷款也使资金极端短缺的中华人民共和国减少了利息负担，项目确立与实施取得了良好的效果。

民用机械和军工为主

在苏联帮助建设的项目当中，机械和军工占了很大比重。在最后完成的 150 项工程中，机械工业有 24 项（详见表 1）；军工有 44 项（详见表 2）。军工项目主要也是机械装备项目。两者合计为 68 项，占最后完成项目量的 45.33%。除了苏联援助的项目外，还有民主德国帮助设计的 2 个项目和引进捷克斯洛伐克制造技术自行设计的上海三大动力设备厂。

表1　　　　　　　　　"156项"中的机械工业项目名称

项目名称	建设性质	地点	建设期限	建设规模（年产量）
哈尔滨锅炉厂1—2期	新建	哈尔滨	1954—1960	高中压锅炉4080吨
长春第一汽车厂	新建	长春	1953—1956	解放牌汽车3万辆
沈阳第一机床厂	新建	沈阳	1953—1955	车床4000台
哈尔滨量具刃具厂	新建	哈尔滨	1953—1954	量刃具512万副
沈阳风动工具厂	改建	沈阳	1952—1954	各种电缆3万吨
沈阳电缆厂	改建	沈阳	1952—1954	各种风动工具2万台/554吨
哈尔滨仪表厂	新建	哈尔滨	1953—1956	电气仪表10万只、汽车仪表5万套、电度表60万只
哈尔滨汽轮机厂（1—2期）	新建	哈尔滨	1954—1960	汽轮机60万千瓦
沈阳第二机床厂	改建	沈阳	1955—1958	各种机床4497台/1.6万吨
武汉重型机床厂	新建	武汉	1955—1959	机床380台
洛阳拖拉机厂	新建	洛阳	1956—1959	拖拉机1.5万台
洛阳滚珠轴承厂	新建	洛阳	1954—1958	滚珠轴承1000万套
兰州石油机械厂	新建	兰州	1956—1959	石油设备1.5万吨
西安高压电瓷厂	新建	西安	1958—1961	各种电瓷1.5万吨
西安开关整流器厂	新建	西安	1958—1961	高压开关1.3万套
西安绝缘材料厂	新建	西安	1956—1960	各种绝缘材料6000吨
西安电力电容器厂	新建	西安	1956—1958	电力电容器100千伏安6.1万只
洛阳矿山机械厂	新建	洛阳	1956—1958	矿山机械设备2万吨
哈尔滨电机厂汽轮发电机车间	新建	哈尔滨	1954—1960	汽轮发电机60万千瓦
富拉尔基重机厂	新建	富拉尔基	1954—1960	轧机炼钢炼铁设备6万吨
哈尔滨炭刷厂	新建	哈尔滨	1956—1958	电刷及碳素制品100吨
哈尔滨滚珠轴承厂	改建	哈尔滨	1957—1959	滚珠轴承655万套
湘潭船用电机厂	新建	湘潭	1957—1959	电机11万千瓦
兰州炼油化工机械厂	新建	兰州	1956—1959	化工设备2.5万吨

资料来源：董志凯、吴江：《新中国工业的奠基石——156项建设研究》，广东经济出版社2004年版。

表 2　　　　　"156 项"中的军事工业项目名称

项目名称	建设性质	建设地点	建设期限
航空部 12 项			
黑龙江 120 厂	改建	哈尔滨	1953—1955
黑龙江 122 厂	改建	哈尔滨	1953—1955
辽宁 410 厂	改建	沈阳	1953—1957
辽宁 112 厂	改建	沈阳	1953—1957
江西 320 厂	改建	南昌	1953—1957
湖南 331 厂	改建	株洲	1955—1956
陕西 113 厂	新建	西安	1955—1957
陕西 114 厂	新建	西安	1955—1957
陕西 115 厂	改建	兴平	1955—1957
陕西 212 厂	新建	兴平	1955—1957
陕西 514 厂	新建	兴平	1955—1962
陕西 422 厂	新建	兴平	1955—1958
电子部 10 项			
北京 774 厂	改建	北京	1954—1956
北京 738 厂	新建	北京	1955—1957
陕西 853 厂	新建	路南	1955—1958
陕西 782 厂	新建	宝鸡	1956—1957
四川 784 厂	新建	成都	1957—1960
四川 715 厂	新建	成都	1955—1957
四川 788 厂	新建	成都	1957—1960
陕西 786 厂	新建	西安	1956—1958
四川 719 厂	新建	成都	1955—1957
山西 786 厂	新建	太原	1956—1959
兵器部 17 项			
山西 616 厂	新建	大同	1953—1958
山西 748 厂	新建	太原	1953—1958
山西 245 厂	新建	太原	1956—1959
山西 768 厂	新建	太原	1956—1958
山西 908 厂	新建	太原	1956—1958

续表

项目名称	建设性质	建设地点	建设期限
内蒙古447厂	新建	包头	1956—1959
内蒙古617厂	新建	包头	1956—1960
陕西847厂	新建	西安	1955—1957
陕西243厂	新建	西安	1955—1957
陕西803厂	新建	西安	
陕西844厂	新建	西安	1956—1959
陕西843厂	新建	西安	1956—1959
陕西804厂	新建	西安	1956—1960
陕西845厂	新建	鄠县	1955—1958
甘肃806厂	新建	郝家川	1956—1960
山西884厂	新建	太原	1955—1959
山西874厂	新建	侯马	1958—1966
航天部2项			
北京211厂	新建	北京	1954—1957
辽宁111厂	改建	沈阳	1953—1956
船舶公司3项			
辽宁431厂	新建	葫芦岛	1956—1960
河南407厂	新建	洛阳	1956—1960
陕西408厂	新建	兴平	1956—1960

资料来源：董志凯、吴江：《新中国工业的奠基石——156项建设研究》，广东经济出版社2004年版。

分行业情况

"一五"时期，中国机械工业的建设以发展冶金设备、发电设备、运输机械、金属切削机床为重点，适当发展电机、电器、电材、炼油化工设备和农业机械。重点建设了投资1000万元以上的重大项目73个。除上述苏联援建和民主德国帮助设计的26个项目外，其余项目是中国自己建设的。分行业情况如下：

重型矿山机械工业方面：过去是空白，"一五"时期集中力量新建三个大型企业。即苏联援建的以生产大型轧机、冶炼设备、锻压设备和大型铸锻件为主的富拉尔基第一重型机器厂（简称第一重机厂），自行设计的以生产轧机、锻压设备、大型起重设备为主的太原重机厂，苏联援建的以生产矿井提升和洗煤设备为主的洛阳矿山机器厂。此外，还重点改造了一批老厂，包括以生产破碎、球磨机和大铸锻件为主的沈阳重机厂，以生产洗选设备、运输设备为主的沈阳矿山机器厂，以生产工矿车辆、炼焦设备为主的大连工矿车辆厂（现名大连重机厂），以生产桥式起重机为主的大连起重机厂，以生产履带挖掘机、卷扬机为主的抚顺挖掘机厂，以生产轧钢润滑设备和地质钻机为主的太原矿山机器厂等。在工程机械方面，建设了苏联援建的沈阳风动工具厂。

电机电器工业方面：中华人民共和国成立前，只能少量生产低压小功率一般产品。"一五"时期重点建设了苏联援建的哈尔滨三大动力设备厂（锅炉厂、汽轮机厂、发电机厂），引进捷克斯洛伐克技术以生产1.2万千瓦以下的火电机组为主的上海三大动力设备厂（锅炉厂、汽轮机厂、发电机厂），苏联援建的西安4个电器设备和电材工厂（开关整流器厂、电力电容器厂、高压电瓷厂、绝缘材料厂），还有苏联援建的哈尔滨电表仪器厂、哈尔滨电碳厂、沈阳电线电缆厂、湘潭电机厂直流电机车间和自行设计建设的沈阳变压器厂、沈阳高压开关厂、沈阳低压开关厂、哈尔滨绝缘材料厂、武汉锅炉厂等。

机床工具工业方面：过去只能生产一些简单的老式机床和工具，"一五"时期重点建设了苏联援建的以生产立车、龙门刨、龙门铣、卧式镗床等重型机床为主的武汉重型机床厂和一批专业化机床厂，包括苏联援建的沈阳第一机床厂（车床）、中国自行设计建设的齐齐哈尔第一机床厂（立车）、沈阳第二机床厂（立钻、镗床）、上海机床厂（磨床）、无锡机床厂（磨床）、北京第一机床厂

(铣床)、济南第二机床厂（龙门刨）、南京机床厂（六角车床）等。工具方面，新建了苏联援建的哈尔滨量具刃具厂和民主德国设计的郑州砂轮厂（后名第二砂轮厂），中国自行设计的成都量具刃具厂。

交通运输设备方面："一五"时期汽车行业重点建设了苏联援建的第一汽车制造厂和自行设计的北京汽车附件厂（后更名北京汽车厂）。机车车辆行业重点建设了大同机车厂、长春客车厂和株洲货车厂，改建齐齐哈尔货车厂和大连机车车辆厂。造船行业重点建设生产各种军用舰艇和民用船舶的江南、沪东、渤海、武昌、广州、大连等造船厂。

农业机械方面：过去没有基础，新建了苏联援建的洛阳第一拖拉机厂，并开始建设自行设计的天津拖拉机厂。

石油化工机械方面：开始建设苏联援建的以生产炼油化工设备和石油钻机为主的兰州石油化工机器厂，建设自行设计的以生产各种采油设备为主的兰州通用机械厂。

轴承方面：新建了苏联援建的洛阳轴承厂，建设和扩建了哈尔滨轴承厂和辽宁省瓦房店轴承厂。

仪表工业方面：开始建设民主德国设计的西安仪表厂。

内燃机方面：新建了苏联援建的洛阳柴油机厂和陕西兴平柴油机厂。扩建了自行设计的上海柴油机厂、天津动力机厂等。

上述重点项目，都在 1956 年前相继开工建设，到 1957 年年底，共完成投资 27.44 亿元，全部建成投产的有 40 项，包括第一汽车厂等苏联援建的 7 项和引进捷克斯洛伐克技术的 3 个动力设备厂。尚未全部建成的项目，由于大多数都是利用老厂扩建的，因此，在"一五"期间，也发挥了重要作用。

历经 10 年时间，苏联援建的 156 项重点项目中的 24 项机械工业全部建成。其中 1954 年竣工的项目有 2 项：沈阳风动工具厂、哈尔滨量具刃具厂；1955 年竣工的项目 1 项是沈阳第一机床厂；1956 年竣工的 2 项是长春第一汽车厂、哈尔滨仪表厂；1957 年竣工的 1 项是沈阳电缆厂；1958 年竣工的 5 项是沈阳第二机床厂、洛阳滚珠轴承厂、西安电力电容厂、洛阳矿山机械厂、哈尔滨炭刷厂；1959 年竣工的 7 项是武汉重型机床厂、洛阳拖拉机厂、兰州石油机械厂、富拉尔基重机厂、哈尔滨滚珠轴承厂、湘潭船用电极厂、兰州炼油化工机械厂；1960 年竣工的 4 项是哈尔滨锅炉厂（一、二期）、哈尔滨汽轮机厂（一、二期）、西安绝缘材料厂、哈尔滨电机厂汽轮机发电机车间；1961 年竣工的 1 项是西安开关整流器厂；1962 年竣工的 1 项是西安高压电瓷厂。

机械工业的 24 项最长的建设周期是 6 年，最短的是 1 年，平均建设周期 3.4 年。机械工业计划安排投资 259357 万元，实际完成投资 283588 万元，实际完成投资占计划安排投资的 109.3%；其中"一五"时期完成投资 165702 万元，"一五"时期完成投资占实际完成投资的 58.4%。

奠定中国装备制造业基础

这些重大项目的建设投产，使中华人民共和国的机械装备工业从无到有地建立了汽车、拖拉机、发电设备、石油化工设备、冶金矿山设备、工程机械等制造业，扩大和加强了机床工具、机车车辆和造船工业。主要产品产量比 1952 年分别增长几倍到几十倍（见表 3）。沿海老工业城市的机械工业得到迅速提高，并初步形成哈尔滨、洛阳、西安、兰州等一批新的机械工业基地。中国机械工业的生产技术水平和组织管理水平都有了很大的提高，奠定了装备制造业的基础。国民经济建设所需设备的自给率也大为提高。"一五"时期国家建设所需设备的国内自给率为 60% 以上。

"一五"时期以"156 项"为重点的工业项目建设在我国历史上发挥了重要作用。它从根本上改变了旧中国工业的落后面貌，使我国初步建立了一个比较完整的国民经济体系和工业体系，为我国工业化进程奠定了坚实的基础。

表3　　　　1957年比1952年装备制造业产品增长情况

产品名称	单位	1952年	1957年	1957年比1952年增加的倍数
金属切削机床	万台	1.37	2.8	1
冶金设备	万吨	0.02	1.38	68
矿山设备	万吨	0.18	5.29	28
起重设备	万吨	0.7	3.18	3.5
石油设备	万吨	—	0.59	
发电设备	万千瓦	0.54	19.7	35
汽车	辆	—	7904	
轴承	万套	117.9	1060	8
内燃机（商品屋）	万马力	4	69	16

资料来源：董志凯、吴江：《新中国工业的奠基石——156项建设研究》，广东经济出版社2004年版。

（原载《装备制造》2008年第11期）

20世纪60年代经济调整的历史经验

为了扭转"大跃进"失误带来的严重经济困难,我国从1961年至1965年经历了五年国民经济调整。这是一次包括经济增长速度、产业结构、城乡关系、经济体制的全方位调整。

在调整期间,中共中央提倡调查研究和实事求是的作风,再次创造了经济恢复发展的奇迹①,使国民经济仅用三年时间就走出了困境。到1965年,国民经济发展的整体水平超过了历史上最好的1957年。这次调整为我国社会主义建设积累了丰富经验,值得汲取和总结。

一 统一对国情和形势的认识是调整的前提

由于调整的各项决策要持续较长时间并关系到宏观经济全局的发展,因此,只有统一对国情和形势的认识,才可能统一行动并坚持完成。

"大跃进"发动以后,中共中央对经济指标过高的问题发现得很早。1958年9月,陈云兼任国家建委主任后不久,就在华北协作区基本建设会议上提出要缩短基本建设战线,接着其他中央领导同志也多次提出这个问题。但是,由于领导层对经济形势的认识不统一,在领导人中间,一部分主张下,一部分主张上,建设规模压

---

① 世界公认的中国第一次经济恢复奇迹为1949年至1952年的国民经济从战争破坏中恢复。

不下来。

1959年4月2日至5日,中共八届七中全会讨论通过了1959年国民经济计划草案,确定钢产量1800万吨,煤产量3.8亿吨,粮食产量1.05万亿斤,棉花产量1亿担。由于会议制定的各项指标过高,以致许多单位的生产和基本建设不能摆脱"缺原料、等材料、无法正常工作的被动局面"。国家计委不得不于6月作出基本建设投资和项目调整方案,将八届七中全会制定的总计280亿元的基本建设总投资调整为248亿元,减少32亿元。1959年6月3日,中共中央颁发《关于调整1959年主要物资分配和基本建设计划的紧急指示》,批准国家计委的调整方案,并且语重心长地指出:"由于工业计划几次变动,材料供应又不落实,因此,人心思定,生产思常,这是目前广大群众的心情,也完全符合于经济建设的客观需要。现在把基建战线缩短,材料分配和工业生产的指标落实,同时压缩社会购买力,改善市场状况,必将有利于工业生产和整个国民经济的发展,有利于鼓舞群众的生产热情。……群众现在迫切要求知道当前生产和整个经济生活的真实情况,各级领导机关应当充分满足群众的这个要求,以便同广大群众一起,来设法解决当前生产和建设中的各种问题。"

根据庐山会议前半期纠正"左"倾错误的指导思想,农业部副部长刘瑞龙主持了1958年统计数字的核实工作,国家统计局于1959年8月13日将核实结果报告了国家计委。其中粮食总产量由公报数的7500亿斤下降为5000亿斤;棉花总产量由公报的6638万担下降为4200万担;其他农产品产量也都经核实大幅度下降。但是,8月16日庐山会议闭幕之后,在全党开展了一场"反右倾"斗争。9月,《红旗》杂志第18期发表了题为《驳"国民经济比例关系失调"的谬论》的社论,党内的分歧导致压缩高指标的努力夭折,"左"倾错误延续了更长时间。

1960年8月,中共中央提出"调整、巩固、充实、提高"的八字方针,再次强调要缩短基本建设战线。但是调整并非简单易行，从提出调整到真正落实，基本建设投资指标经历了从不愿压缩到愿意"退"，从愿意"退"到"退够"的过程。由于国民经济比例严重失调突出地表现在工农业之间，农业和农村经济的严重危机要求必须调整工农业投资比例。首当其冲的是压缩工业基本建设投资规模，这就导致对钢铁的需求量大幅度下降，不得不压缩钢的生产，同时工业生产指标必须降下来。只有退够才能完成调整，这是一个严峻的现实。

高层领导普遍认识到各项经济发展指标必须后退一步，是通过调查研究、不断总结，到1961年下半年才初步实现的。但是对经济困难的严重程度认识仍不同，直到1962年年初召开七千人大会之后，中央的认识才逐步一致。到了1962年4月，中央批转中央财经小组《关于讨论1962年调整计划的报告》以后，才对多年来基建战线过长的问题，认真着手解决。这距离陈云最早提出压缩指标整整迟了三年零七个月；距离1959年6月中共中央的紧急指示，也迟了将近三年；距离1960年8月正式提出调整的八字方针，迟了一年半。可以想见，如果能够及时统一认识，将避免多大损失！少走多少弯路！

按照1960年提出调整方针的最初设想，国民经济调整工作在1962年年底结束，1963年转入第三个五年计划建设。1963年7月，中共中央分析了经济发展的实际情况，决定再用三年时间进行调整。有了以前的教训，这次统一认识没有大的曲折，使以后三年的调整工作迅速取得了良好的效果。

历史经验表明，只有以经济建设为中心开展调查研究，才可能统一对国情和经济形势的认识；而中央领导的统一认识，是经济调整得以实施和完成的前提和基础。

二　综合平衡、协调发展是调整的基本方针

1957年，反右派斗争扩大到经济领域，陈云等人的平衡发展

观受到错误的批判,被指责为"消极平衡论""静止平衡论""机械平衡论",发展观本质上是"低速度论"。此后,国家进入片面发展的"大跃进"时期,财政与信贷的平衡,经济建设与提高人民生活质量的平衡亦被打破。1960年与1957年相比,商业贷款增加1.4倍,工业贷款增加10倍,货币超额发行,造成严重的通货膨胀,给国民经济带来严重损失①。与此同时,全国建设规模逐年扩大,积累占国家年收入的比例从第一个五年计划的24.2%,"跃进"到1958年的33.9%、1959年的43.8%、1960年的39.6%。这不仅严重影响了人民生活,而且大大降低了基本建设投资效益。

国民经济调整的本质就是改变国民经济比例严重失衡状况,实现协调发展。在需求过旺、投资过高、通货膨胀的背景下,调整国民经济的具体内容,就是压缩需求,缩短战线,主要表现在三个方面:降低生产指标,压低基本建设投资,减少城市职工;同时整顿生产和经济秩序。用当时通俗的说法就是:"退够站稳"。1961年6月12日,毛泽东提出三个第一:农业第一,市场第一,出口第一。他说,过去陈云同志曾经讲过,现在看起来,这三个第一是不能推翻的;各个部门要去调查研究,用调查研究的材料来教育我们的干部。②

1961年后,中央正式决定采取陈云的平衡发展观,以陈云为首的中央财经小组决定实施经济调整。一是压缩基建。1961年基建投资比上一年压缩了2/3,1962年又在上一年的基础上再压掉一半。二是降低积累率。1962年积累率下降到10.4%,1964年经济回升后,积累率才回到比第一个五年计划(24.2%)还要保守的22.2%。③ 1962年的基本建设投资由原计划的60.7亿元进一步缩

---

① 参见李成瑞《持续稳定协调发展经济的锐利思想武器》,载《陈云与新中国经济建设》,中央文献出版社1991年版,第387—388页;袁宝华《对国民经济的艰苦调整》,《当代中国史研究》2002年第1期。

② 袁宝华:《对国民经济的艰苦调整》,《当代中国史研究》2002年第1期。

③ 李成瑞:《持续稳定协调发展经济的锐利思想武器》,载《陈云与新中国经济建设》,中央文献出版社1991年版,第390页。

减到 46 亿元；钢的产量由原计划的 750 万吨降为 600 万吨。三是紧紧把住财政、银行两个总闸门，有效控制供需总量平衡，促进结构调整。由陈云、李先念主持起草了《关于切实加强银行工作集中统一、严格控制货币发行的决定》（即"银行六条"）和《关于严格财政管理的决定》（即"财政六条"）。四是精简队伍。1962年，确定两年内城镇人口减少 2000 万人；职工队伍精简 1000 万人；把工业生产战线调整到同农业可能提供的粮食和原料相适应，同工业本身可能提供的原料、材料、燃料和动力相适应的程度；把文教事业的规模和行政管理机构缩小精简到同经济水平相适应的程度；把城镇人口减少到同农村可能提供商品粮、副食品相适应的程度，使工农关系和城乡关系的紧张状况逐步缓和下来。对全民所有制工业企业实行关停并转，使其总数由 1960 年的 9.6 万个减为 1962 年的 5.3 万个；重点加强轻纺、化纤、石油工业，并保证原子能研究事业正常发展。

另外，在调整时期加强了对农业、轻工业的投资，提高对支援农业资金的管理。在农业方面，加强了大中型水利灌区的配套和利用投资。1950 年至 1960 年，全国建设了一大批大中型水利灌区，约占全国灌溉面积总和的 1/3，是水利灌溉设施的骨干，对发展农业起了很大的作用。但是，这些灌区遗留很多未完工程，由于工程和设备不配套，灌溉能力不能充分发挥作用；已建成可以灌溉的部分，由于管理不善，也没有完全发挥灌溉效益。调整时期大力增加灌区配套建设，据辽宁、江苏、浙江、广东、湖南、四川等 16 个省市区统计，1963 年电力排灌投资 1.63 亿，1964 年完成机电排灌投资 4.1 亿元，比 1963 年增长 44%；河北、辽宁、山东、上海、广东、湖南、四川、陕西等 15 个省市新增受益面积 778.6 万亩。此外，1963 年我国已改变了"一五"时期大型化肥厂建设主要依靠国外设计和进口成套设备的状况，国内已能自行设计和建设合成氨和普通过磷酸钙的大型企业。仅 1963 年、1964 年，国家就先后投资建成了四个大型氮肥厂：上海吴泾化工厂、浙江衢州化工厂、广州氮肥厂和开封肥料厂,一期工程的建设规模为合成氨 10 万吨,硫酸铵 40 万吨。同时继续进口化肥(详见表 1)。尽管我国与当时世界各国相比,每亩耕地化肥的施用量仍比较低,但比原来有了较大提高,每亩耕地的化肥施用量 1962 年达 1.8 公斤,比 1957 年的 1.05 公斤增加 71%。同时,加强支农资金的管理。并且于 1962 年退还生产队基本建设中征而未用的耕地 605 万亩,占征而未用耕地的 86.2%。①

表 1　　　　　化学肥料国内生产和进口情况②　　　单位:万吨、%

	一五时期	二五时期
国内生产和进口合计	663.3	1543.4
其中:国内生产	220.6	817.9
进口	442.7	725.5
进口占合计比重	66.7	47.0

恢复和发展农民手工业。如我国农民用手工开采有色金属矿有很久的历史,习惯称为民窿,主要开采钨和锡,也有少量钼、铜、铍等,矿区主要分布在广东、云南、江西、广西、湖南等地。民窿生产在我国钨、锡生产中占有很重要的地位。中华人民共和国成立后经过民主改革,民窿生产发展很快。1958 年以后,由于取消了民窿管理机构,将民窿下放到公社,以致民窿生产所必需的工具不能得到及时供应,用于生产的部分资金被公社挪用,加上管理松弛,1962 年民窿生产钨锡精矿 0.42 万吨,比 1957 年下降 80%。在调整方针指导下,1963 年各地恢复了民窿管理机构,贯彻了对

---

①　第二个五年计划时期全国县属以上基本建设单位共征用土地 4390 万亩(不包括人民公社基本建设用地),其中已用于基本建设的 3508 万亩。征而未用的土地 882 万亩,其中耕地 702 万亩。

②　国家统计局编:《调查统计报告》第 4 号,1963 年 2 月 8 日。

民窑生产的奖售政策，使民窑生产迅速恢复。①

经过大幅度的调整，国民经济恢复了生机。工农业生产总产值和国民收入从 1963 年开始回升，到了 1965 年已经超过历史最高水平。

事实证明，结构的调整和一时的紧缩为协调和快速发展经济创造了条件。如果这一时期有条件充分利用国际资源和国外市场，城市人口不必大幅度压缩。但是当时冷战的严酷环境不仅没有这个条件，而且 1964 年以后战争阴云愈加浓厚，导致第五个五年计划的指导方针从解决"吃穿用"改为建设战略后方，直到 20 世纪 70 年代我国与西方国家恢复正常往来后，才初步改变了这种状况。

三 管理体制的改革和创新是经济恢复发展的动力

为了理顺工农业关系、工业内部的关系、生产和流通的关系等，不仅要求把经济过快的发展速度降下来，压缩建设规模，缩短战线，而且必须对工业、农业、商业的体制和经营管理实行必要的改革。体制改革所产生的激励机制，为经济恢复发展提供了动力。

（一）下放农村人民公社基本核算单位，建立田间管理责任制

1960 年前后，为克服困难，中共中央出台了一系列的政策措施，并于 1961 年上半年制定了《农村人民公社工作条例》草案（简称"农业六十条"）和修正草案。1962 年 2 月 23 日，中共中央发出了《关于改变农村人民公社基本核算单位问题的指示》，强调：在我国绝大多数地区的农村人民公社，以生产队为基本核算单位，实行以生产队为基础的三级集体所有制，将不是短期内的事情，而是在一个长时期内，例如至少 30 年，实行的根本制度。经过几次调整，将基本核算单位下放到生产队，调动了生产队和社员的生产积极性，对农村经济的复苏起到了重要作用。《农业六十条

---

① 国家统计局编：《调查统计报告》第 97 号，1963 年 10 月 28 日。

(草案)》明确提出，农业生产实行"三包一奖制"（包产、包工、包成本，超产奖励），要求"建立严格的田间管理责任制"，"有的责任到组，有的责任到人"。各地推行生产责任制时，出现包产到户这一比较符合农村生产力发展水平又深受广大群众欢迎的生产责任制形式。1960年，安徽省委书记曾希圣在安徽试行"定产到田，责任到人"，10月，全省实行责任田的生产队达到84.4%，据36个县的调查，施行责任田后平均亩产比上年增长38.9%。农民从中得到了温饱，看到了希望；各级干部增强了信心。①

（二）有"收"有"放"，改革工商科教管理方式

一般来说，调整必然要反思和部分否定以往经济运行方式，伴随着"破"与"立"的过程。有收有放的组合操作是调整的主要手段。

1961年1月中央决定成立六个中央局，恢复了10人小组。1月20日，中共中央作出《关于调整管理体制的若干暂行规定》，重点强调集中统一，以克服经济困难。其中根据党中央提出的"大权独揽、小权分散"的民主集中制原则，根据三年"大跃进"的经验和调整、提高的方针，调整管理体制。要求经济管理大权集中到中央、中央局和省（市、自治区）委三级，近两三年更多集中到中央和中央局。所有生产、基建、收购、财务、文教、劳动等各项工作，都必须执行全国一盘棋、上下一本账的方针，不得层层加码。下放的国防工业企业一律收回。1961年8月下旬至9月上旬，中共中央在庐山召开工作会议，认真研究了工业状况，对当时工业生产中的混乱和被动局面有了较深的了解。9月15日，向全党发出了《中央关于当前工业问题的指示》，进一步要求改变过去一段时间内权力下放过多、分得过散的现象，在二三年内把工业管理的权力集中在中央一级，省市区也要把过去下放多了的权力集中

---

① 参见李占才《60年代初关于"包产到户"问题论争》（《安徽史学》1998年第3期）、刘长根：《万里在安徽》（新华出版社2003年版）、水静《特殊的交往》（中央文献出版社2005年版）。

到省级。不允许在国家计划外层层加码。会议还讨论通过了由邓小平主持制定的《国营工业企业工作条例（草案）》（即工业七十条），以整顿和健全工业企业的管理制度。

在调查研究的基础上，中央还制定了有关工业、商业以及文教、科技等一系列的工作条例。这些条例总结了各方面的工作经验，提出了具体的政策措施，使各条战线的调整工作更加系统化规范化。在这些条例中包含有许多改革措施，如工业七十条中严格分工、分责、分权的制度与专业化协作、扩大职工的民主权利的规定；商业条例中坚持实行国营、供销合作社、农村集市贸易三条商品流通渠道的规定；以及科技、教育、文艺条例中，坚持"双百"方针，鼓励个人钻研、创造、发明等规定。以上这些措施，对当时纠正"左"的政策，推动调整工作起了很好的作用。①

（三）尝试工业、劳动、教育管理体制创新

三年调整后复苏的国民经济仍沿袭着过去计划经济体制下的老路。随着建设规模的扩大和现代化程度的提高，原来计划经济体制中存在的供求矛盾，在数量、品种、区域之间及供应时间等方面更为尖锐地暴露出来。1963年，国家主席刘少奇敏锐地感觉到这些问题，试图改变单纯行政管理的方式。他说："要考虑我们是个大国，将来工厂越来越多。究竟怎样管理对国家有利。""我们过去都是行政机关管工厂。用行政办法管理企业。过去苏联也是这样搞的，说明不行。""我们现在的办法是中央各部和省、市的厅、局都干预经济，这是超经济的办法，不是资本主义的办法，是封建主义的办法。"针对党和政府部门对企业的具体事务干预过多而缺乏全局观点，他说："党委和政府超脱一点，不好吗？站在公司之上、矛盾之上。有问题我们来裁判，不要作当事人，不好吗？"

---

① 参见张弓、滕文藻《关于六十年代国民经济调整的综述》，《党史通讯》1984年第10期。

"生产由公司、工厂去经营。"① 调整后期对经济制度的改革,主要体现在物资管理改革尝试、两种劳动制度的设想和试办工业托拉斯的尝试。这些尝试在"以阶级斗争为纲"的社会主义教育运动发展到"文化大革命"的背景下,没有充分实践就夭折了,但是作为用经济方法管理经济的取向,为以后的改革开放埋下了伏笔。

四 政府对经济的主导是调整的核心

从国际经验看,不论是在发展中国家走向现代化过程中,还是在经济转型、国家体制转轨的特定历史阶段,政府对经济引导、规范、推动的作用都不容低估。20世纪60年代我国处于计划经济体制中,中央和各级政府掌握着资金、物资、土地、劳动力等各项要素,调整充分体现了政府对经济的主导作用。这次调整的手段对于农村和市场以体制下放和广开渠道为主;在城市以加强计划管理为主,包括固定资产投资、产业结构、产值指标等方面,通过计划的调整,辅之财政、金融和部分消费品的市场调节促进国民经济综合平衡,实现经济的恢复和发展。

1962年1月召开的七千人大会,统一了加强集中制和"全国一盘棋"的思路,随后作出了加强计划纪律的"十项规定"和一系列收回原来下放了的权力的决定,下放给地方管理的企业大多收回到中央由部门管理。对金融、财政和统计实行中央的垂直领导。在这套高度集中的体制建立起来以后,经济调整便雷厉风行地贯彻下去。只经过几个月的时间,就度过了1962年年初最困难的阶段,到1963年经济大体上得到恢复。不过在经济秩序恢复的同时,集中计划经济的所有弊病又都卷土重来。于是酝酿再次改革,其中包括改进计划管理方式,用指导性计划取代某些领域的指令性计划;

---

① 中央文献研究室:《刘少奇论新中国经济建设》,中央文献出版社1993年版,第530—531页。

用"全国一盘棋"的方针统筹区域发展,等等。①

在此,对国家管理权的"收"与"放"不作具体的评价,但从这个侧面表明,调整的实质是有效发挥政府对经济的主导作用。

政府在主动调整国民经济的同时,冷静处理中外经济关系,对外贸易方针的改变也是调整的重要步骤。

20 世纪 50 年代末,在关于《莫斯科宣言》、联合潜艇舰队和长波电台等问题上,中苏之间产生一系列分歧,1959 年 6 月 20 日,苏联通知中国,停止继续向中国提供核技术资料及技术援助。1960 年 7 月 16 日,苏联政府突然照会中国政府,召回苏联专家。此举使我国面临更加严酷的困境。事实表明,中国的经济调整已不只是国家的内政,经济调整必须考虑中外经济关系,经济调整时,对外贸易和对外援助政策均根据变化了的形势有所转变。

首先,进入 20 世纪 60 年代以后,我国对外贸易的重心再次发生了转移。与 50 年代之初外贸重心由资本主义国家转向苏联等社会主义国家相反,这次是从苏联等社会主义国家再转回到资本主义国家。1958 年至 1965 年中苏贸易总额由 15.39 亿美元骤降到 4.07 亿美元②;1960 年中国将对外贸易目光转向资本主义国家以后,从 1961 年开始,中国在除美国以外的两个主要市场——日本和西欧,都取得了突破性的进展。我国从资本主义国家进口成套设备和引进新技术的工作可以说是从 1962 年开始的③。同时,1961 年,我国开始克服重重阻力从加拿大进口粮食,1961 年 1 月 27 日,双方签订了第一笔 6000 万美元小麦买卖合同。其后,中国政府又提出希

---

① 参见高伯文《中国共产党区域经济思想研究》,中共党史出版社 2004 年版,第 139 页、178 页。

② 转引自孟宪章主编《中苏贸易史资料》,中国对外经济贸易出版社 1991 年,第 580、610 页。

③ 国家计委党组:《关于从资本主义国家进口成套设备和引进新技术问题》(1964 年 9 月 23 日)。

望使用加拿大贷款大批购买小麦,恢复中加正常贸易。① 到 1965 年,中国大陆对西方资本主义国家的进出口总额在全国进出口总额中所占的比重,已经由 1957 年的 17.9% 上升到 52.8%。对外贸易总额到 1965 年迅速回升到 42.45 亿美元,比处于谷底的 1963 年增长 59%,如果不算三年"大跃进"时期不正常的进出口,比 1957 年的 31.03 亿美元增加了 36.8%;进出口商品结构也发生了很大变化。② 其次,在对外经济援助方面,调整期间,我国除了继续大力援助朝鲜、越南、蒙古、古巴、阿尔巴尼亚外,还开展了对亚非民族主义国家的经济援助,但是方针政策有所调整。从表 2 可以看出中国对外经济援助水平除 1960 年有所减少之外,其余各年度均呈上升趋势,这既给中国经济发展带来了负荷,又为此后中国恢复在联合国的地位,改善国际环境打下了基础。

20 世纪 60 年代的这次调整是在"左"倾错误没有得到认真清理的情况下进行的。在调整过程中,特别是在中共八届十中全会确立"以阶级斗争为纲"以后,"左"倾错误在经济工作中也有某些发展。在一些问题上,把不属于阶级斗争的问题当做阶级斗争的表现,把有利于社会主义经济发展的措施看成是发展资本主义。在农村工作中,批判了适合生产力发展水平的包产到户等形式的生产责任制。把商业贸易同资本主义联系甚至等同起来,如对长途贩运加以打击,不允许农村社、队和社员个人从事商业活动,在大中城市有计划、有步骤地排挤个体商贩。由于把国际方面的敌情估计得过于严重,在缺乏严密科学的计划和安排的情况下,三线建设仓促集中大批人力、物力、财力一哄而上,造成了严重的浪费。这些问题不同程度地影响了国民经济的恢复和持续发展。但是在总体上,调整时期采取的经济政策和措施是实事求是、合理的。正是由于这些

---

① 李节传:《二十世纪六十年代中国与加拿大粮食贸易及美国的干涉》,《中共党史研究》2003 年第 4 期。
② 沈觉人主编:《当代中国对外贸易》(下),当代中国出版社 1992 年版,第 370—371、392—393 页。

正确的政策和措施的贯彻执行，国民经济得到了比较顺利的恢复和发展，社会主义建设又逐渐地重新出现欣欣向荣的景象。1965年，我国各条战线胜利完成了国民经济的调整任务。

表2　　　　　1958—1965年对外援助实际交付情况　　　单位：亿元；%

年份	总计	无偿	贷款	占比	
				无偿	贷款
1958	1.90	1.58	0.32	83.16	16.84
1959	3.51	2.17	1.34	61.82	38.18
1960	2.47	1.65	0.82	66.80	33.20
1961	4.43	2.30	2.13	51.92	48.08
1962	5.76	2.27	3.49	39.41	60.59
1963	6.70	3.47	3.23	51.79	48.21
1964	10.12	7.02	3.10	69.37	30.63
1965	15.92	9.96	5.96	62.56	37.44

资料来源：国家统计局：《全国财贸统计资料（1949—1978）》，中国经济出版社1979年版。

（原载《中共党史研究》2006年第1期）

中国计划经济时期计划管理的若干特点

从 20 世纪 50 年代开始,中国学习和实施了苏联的计划经济制度。但是,受中国自身条件的制约,事实上,"理想的"计划经济制度在中国难以实现,受计划管理制约的那一部分经济活动也多少"走了样"。相对于苏联曾将计划当作"法律"一般要求严格实施①,在计划经济时期,中国的五年计划则是多变的计划,受制于政治与意识形态斗争。

在各级计划干部不懈的努力之下,计划部门对于拟订经济发展战略和发展规划、制定产业政策和价格政策、监测和调节国民经济运行、搞好经济总量平衡、优化重大经济结构、安排国家重大建设项目等方面做了大量工作,同时也实施了大量行政审批职能和微观管理事务。计划经济发挥了集中全国力量办工业的作用;在极端困难的条件下,初步建立了国民经济的工业体系,在历史上曾发挥了巨大的作用。但是,其中的失误也层出不穷,做了不少"无用功"。

全面地、历史地了解这一情况,对于客观地认识中国改革开放的背景、渐进式改革道路的选择,都是有意义的。本文仅就其中的部分特点,作些阐释。

---

① 高度集权的经济管理体制和过分集中的指令性计划制度是苏联在 20 世纪 30 年代工业化时期形成的。它的特点是:国家机关是全部经济生活的主体,企业的经营活动完全受制于上级下达的指令性计划;实现计划主要靠行政手段,否定价值规律和市场调节作用;计划无所不包,指标繁多。20 世纪 60 年代以后,苏联对计划工作做了一些改革。90 年代以后,随着苏联解体,计划经济体制被全面放弃。

一　五个五年计划中四个未曾面世

1953—1980 年，我国实施了 5 个五年计划，中间还有 1963—1965 年的国民经济调整时期。其中除 1953—1957 年的第一个五年计划外以外，其余 4 个五年计划均未曾正式公布。具体情况为：

第一个五年计划（1953—1957 年）。自 1951 年 2 月开始，中财委根据中共中央提出的"三年准备，十年计划经济建设"的方针试编，历时 5 年，4 易其稿，于实施了两年以后的 1955 年 3 月中旬，编成了第一个五年计划草案，3 月 21 日，中共中央全国代表会议原则通过，同年 7 月 5 日，一届全国人大二次会议一致通过后正式颁布执行。

第二个五年计划（1958—1962 年）。由于指导思想的变化和对高速度、高指标的追求，导致正式的国民经济计划并未形成，只是提出了计划建议和编制了计划草案。这些建议和草案通过中共中央文件的形式一度对经济发展产生了重要影响。大致过程为：1955 年 8 月，"一五"计划刚刚颁布，国家计委就开始了关于十五年远景计划和第二个五年计划草案的研究。1956 年 9 月 27 日中国共产党第八次全国代表大会通过了关于发展国民经济的第二个五年计划的建议。此后正当"二五"计划紧张有序地编制时，从 1957 年秋冬开始，毛泽东对 1956 年经济工作中的反"冒进"提出了批评，改变了党的八大一次会议确认的既反保守又反"冒进"的经济建设方针。按照八大一次会议精神进行的"二五"计划编制工作，难以沿着原有的轨道进行。1958 年 3 月成都会议以后，为了跟上"大跃进"的步伐，国家计委对"二五"计划草案的原定指标做了调整，提出了"两本账"的初步设想。按照这个设想，党的八大建议的绝大部分指标要提前三年实现。原有的"二五"计划《建议》被搁置。1958 年 8 月 16 日，中共中央政治局在北戴河召开扩大会议，批准了国家计划委员会和国家经济委员会两个党组提出的

1959年计划草案和第二个五年计划的意见书。会议于1958年8月28日作出《中共中央关于1959年计划和第二个五年计划问题的决定》，要求对"二五"计划草案全面修正。① 但是1958年8月以后，各地方和各部门都集中主要力量抓当年工业生产和编制1959年计划，将编制第二个五年计划的工作推迟到1959年4、5月间进行。② 而1959年形势发生变化，编制工作不再进行。于是，第二个五年计划既无正式文本，也始终未能面世。

第三个五年计划（1966—1970年）。1963年，以李富春为首的中央计划领导小组开始编制第三个五年计划，1964年5月，国家计委提交中央讨论《第三个五年计划的初步设想》，将大力发展农业、基本解决人民吃穿用问题放在第一位。1964年，国际形势变化，将三线建设提到优先地位。1965年9月12日，国家计委制定出《关于第三个五年计划安排情况的汇报提纲（草案）》，是一个以国防建设为中心的备战计划。中央工作会议通过了这个提纲。此后由于"文化大革命"爆发，这个提纲没有形成正式的"三五"计划。因此，第三个五年计划没有正式版本。

第四个五年计划（1971—1975年）。1970年2月，全国计划会议讨论、拟定了《1970年计划和第四个五年计划纲要（草案）》。半年之后的1970年8月，在中共九届二中全会上，因为"天才论"的风波，原计划讨论的"四五"计划纲要（草案）没有进行，只将"草案"作为参考文件在会议上印发。1971、1972年出现"突破"和"窟窿"问题与"四五"计划指标过高相关。1973年1月，全国计划会议讨论了调整"四五"计划纲要问题。根据会议精神，国家计委一年之中两次调整"四五"计划指标。7月1日，计委提出"四五"计划纲要（修正草案），部分改变了原纲要草案

---

① 此次修正的指标系根据国家计划委员会党组1958年8月23日提出的《关于1959年计划和第二个五年计划问题的意见》中的第一方案提出的。

② 国家计划委员会党组：《关于第二个五年计划的意见》，1958年8月23日，载《中国工业50年》，中国经济出版社2000年版。

以备战和三线建设为中心的指导思想,将经济协作区由 10 个减为 6 个,强调农业是基础,修改、降低了若干指标。12 月 7 日,计委向国务院提出《关于 1974、1975 年国民经济计划的一些设想》的汇报提纲,又一次对半年前修订的指标作了调整。"四五"计划始终未形成一个正式的文件,而是以"纲要(草案)"、"主要指标"等形式传达和贯彻执行。

第五个五年计划(1976—1980 年)。1974 年 1 月 12 日,国家计委向国务院提出关于拟定 1976—1985 年十年远景规划的报告,重点是 1976—1980 年第五个五年计划。1975 年 1 月四届全国人大一次会议后,邓小平主持中共中央、国务院的日常工作,全国经济形势好转,着手研究编制 1976—1985 年发展国民经济十年规划纲要草案,其中包括第五、第六两个五年计划的设想。1975 年 3 月 16 日,国家计委召开长远规划工作会议。1975 年 10 月 26 日—1976 年 1 月 26 日,国务院召开全国计划会议,重点讨论发展国民经济的十年规划和 1976 年计划。由于开展了"批邓""反击右倾翻案风"运动,十年规划纲要草案的制定被中断。直至 1977 年 12 月 1 日,中共中央、国务院批准并下达了《国家计委关于 1976—1985 年国民经济发展十年规划纲要(修订草案)》。1977 年 11 月 21 日—12 月 11 日,全国计划会议重点讨论了长远规划问题。国家计委向中央政治局提出了《关于经济计划汇报要点》,提出了"五五"后 3 年以及"六五"计划的设想和安排。经过修改的《十年规划纲要》在 1978 年 3 月的五届全国人大一次会议上通过。其中规定了"五五"和"六五"期间发展国民经济的奋斗目标。"五五"计划未单独成文。由于具体指标规定偏高,加剧了国民经济比例失调。1979 年 4 月 5—28 日,中共中央召开工作会议,对"五五"计划指标做了较大幅度的调整。

综上所述,我国至今已经实施和正在实施的 10 个五年计划中,在计划经济体制时期与转轨和实施社会主义市场经济体制时期各占半数。在计划经济时期实施的第一至第五个五年计划,由于多种原因，有4个未能完成制订工作，没有正式面世。这种状况不能简单地解释为缺乏经验。因为恰恰是最缺乏经验的第一个五年计划完成了制订工作并正式颁布了。由于计划经济时期在决策方面的信息不充分、滞后甚至扭曲，执行过程中的不可预见因素多，以及官僚主义阻碍，违反科学的长官意志、行政命令，导致"计划赶不上变化"，计划工作被形容为"一年计划，计划一年"。4个五年计划未能面世是这些因素和结果的集中体现。

二 决策科学化难度很大

计划工作决策的正确与否，首先取决于是否了解中国国情，是否清醒地认识不同时期中国经济所具有的特殊结构、生产力水平和运行方式，还取决于能否随着变化了的情况及时调整和采取正确的决策思维、决策机制和决策手段等。早在中华人民共和国成立初期，陈云就曾强调，基本建设投资要避免主观随意性，决不能以国家投资去照顾某些人的情绪，不能搞"情绪投资"，计划失误是最大的失误，决策性浪费是最大浪费。然而，在计划经济体制下，由于以下诸多因素，决策科学化难度很大。

（一）信息制约（信息不确、不全、不及时）带来的盲目性

中国历史上长期的"古老的陈旧的生产方式"使得我国的社会经济统计资料十分匮乏。1903年由国外传入中国近代统计理论后，一般地说，中国幼稚的资产阶级还没有来得及也永远不可能替我们预备关于社会情况的较完备的甚至起码的材料，如同欧美日的资产阶级那样，所以我们自己非做搜集材料的工作不可。中华人民共和国成立以后，建立起全国性的统计工作。① 但是限于基础薄弱

---

① 1949年10月，中央财政经济委员会在中央财经计划局内设立了统计处，以后改称统计总处，狄超白任处长。1950年年初，在中央人民政府政务院文化教育委员会内设立了统计处，左恭任处长。1952年8月，中央人民政府决定，在原中财委统计总处的基础上，成立国家统计局，薛暮桥任局长。

和政治干扰，各类信息、特别是统计信息不准确、不全、不及时的问题长期影响着决策的科学性。如在第一个五年计划时期，在计划管理的 300 种产品中，真正了解产需情况的只有几十种，此外都是按估计做计划，列入计划后又不准修改，如要修改则需经计委批准，弄得"一个计划，修改一年"。①

1957 年，李富春在修订"二五"计划草案的过程中指出，计委在综合平衡中，深深感到方案仍有偏高偏大之处，因此，准备拟制第二个五年计划的第二方案，稳一些的方案。他曾特别审慎地谈到作这样的考虑是因为还有许多比较重要的因素没有搞清楚：就国内而言，（一）第二个五年计划的第一方案，是在农业合作化和私营工商业改造的高潮中制定的，1962 年要达到粮食生产指标 6000 亿斤、棉花 7000 万担，这个指标是否能达到，还需要再看一两年。（二）地质资源情况，有待进一步做工作。石油资源、金属等，看起来很有希望，天天都有好消息，但储藏量究竟有多少还有待进一步摸清楚，设备供应也还要争取。（三）体制问题也是个未知因素，分散与集中的程度，涉及地方计划的管理范围。在保证集中、保证社会主义工业化的前提下，如何扩大地方的分权问题，还值得研究。（四）科学规划未定。究竟要建立多少科学研究机构，建立一些什么样的机构，要多少科学技术人才，是个未知数。（五）原子能利用正在进行研究，究竟能搞到什么程度、需要多少投资和人才都不知道。就国际方面而言，（一）国外援助的可能性：此次提请国外援助的项目多，不可能都为国外所接受，谈判结果会怎么样？规模、进度能够满足到什么程度？还不知道。就是在谈判中都得到了国外同意，根据第一个五年计划的经验，能否如期供应设计与设备也还是个问题。（二）近来国际局势趋于缓和，许多资本主义国家想同我们做生意，因此，应该考虑同资本主义国家贸易的可能性。据此，在第二个五年计划中机械工业的安排不可能设想

---

① 薛暮桥：《论中国经济体制改革》，天津人民出版社 1990 年版，第 238—239 页。

100%都靠自己搞，而是应该留出一定的比例靠兄弟国家的协作和资本主义市场贸易中解决。国家计委并函告周恩来总理：经过中央先反右倾保守、后反"冒进"，第二个五年计划的财政收入和各种指标虽经削减，仍然偏高。因此，在编制第三个五年计划时，李富春颇有感触地说，总的感觉还有三个不清楚：对现有的物资基础、消耗定额各方面的衔接关系搞不清楚。在研究问题时，许多问题迟迟定不下来，都和情况不明有关。

典型的虚假、浮夸数字出现在"大跃进"中，从中央到地方都提出了一系列不切实际的目标、口号和计划指标。其主要原因是不算细账和政治压力。在工业领域，中央把原定15年赶超英国、35至45年赶超美国的口号（本来已缺乏科学性）逐步提前为两到三年赶超英国、五到七年赶超美国；把1958年全国钢产量指标由最初的624.8万吨（比1957年的535万吨增长17%）逐步提高到1070万吨（比1957年翻一番）。柯庆施甚至提出华东区1959年要搞800万吨钢。在农业领域，毛泽东提出了全国"争取在三年内大部分地区的面貌基本改观"①的口号；中央把完成全国农业发展纲要任务的时间，由原定的12年提前到5至8年，最后定在5年之内。又提出在5至7年内全国农业基本实现机械化和半机械化。河南省更是提出了一年实现农业发展纲要的计划。1958年6月，华东区农业协作会议提出3至5年内人均粮食产量要达到2000斤以上，② 紧接着其他各协作区也都提出了粮食高产计划，就连一向低产的西北区也提出了在人均粮食产量方面1958年要达到1100斤，1959年2000斤、1962年3000斤。③ 1957年我国粮食单产量从北向南只有100多斤到400多斤不等，其中小麦平均亩产只有110多斤，水稻平均亩产只有350多斤。可是，据《新华半月刊》的不完全统计，截至1958年9月25日，全国地各报纸发布的全国农产

---

① 《建国以来重要文献选编》第十一册，中央文献出版社1995年版，第43页。
② 《新华半月刊》1958年第13期，第77页。
③ 《新华半月刊》1958年第14期，第61页。

品高产纪录中，小麦亩产在5000斤以上的"卫星"达11颗，水稻亩产在30000斤以上的卫星达19颗。

针对"大跃进"中统计信息不准确带来的失误，1962年1月，在中央工作会议上，刘少奇提出要反对分散主义，加强集中统一，并批评下面某些人随心所欲，爱报多少就报多少，用假数字做计划，必然使计划不落实。同年2月，邓小平在中央会议上也说，统计工作要像会计一样，保持独立性才行。否则，就不能发挥监督作用。但是问题并没有解决。

余秋里在制订第三个五年计划的建设规模时又遇到了类似的问题。对于建设规模的客观可能性，他反映了同样的困惑：搞多大规模？搞到什么程度？搞些什么内容？情况不清楚。

1964年，毛泽东在总结1959年钢铁指标"朝令夕改"的教训时，只说了7个字：总而言之，不摸底。

类似的问题常常成为历次计划制订过程中争议的焦点。由于数据不确，即使拍了板也经不住推敲和各种变化的要求。加之经济生活的丰富多彩、瞬息万变，希望经济信息能够及时地包罗万象，这在20世纪的资讯条件下只能是美好的空想。这成了计划工作的最大障碍。

（二）决策的形成与修订缺乏广泛参与的民主机制

广泛参与的民主机制是决策科学性的重要保障。在计划经济时期，这方面的问题主要来自官僚主义和强迫命令。对此，第一代党和国家领导人曾经努力纠正过，但是，受到体制和时代的局限。这个问题一度部分解决很快又再度出现，广泛参与的民主机制在计划经济体制下始终未能形成。

"一五"期间关于双轮双铧犁生产指标的修订本来是一个良好的开端，但是未能坚持，就是一个例子：东北有大片旱地、大量马匹，使用双轮双铧犁可以提高耕地效率，于是在毛泽东主持制定的《农业发展纲要（草案）》中，规定在3至5年内，推广双轮双铧犁600万部，生产计划达500万部。但是南方农田大量是水地，耕畜用的是牛，90%以上的双轮双铧犁没有用。1956年年初，在周恩来主持的会议上，将这种犁的生产数量调整为350万部，1956年5月又减为180万部。事实上，这一年虽然加紧生产出170多万部，却只销出80万部，后来又被退回15万部。对于毛泽东热心推广的农具一再削减，有人感到为难。周恩来在国务院常务会议上指出：共产党是为人民服务的，做了些好事，用最大限度的集中权力，为最大多数人谋最大的利益，得出了最大的成绩，这样做是必要的。但有时也会出现这种状况：忘记了民主，结果是滥用权力，强迫命令，官僚主义。官僚主义和强迫命令的结合，是我们行政工作部门的大问题，是我们国家制度上的一个问题。后来，他在党的八大政治报告中突出谈到了反对官僚主义，改进国家行政体制的问题。

但是1957年反右斗争和党内批"反冒进"后，民主决策机制受到严重干扰，以至"二五"计划的数字一改再改，越改越高，而不同意见得不到发表与尊重。直到国民经济出现巨大损失和严重困难之后，才不得不勉强降下来。由于长期回避指导方针和决策机制上的问题，所以其中的教训长期得不到汲取。

（三）经济建设计划服从于政治斗争和意识形态，使科学决策受到干扰

中国是一个大国，自古以来，国家统一、社会稳定都是大事。然而，发展、稳定与改革之间客观存在着辩证的、对立统一的关系。片面地要求经济建设计划绝对服从于政治斗争和意识形态的需要，就会使决策的科学性受到干扰，最终影响政治与社会的稳定。在计划经济时期，经济体制与认识上的僵化，在这方面留下了诸多教训。

一个突出的例子发生在1957—1960年。1956年9月，在国民经济恢复与第一个五年计划建设取得巨大成绩的基础上，中国共产党第八次代表大会正确分析了形势，提出了党的总任务，确定了在综合平衡中稳步前进的经济建设方针。一年多以后，在1957年9月20日至10月9日召开的中共八届三中全会的全体会议上，毛泽

东在会上作了《做革命的促进派》的讲话。他明确表示：八大关于国内主要矛盾的提法是不对的，还是七届二中全会的提法正确：无产阶级和资产阶级的矛盾，社会主义道路和资本主义道路的矛盾，是当前社会的主要矛盾。在经济建设方针上，他指出，去年一年扫掉了三个东西，一个是多快好省，一个是农业发展纲要，一个是促进委员会。他主张恢复这三个东西。他认为，"反冒进"打击了群众的积极性，而且给右派的猖狂进攻以影响，因右派是促退派。由于"反冒进"，影响了1957年经济特别是农业的发展。但是，毛泽东关于农业的分析是不正确的。实际上1957年农业发展情况是良好的。从粮食产量来看，1956年粮食总产量为3854.9亿斤，1957年粮食总产量为3900.9亿斤，1957年的粮食产量不仅高于1956年，而且高于1959—1965年历年产量（1958年为昙花一现的4000亿斤）。就农业总产值来看，按1957年不变价格计算，1956年农业总产值为508.4亿元，1957年为536.7亿元，1957年比1956年增长5.57%；1958年农业总产值为550.0亿元，1958年比1957年增长2.48%。1957年农业总产值的增长幅度比"大跃进"的1958年要高一倍以上。

（四）需求和可能割裂、投入与产出分家

在计划管理体制下，国家计委大量的具体管理工作体现于通过按计划分配国家投资来配置资源。在制定投资计划时，要反复填报表格，层层召开长时间的计划会议，并对追加或压缩投资进行反复磋商。在这一过程中，典型的现象为：部门和地方提出的投资需求不断追加，而计委、财政部不得不考虑资金的可能，反复压缩投资需求。因此，在不受制约地盲目追求高速度、提出高指标的情况下，计委经常处于被动与保守的位置上，被迫不断地紧跟形势，不断地做检查。① 而投资数额确定以后，投资的实施与效果

---

① 参见房维中、金冲及主编《李富春传》，中央文献出版社2002年版。金春明：《周恩来与"文化大革命"》，《党政干部学刊》（沈阳）2001年第1期。

由部门负责。受宏观形势的影响,效益时起时伏,得不到稳定提升。(见表1)

表1　　"一五"到"五五"各计划时期投资效果系数情况　单位:亿元

	国民生产总值增加额	固定资产投资	投资效果系数
"一五"时期	389	611.58	1.3
"二五"时期	81	1307.00	0.08
1963—1965年	567	499.45	0.63
"三五"时期	537	1209.09	0.62
"四五"时期	721	2276.37	0.41
"五五"时期	1496	3186.22	0.55

注:本表以国内生产总值的增加值与相应的全社会固定资产投资的比值得出的投资效果系数来进行概略判断,考虑到投资引起的国内生产总值的增加有一定的时间间隔(即时滞),在计算时,每一个计划时期的时滞为2.5年,年度时滞为1年。

资料来源:国家计委投资研究所、国家统计局投资统计司编:《1989年中国投资报告》,中国统计出版社1989年版,第26页。

表1中的数字概略判断[①]表明,我国投资效益的总体状况,固定资产投资综合效益的显著特征可概括为水平较低,波动很大,极不稳定。

(五) 五年计划完成情况估计不准确

由于指标多变,计划完成评估的标准不明,致使计划的总结往往难以准确。其中最典型的例子是对"二五"计划的评价——从提前两年完成到推迟三年尚未全面完成。

---

① 所谓概略判断,是因为国内生产总值的增加,并不完全是固定资产投资的结果,提高劳动生产率,加快资金周转,优化产品结构都能增加生产,特别是我国农业比重很大,农业的增产并非主要靠固定资产投资。

1960年1月1日,《人民日报》发表社论《展望六十年代》,宣布中共八届八中全会关于"在1959年提前3年完成二五计划主要指标"的号召,已经胜利实现。而实际上,第二个五年计划(1958—1962年)期间,国民经济年平均增长仅0.65%,其中最高年32.2%,最低年-31%。1962年与1957年相比,工业总产值仅增长20.7%,平均每年增长3.8%;农业总产值则下降了19.9%,平均每年下降4.3%;国民收入下降了14.5%;全民所有制职工平均工资下降了5.4%。到1962年年底,"二五"计划实际执行结果与党的八大提出的《建议》相比,除原煤、原油、发电量达到规定指标外,钢、水泥、粮食、棉花等都未达到,粮食、棉花的产量甚至低于1952年的水平。与"一五"计划时期相比,"二五"时期国家基本建设投资总额增加87.7%,而1962年比1957年,工业总产值仅增长19.9%;国民收入下降14.5%,投入了大量资金,经济建设却只得到微小进展。人民生活水平不仅没有提高,反而下降了。[①]"二五"期末的1962年和三年调整期末的1965年,粮食、食用植物油、牛羊肉、家禽、水产品、卷烟、酒、各种布等消费品的人均生活消费量,均低于"一五"期末的1957年[②]。

其中农产品产量的统计与实际情况出入惊人。1959年,在农业部副部长刘瑞龙主持下,国家统计局、计委农林局、农业部各专业局对1958年的统计数字重新进行了检查和核实。其结果详见表2。工业总产值和已发表的基本建设、交通运输、商业等方面的主要数字,基本上是可靠的。刘瑞龙等在"大跃进"的形势中,能够核实到这种程度已很不容易。但是主要数字仍高于实际情况。对计划实施结果估计的失误,直接影响到下一步的科学决策。

[①] 参见王亚平《第二个五年计划的回顾》,《党史研究》1987年第4期。
[②] 国家统计局编:《中国统计年鉴(1984)》,中国统计出版社1984年版,第460页。

表2　　　　　　　　1958年主要农产品产量的核实情况

	单位	1958年公报数	1959年8月核实数	1962年核实数
粮食总产量	亿斤	9600	5000	4000
粮食亩产量	斤	412	375	209
棉花总产量	万担	6638	4200	3937.5
棉花亩产量	斤	77	49	47
生猪	亿头	1.8	1.6	1.38
花生	万担	8000	6700	5714.6
烤烟	万担	1100	760	773.1
黄麻洋麻	万担	650	520	534.9
农业总产值	亿元	880	655	

资料来源：国家统计局编：《建国三十年全国农业统计资料（1949—1979）》，1980年3月；国家统计局党组：《国家统计局关于1958年主要统计数字核实情况的报告》，1959年8月13日。

三　实施形式趋于单一

1952年11月国家计委成立时，面对多种经济成分并存的新民主主义经济体制，国家计委实施了多种形式的计划管理。直至1956年，在党的八大上，国家计委主任李富春仍然提出，计划工作要根据不同情况，采取不同的方法和形式进行。根据当时存在多种经济成分的社会经济背景，对国营企业以外的经济成分，在计划上不能不带有相当大的估算性质。因此，李富春提出："在计划方法上，有的采取直接计划，有的采取间接计划；在计划的范围上，有些生产、建设和事业的主要指标在国家计划中做了具体规定，有些则不做具体规定；在计划工作的分工上，各级计划机关除负责综合平衡外，着重注意直接计划，而在间接计划方面（如农业、手工业和私人工商业），则采取由国务院各办公室、各部和各省（市）、自治区分工管理的办法来进行工作"。为了说明计划经济下计划管理形式多元化的必要性，李富春还特别强调了他在苏联了解的情况：农产品的自由交换和集市贸易在苏联也仍然存在着。①

这种全面计划和区别对待相结合、统一综合和分工管理相结合的方法，基本上符合于我国的实际情况。

但是，1958年以后，随着人民公社化运动的发展，农村经济中的指令性计划管理不断加强，管理形式趋于单一，农民的自主决策和农产品的自由交换微乎其微。当经济发展受挫之后，在1961—1964年的调整阶段，市场与自由贸易的作用一度得以发挥，适应市场松动和改进计划工作的要求，国家计委一度重新提出计划管理的多元性，包括：指令性的、指导性的和参考性的。但是国民经济刚刚恢复，上述改进的方式尚未实施，就进入了"文化大革命"。"割资本主义尾巴"的运动使农民少量的家庭经营被取缔，在"农业学大寨""以粮为纲"的口号下，生产队在农业经营中，连农作物的品种、种植面积、产量均受计划制约。不仅农民没有自主权，作为基本核算单位的生产队也失去了自主权。尽管1957—1978年中国传统计划经济体制下，一直存在着一部分不可能或不可能完全纳入国家计划的非计划经济因素。有人估计农业总产值中的非计划产值占20%以上；工业总产值中的非计划产值占32%。② 这些计划外生产和流通，在一定程度上对于"润滑"经济运行起着补充作用。但是这些因素在计划中得不到反映。1966年以后，计划实施形式单一化了：直接计划与间接计划、指导性计划与指令性计划已没有什么区别了。这种情况直到1978年以后才得到明显改变。

另一方面，从计划经济的初期起，我国的计划工作就具有计划服从实施的特点。1955年夏天，第一个五年计划已经执行了3年，计划实施得比较顺利。7月，经过全国人民代表大会通过，第一个五年计划方正式颁布。这一过程体现了这种特点。此后，计划一再变更的情况，存在于每个五年计划和大多数年度计划之中。这种情

---

① 《李富春选集》，中国计划出版社1992年版，第181—182页。
② 向新、苏少之：《1957—1958年中国计划经济体制下的非计划经济因素》，《中国经济史研究》2002年第3期。

况既反映了在政治经济形势骤变的背景下,中长期计划的管理与实效有限,具体数字很难有理想的预见性;也在一定程度上反映了计划工作比较务实的特点。

四 微观管死与宏观多变

在计划经济体制下,与宏观多变并行的,是企业被管得很死,没有自我更新改造的能力。

20世纪50年代,我国经济的所有制成分逐渐形成单一公有制,计划成为资源配置的唯一因素。为了集中财力、物力完成重点项目建设,企业的投资权限受到严格的限制。特别是国营企业的自主权微乎其微。

1953年10月23日,大规模经济建设刚刚开始,财政部就做出了《关于编制国营企业1954年财务收支计划草案各项问题的规定》。1954年9月25日,国家计委在《关于1955年国营企业财务收支计划中若干费用划分问题的暂行规定》中提出关于零星固定资产购置费用的规定。1955年10月6日,财政部做出关于零星基本建设支出的规定。[①] 这些规定将企业的固定资产投资、更新改造、新产品试制的主动权几乎全部控制在主管部门手中,使国有企业不仅没有竞争的压力、追求利润的动力,而且也失去了创新的可能。

另一方面,计划工作则要管理投资、经营,对于企业的各项活动都要审批且程序严格,并在一定程度上承担风险。企业透不过气,计划工作也万分忙碌。

五 以"条""块"为特征的整体与局部分割

1956年,社会主义改造完成以后,中央领导认为,人民民主

---

① 参见中国社会科学院、中央档案馆编:《1953—1957中华人民共和国档案资料选编·财政卷》,中国物价出版社2000年版。

专政已经更加巩固,有必要也有可能按照统一领导、分级管理、因地制宜、因事制宜的方针,进一步划分中央和地方的行政管理职权,改进行政体制,以利于地方积极性的充分发挥。国务院在5月到8月召开了全国体制会议。会上提出在划分中央和地方的行政管理职权的时候,应该贯彻的7条原则,计划在第二个五年计划期间全面实施。但是在计划工作中,这些原则始终未能理想地实现。中央各部门（简称为"条"）与地方（简称为"块"）之间的条块分割的关系成为经济社会发展各类矛盾的一个焦点,反映在诸多方面。首先,工业管理体制被称作"敲锣、卖糖,各有各行"。中央各部门由于自管自,大都不愿搞综合利用和专业化协作;地方一没有钱,二没有设备,想搞也搞不成,以至许多设备不能充分利用,资源白白浪费。为了避免部门间协作的扯皮,减少"交易成本",许多部在安排项目时,都力图自给自足,自成系统。其次,国家计委的基建投资数字来自中央各部,这些安排如与地方实际情况不符也很难改变。农业资金的使用也由于分兵把口、条条下达,既造成苦乐不均,更难以发挥效益。在物资分配上更难衔接,企业当年申请,部门当年平衡、当年安排生产、当年交货,解决一个配件最快也得4个月,而在市场经济国家,4个小时即可送到。再次,计划管理体制头绪太多也造成了大量重复工作。如重庆市计委在1963—1964年,先后收到上面下达的1965年工业计划58次。其中,国家计划2次,中央11个部（公司）15次,省计委3次,省14个厅（局）38次;有正式计划、增产计划、专案计划、调整计划等。地方与企业不仅难以发挥积极性,而且被烦琐的报表占用了大量时间和精力。

六　重基建轻技改

由于投资软约束,甚至无风险,地方与部门追加基建投资对计委压力很大,使计委不得不将有限资金不断向基本建设追加;另一方面，企业缺乏市场竞争的压力和追逐利润的激励，技术进步、更新改造的动力不足。从而加重了"一头重、一头轻"的跛足趋势。导致企业"复制古董"，整体技术水平原地踏步，拉大了我国企业的技术水平与世界先进水平的差距。

1964年毛泽东批评了计委的工作。在全国计划会议上，各级计划干部作了一次集中的反省。华东沿海的老城市对技术改造问题的意见尤其突出。他们算了一笔账：改造一个冷轧带钢厂只要花90万元，但从1958年到1963年就上缴了利润2700万元，支援了19个省市和70个军工单位生产的需要。改造一个钟表元件厂只要花99万元，三年上缴利润183万元。上海有个乐器厂，厂房是竹棚的，只要花12万元改造，每年就可增加利润25万元，可生产一流产品，出口创汇增加一倍。可见改造老厂比新建厂投资省、收效快。但是在国家计划中只有基本建设计划，没有技术改造计划。技术改造缺少投资、设备和物资。在第二个五年计划期间，天津市90%以上的投资用在扩建项目上，用于老企业技术改造的投资只占7%—8%，结果老企业设备失修，技术落后，影响产品质量的提高和品种增加。而基本建设也由于战线长，半截工程很多，1958—1960年投资转为固定资产的只占60%左右，形成综合生产能力的就更少了。特别是在计划体制的企业财务制度中，将技术组织措施、零星固定资产购置、新产品试制等三项费用，都由基本折旧费解决，更不利于地方老企业的改造。因为这些企业设备陈旧，固定资产不值钱，折旧费少，解决设备更新问题虽然迫切，难度却更大。他们希望将生产性开支摊入成本，或从利润提成中解决，这就涉及价格、税收和利润上缴或国家补贴问题。在计划经济体制下，特别是经济规模大起来之后，这种宏观的、复杂的、涉及全局的问题是无法解决的。

计划经济体制存在的上述问题由来已久，国家有关领导早在计划经济体制刚刚建立的1956年党的八大前后就已察觉。在1956、1964年一再集中提出改革计划工作的要求。但是拘泥于社会主义经济是计划经济的传统理论，改革总是不尽如人意。

1956年开出的处方是：放权让利，调动积极性。于1958年形成了一条以调动一切积极因素，正确处理人民内部矛盾，实现工农业并举、中央工业和地方工业并举、大型企业和中小型企业并举等为基本点的"鼓足干劲，力争上游，多快好省地建设社会主义"的总路线。在这条"总路线"的指导下，出现了"大跃进"运动和向地方政府放权让利的行政性分权改革。在工业企业管理方面，作为"大跃进"制度基础的经济管理"体制下放"运动，所起的消极作用远远大于它的积极作用。因为计划经济用行政命令配置资源的本质决定了要求社会的高度集中统一，由行政性分权造成的分权型命令经济体制既不符合计划经济的这种要求，又因为造成地区分割而与建立统一市场的要求南辕北辙，结果是欲速则不达。

"行政性分权"的做法在20世纪60年代初期暂停后，60年代中叶国民经济恢复了正常发展。当时正值以电子工业为代表的新技术革命在世界蓬勃发展之际，陈伯达就发展电子化学工业，提出改变计划体制下条块分割、资源不能综合开发利用等问题的建议，毛泽东就此再次严厉批评计委，责令其改革工作。但是在1964年的全国计划会议上，对于如何改革意见很不一致。地方普遍要求扩大自主权，而中央要求进一步加强集中统一、建托拉斯。在1962年开始了"以阶级斗争为纲"的社会政治背景下，计划工作的问题集中到教条主义与群众路线方面，上纲到"无产阶级与资产阶级"的斗争。计委党组在《1965年计划纲要（草案）》中提出"用整风精神和总结经验的方法，肃清主观主义、分散主义、官僚主义，在思想上、组织上、制度上、方法上进一步革命化"[①]。

由于改革和"革命"没有从体制上找准方向和目标，上述革命化的要求虽然使各级计划干部提高了严格要求自己的标准，对于党和国家的方针政策执行得更加努力，但是计划管理本身的上述问

---

① 该草案于1964年10月30日由中央转发。

题并没有解决。随着我国工业化初级阶段的渡过与国民经济体系的建立，计划经济体制的弊病越来越突出。1978年中国开始了向市场经济方向的改革，1992年明确了社会主义市场经济的改革目标，2003年召开的十届全国人大决定以国家发展和改革委员会取代国家计划发展委员会，标志着我国经济体制和计划管理逐步发生了根本的"转轨"和变化。在这样的时刻，回顾计划经济时期计划管理的上述特点，对于认识转轨过程与成效，都将有所裨益。

（原载《当代中国史研究》2003年第5期）

中国城市建设方针的演变(1949—2009年)

城市建设方针大致经历了五个阶段：中华人民共和国成立初期的"变消费型城市为生产型城市"（1949—1952年）；大约四分之一世纪的围绕工业化新建、改建、扩建城市（1953—1978年）；改革开放前期的弥补市政住宅"欠账"，加快建设第三产业（1979年至20世纪90年代前叶）；20世纪90年代后半叶以来，随着中国大陆经济市场化和全球化的进程，城市建设方针进入了第四个阶段：提高城市竞争力，树立经营城市观念（20世纪90年代后半叶至20世纪末）；自21世纪初，走上城乡统筹发展之路。这五个阶段的背景、经验、教训迥然不同，体现了半个世纪以来中国的巨大变化，值得我们回味与反思。

一　中华人民共和国成立初期的第一阶段(1949—1952年)

中华人民共和国诞生前夕，1949年3月，中共七届二中全会决议中提出了工作重心由乡村移到城市，开始由城市领导乡村的战略方针。对于怎样才能把城市的工作做好？实施什么方针才能使城市起领导作用？决议指出：中心环节是迅速恢复和发展城市生产，把消费的城市变成生产的城市。这一方针统领着中华人民共和国成立初期的各项城市工作。

变消费型城市为生产型城市的城市建设方针，实际上是共产党改造旧城市的一项浩大的社会工程，人民政权在这方面做出了巨大努力。

如在首都北京，1949 年城市刚刚解放，市公安局即将妓院列入特种行业，采取一些必要的限制措施，加强管理。接着统一领导封闭妓院的工作。1950 年 1 月 31 日，市长聂荣臻在《纪念北京解放一周年》的广播讲话中，根据中共七届二中全会精神，明确提出"变消费城市为生产城市"的要求。2 月 6 日，在北京市第一次工人代表大会上，彭真当选为市总工会主席。他在讲话时说，工会的中心任务第一是生产，第二是生产，第三还是生产！话音未落，掌声四起。此后，全市各条战线都为恢复和发展生产而共同奋斗。1949 年，人民政府把没收的 44 个官僚资本企业（共有职工约 2.1 万人）改为国营企业。在这些企业中，首先进行了民主改革，开展了生产改革，依照社会主义生产管理原则，废除旧的不合理的生产管理和技术管理制度，建立新的生产管理和技术管理制度，调动了广大工人的生产积极性。1951 年根据政务院的决定，把机关生产并入地方国营工业系统，这些工业企业到 1952 年已发展到 272 个，有职工 2.5 万人。在三年国民经济恢复时期，北京市的工业基本建设共投资 8973 万元，增强了国营经济的力量。

在接管民国政府的首府南京市时，共产党的方针定位在把这个为官僚服务的消费城市变成为人民服务的生产城市上。国民党政权离开之前，南京千疮百孔，社会混乱，民不聊生。在喧闹熙攘的表面"繁华"中，各色各样的社会垃圾和不安定因素混迹其间。据 1948 年 6 月统计，全市号称 135 万人口（包括后来划归安徽的马鞍山市和当涂等县）中，直接从事工农业生产的仅占总人口的 10% 左右。到解放军接管之初，无业或失业人数达 50 万左右。军管会的办法是：凡有益于国计民生的一切公私工商业均有步骤地协助其复工，吸收一大批人员参加生产；有专门技能及特种研究的专家、学者、技术人员及政治条件好、年轻健康、有改造前途者留职或送去培训；开办工人政治学校、军政大学、华东人民革命大学南京分校等培养技术干部的学校与训练班，招收一部分失业工人、公务员和学生入学；对老弱病残、无专长的人，送回原籍从事生产或转业；收容散兵游勇，发放路费，建立交通站，护送他们回家生产。在工资问题上，一方面，对解放区来的干部和一些新参加工作的地下党干部、学生等实行供给制；另一方面，对接收的员工按中央"原职原薪"原则，加紧研究制定新的工资标准。解决这几个问题后，工人和其他阶层的群众都比较安定，积极投身到恢复和发展生产中来。

在其他城市，也多采取了类似措施，效果良好。经过努力，1949年及其后的一二年内，共产党基本解决了国民党遗留下来的大批无业失业人员这一社会问题，稳定了社会秩序。

以上这些做法，获得了人民的支持和配合。先期解放的城市，由于共产党及地方政府及时组织力量，恢复和发展生产，工人就业率比国民党统治时期大大提高，1949—1950年，失业问题基本得到解决。据统计，1949年职工总数比1946年增加283%，而在1950年第一季度中，单在抚顺、鞍钢、本溪等城市的10个企业中，就增加新招聘的职工16万余人，私营企业的职工人数也有所增加。

尽管如此，由于消费与生产是对立统一的关系，在建设方针的提法上将消费与生产对立起来，不论在理论上还是在实践上均是不妥当的。而且当时除了北京、南京这样的大都市外，其他城市消费能力很低，笼统地提出变消费城市为生产城市并不符合城市经济恢复的普遍要求。所以当时其他大城市，如上海、天津等解放之后，即直接将恢复和发展生产作为基本方针，并没有强调"把消费的城市变成生产的城市"这一方针。而对于首都是否一定是"生产城市"，特别是否是"工业生产城市"，此后有许多不同看法。一般认为，首都的功能更主要的不在于直接的物质生产。在城市规划中，需考虑其作为政治、经济、文化中心的综合功能；更需注重城市人居环境，应将基础设施中的技术内容（资源发展、环境保护、污染防治等）与艺术内容（大众行为、环境形象、精神文明等）融为一体来考虑。

需要指出的是，虽然当年受历史局限，曾经将消费与生产对立起来，但是在物质条件匮乏的条件下，先人对于保护历史文物、改善城市环境、便利居民生活等诸多方面，给予了综合考虑，力图统筹解决，并取得了较好的收效。

总的来看，"变消费城市为生产城市"，这一方针有利于恢复和发展生产，却无益于引导消费。实际上，当时所说的消费也并非单纯是经济意义上的消费，方针中对旧的城市与消费均带有片面的批评和贬斥。这种片面性在第二个阶段一度发展成极"左"的、倒退的行为。从历史的角度看，后来的现象并不是偶然出现的。

二 第二阶段（1953—1978 年）

这一时期长达 1/4 世纪以上，又可分为三个较小的阶段：

（一）围绕工业化有重点地建设城市

从 1953 年起，中国开始了大规模的工业化建设。城市建设的总方针是围绕工业化有重点地建设城市。当时国力有限，人力、物力和财力集中用于工业建设。城市建设根据国家的工业化需求，有步骤地进行新建或改建。对此，周恩来总理于 1953 年 6 月曾做出指示："城市建设上要反对分散主义的思想"，"我们的建设应当是根据工业的发展需要有重点有步骤地进行。"1954 年 6 月，建筑工程部在北京召开第一次城市建设会议明确了城市建设的目标是贯彻国家过渡时期的总路线和总任务，为国家社会主义工业化，为生产、为劳动人民服务。并按照国家统一的经济计划确定建设的地点与速度，采取与工业建设相适应的"重点建设，稳步前进"的方针。在这个总方针下，对不同的城市确定了不同的建设方针。第一类城市是有重要工业建设项目的新工业城市；第二类城市是扩建城市；第三类城市是可以局部扩建的城市；第四类是一般中小城市。

第一次全国城市建设会议以后，随着经济建设的发展，不仅出现了一批新的城市和新的工业区，旧的城市也不断扩大郊区的范围。为了防止盲目扩大,中央人民政府内务部于1954年5月发出了《关于调整城市郊区行政区划应注意事项》的通知。通知指出,扩大郊区必须从城市建设实际出发,范围限于政治、经济、文化和国防事业发展上与市区有密切联系的区域,并应随着建设的需要逐步扩充,以免造成郊区过大、领导不便的困难。1955年6月,国务院颁布了设置市、镇建制的决定,1955年11月,国务院第2次公布了城乡划分标准。在城市化与城市建设的规制方面作了初步探索。

"一五"计划时期的城市建设,重点是集中力量建设那些有重要工程的新工业城市。按照城市建设的统一规划,有组织有计划有步骤地建设各项市政公用设施和住宅以及各项生活服务设施,以使城市的生产设施和生活设施配套,满足生产和人民物质生活的需要。这些城市在建设中得到了全国各地的大力支援,取得了较好的效益。

(二) 随着工业"大跃进"的指标建设城市

自1958年开始的3年"大跃进"中,由于庞大的工业建设,特别是全国大办钢铁,各地纷纷增加新职工,农民大量涌进城市,使城市人口骤增。1957年年底全国城镇人口为9949万人,占总人口的15.4%;1960年年底,增加到13073万人,占总人口的19.8%,3年净增3124万人。全国设市城市数,增加得也很快。1957年年底,设市城市有177个;1960年年底达到199个;1961年时又增加到208个,是中华人民共和国成立以后的12年中设市最多的一年。

在"大跃进"的高潮中,许多省、自治区都对省会和部分大中城市在"一五"期间编制的城市总体规划重新进行了修订。这次修订是跟着工业"大跃进"的指标进行的。因此所修订出来的城市规划,城市规模普遍定得过大,建设标准也定得过高。由于工业建设规模过大,城市和城市人口过分膨胀,远远超过了国家财力物力所能承受的限度,城市住宅严重不足,市政公用设施超负荷运转,影响了工业生产和城市人民的生活,而且征用了大量土地,占用了很多民房、绿地,造成了很大浪费,并打乱了城市的布局,恶化了城市的环境。对于这些问题,本应该让各城市认真总结经验教训,通过修改规划,实事求是地予以补救,但在1960年11月召开的第九次全国计划会议上,却草率地宣布了"三年不搞城市规划"。这一决策是一个重大失误,不仅对"大跃进"中形成的不切实际的城市规划无从补救,而且导致各地纷纷撤销规划机构,大量精简规划人员,使城市建设失去了规划的指导,造成了难以弥补的损失。

在"大跃进"期间,城市建设的发展远远跟不上工业建设规模和城市人口的增长。从基本建设投资的构成来看,城市建设的投资比例大幅度降低了。例如,1952年城市建设投资占全国基建总投资的3.76%,占工业基建投资的9.71%;"一五"期间所占比重,分别为2.6%和5.7%;1958年却分别下降到2.19%和3.4%;1961年竟分别下降到0.7%和1.27%。国家分配给城市建设的材料设备和备品配件少,品种规格也不对路。相形之下,城市建设就成了国民经济中的一条"短腿",市政公用设施不得不超负荷运转,失修失养严重,直接或间接地影响着国民经济的发展和城市人民的生活。如1960年,全国城市居民人均居住面积下降到3.1平方米,是中华人民共和国成立以后最低的水平。沈阳市人均居住面积只有2.75平方米,太原市人均居住面积只有2.7平方米,南昌市人均居住面积只有2.5平方米。"大跃进"的结果,使"一五"时期出现的"骨头"和"肉"比例关系失调的问题,在"二五"时期不仅未得到纠正,反而更加严重了。

1961年1月,中共中央提出了"调整、巩固、充实、提高"的"八字"方针,做出了调整城市工业项目、压缩城市人口、撤销不够条件的市镇建制,以及加强城市设施养护维修等一系列重大决策。经过几年调整,城市设施的运转状况有所好转,城市建设中的其他紧张问题也有所缓解。到1964年年底,建制市由1961年年底的 208 个减少到 169 个，低于 1957 年的 177 个。城市化进程不仅没有前进反而倒退了。

经过几年调整，城市建设有了一些起色，但"左"的指导思想对城市建设在决策上的错误并未得到纠正，甚至在某些方面还有进一步的发展。因此，在 1964 年和 1965 年，城市建设工作又连续遭受了几次挫折。1963 年，周恩来视察大庆时，作了"工农结合，城乡结合，有利生产，方便生活"的题词。但是，在 1964 年 2 月全国开展"学大庆"运动以后，机械地将这四句话作为城市建设方针。有些城市在市区穿插上农田和种植农作物，房屋建设也学着搞"干打垒"，以为这就是贯彻"工农结合"和"城乡结合"的方针。

"大跃进"事与愿违，使中国经济的发展遭受巨大挫折，也使城市建设经历了罕见的曲折。由于未能及时全面地总结教训，当城市通过经济调整略有生息之后，"文化大革命"的浩劫进一步扭曲了城建方针。

（三）在大、小"三线"的建设中，形成了不建集中城市的思想

1966 年 5 月开始的"文化大革命"，无政府主义泛滥，城市建设受到更大的冲击，造成了一场历史性的浩劫。在大、小"三线"的建设中，形成了不建集中城市的思想。1966 年至 1971 年，"三线"建设进入高峰时期。从战备要求出发，这一时期建设的工厂统统安排在山沟和山洞里，不但不建城市，而且要求新厂建设消除工厂的特征，实行厂社结合；甚至要求以城市向农村看齐，"不建集中的城市"，建"干打垒"房屋。其影响不仅在"三线"建设，而且涉及全国的城市。

这一时期由于城市建设投资太少，欠账太多，积累的问题便成了堆：住宅紧张已形成严重的社会问题；市政公用设施不足；城市布局混乱，环境污染严重。

回顾工业化初期城市建设的这段历史，除了"一五"时期比

较正常以外，城市建设走了 20 年的弯路，其中的教训是深刻的。20 世纪中叶，世界各国的城市化进程正在由盲目无序转变为自觉有序，由土地投机为主导转变为政府控制的合理规划。而我国在工业化的进程中对于城市化建设经历了曲折的道路。总的来看，城市进程迟缓，城市规划主观随意性、盲目性都很大；在"左"的思想流毒下，为了消灭城乡差别，力图把城市变为乡村，违背了历史潮流。

三 第三阶段（1979 年至 20 世纪 90 年代前半叶）

改革开放以来，城市建设随着经济体制的改革进入了新的阶段。城市在国民经济发展史中的重要地位和作用日益突出，并被广泛认同。发挥城市的多功能性，突出第三产业的建设，成为 20 世纪最后 20 年中国城市建设的特点。

（一）弥补市政住宅"欠账"

1978 年 3 月，国务院在北京召开了第三次全国城市工作会议，会议由李先念主持，各省、市、自治区和国家各有关部门的主要负责人参加了会议，经过讨论，对城市建设制订了一系列的方针、政策，解决了几个关键问题：

（1）强调了城市在国民经济发展中的重要地位和作用，要求城市适应国民经济发展的需要，并指出要控制大城市规模，多搞小城镇，城市建设要为实现新时期的总任务做出贡献。（2）强调了城市规划工作的重要性，要求全国各城市，包括新建城镇，都要根据国民经济发展计划和各地区的具体条件，认真编制和修订城市的总体规划、近期规划和详细规划，以适应城市建设和发展的需要。（3）为协调"骨头"与"肉"的关系，决定从 1979 年起，先在所有省会城市和城市人口在 50 万以上的大城市（不含三大直辖市），以及对外接待和旧城改造任务大、环境污染严重的 47 个城市，试行每年从上年工商利润中提成 5%，作为城市维护和建设资金。为了建设好小城镇，加强现有小城镇的维护管理，自 1979 年起城市维护费的开征范围扩大到一些工业比较集中的县镇和工矿区。并提出今后在国家基本建设计划中，要专列城市住宅和市政公用设施建设（包括供水、排水、公共交通、煤气、道路、桥梁、防洪、园林绿化等）户头。为缓和城市住房的紧张状况，在对城市现有住房加强维修养护的同时，要新建一批住宅。1978 年国家先补助城市住宅建设资金 2 亿元，以后几年国家每年要拨款 4 亿元，用于城市住宅建设。同时动员地方、企业与国家一起，共同解决城市住宅问题。

由于各级政府重视住宅建设，充分发挥了国家、地方、企业和个人四个方面的积极性，住宅建设规模逐年扩大。住宅建设投资不断上升，占基建投资总额的比例从 1978 年的 7.8%，逐年上升为 1979 年的 14.8%、1980 年的 20%，"六五"计划期间，平均每年达到 21%。1979 年至 1985 年，全国用于城镇住宅建设的投资共达 1213 亿元，占 1950 年至 1985 年住宅建设总投资的 76.6%。城镇住宅竣工面积以每年平均 11.2% 的速度增长，城镇共新建住宅 8.25 亿平方米，占中华人民共和国成立 36 年来建成住宅总面积的 60%。这一时期是中华人民共和国成立后城镇住宅建设发展最快的时期。据 1986 年 12 月 2 日，城乡建设环境保护部和国家统计局发布的首次全国城镇房屋普查新闻公报报道：1985 年年底，全国城镇共有住宅面积 22.91 亿平方米，平均每人居住面积 6.36 平方米，其中城市人均 6.1 平方米，县镇人均 6.48 平方米。住房设备水平也有提高，一般新建住房每户都有单独的厨房和卫生间。

（二）调整产业结构，突出第三产业建设

在中国的城市体制改革中，所有制的多元化改革是从知青返城开始的；而突出第三产业的意义，则是从国有企业改革引起的。1985 年 3 月 6 日至 13 日，国家体改委在湖北省武汉市召开了全国城市经济体制改革试点工作座谈会。28 个省、自治区、直辖市体改委（办）的负责同志，58 个试点城市的负责人等参加了会议。

会议提出企业实行一业为主，多种经营，广泛开辟生产、经营、服务门路；企业可利用多余的劳动力兴办第三产业，现有的生产服务与生活服务部门可以向社会开放，独立核算，自负盈亏；允许企业多渠道筹集生产发展基金，并可将资金投向经济效益更高的其他地区和其他行业。

随着城市改革的深化，产业结构升级问题突出起来。所谓产业结构升级，是指三次产业之间和产业内部，从既有的均衡与协调出发，通过技术进步、产业和产品创新，形成从量到质的突破，实现新的均衡与协调。世界经济发展史表明，产业结构升级在产业之间的表现主要是产业结构重心从第一产业向第二产业，继而向第三产业转移的过程。中国第三次产业落后，劳务的比重很低。主要原因在于：第一，生产力水平低，商品经济不发达。第二，人民生活水平低。以前中国居民的吃饭和穿衣问题还没有根本解决，不可能对劳务提出很高的要求。第三，轻视服务行业，存在排斥第三次产业的认识与政策。改革开放以来，特别是社会主义市场经济体制的逐步形成，使得第三产业发展迟缓的矛盾日益突出，成为城市功能充分发挥的"瓶颈"。调整产业结构，发展第三产业，成为城市建设的巨大动力。如北京等城市就提出了"退二（第二产业）进三（第三产业）"的方针。第三产业广泛的经营范围，众多的就业机会，不仅给城市下岗职工带来了新的就业机会，也为农民敞开了致富的门路。环卫工、小时工、修理工及理发、剪裁缝纫、运输等服务行业，给许多劳动"边际效益为零"的农民带来了致富的希望。从而既推动了城市化的进程，也加快了城市现代化的脚步；推动了户籍制度、商品供应制度、劳动用工制度及社会福利保障制度等多方面的制度变革。中国由此跃过"农轻重"比例关系为主的结构调整框架，迈入了产业结构、区域结构、企业结构联动调整的新时期。

随着居民最终消费需求成为结构调整的先导性变量，需求结构多样化升级变迁，拉动了三次产业的扩张和内部结构的复杂化，导致产业、产品、市场不断细分,支撑了20年经济的高增长。与产业结构升级扩张相应,产业的区域布局结构,企业规模、组织结构也发生了重大调整和变化。

20世纪90年代初,上海市委、市政府根据党中央、国务院提出的把上海建设成为"一个龙头、三个中心"的战略目标,确定了优先发展第三产业,积极调整第二产业,稳定提高第一产业的发展方针,有力地推动了上海经济连续七年保持两位数增长。优先发展第三产业,不断增强城市综合服务功能的方针,使第三产业占上海GDP的比重从1990年的31%上升到1999年的50%左右。金融、航运、信息服务等产业异军突起,已成长为上海经济快速发展的强大驱动力。房地产业开始步入健康发展的轨道,居住型消费已成为新的经济增长点。住宅消费不断扩大,也带动了建材、家电、家具等行业的同步发展。

北京与首钢在城市发展过程中的关系变迁也反映了这一变化。从中华人民共和国成立初期到20世纪80年代初,钢铁产量始终是国家地位和综合实力的象征,首钢作为工业企业的代表,也一直是北京经济发展水平的标志和工业生产的支柱,是北京作为全国首都不可或缺的重要组成部分。随着社会的发展,城市职能的定位也逐步发生了变化,北京市对城市定位进行了校正,未来的方向将是国际化的大都市和政治经济文化中心。相应的,产业结构也随之做出调整。在这一背景下,北京市四环以内的工业企业有序地迁出的企业总数达到738家。首钢虽然身处四环以外,但依然面临主业外迁的命运,对自身的业务结构进行了重大调整。2000年,首钢首次实现非钢收入超过了钢铁产业。

通过加快发展第三产业的方针,相关行业呈现出快速发展的势头。如:邮电通信业的电信业务总量平均增长率达47%,收入增长率一直保持在35%以上,在邮电业总收入中的比重由1991年的74%,迅速提高到90%左右,因特网数据通信业务和移动通信业务增长速度直线上升,成为带动电信业务增长的主要原因。旅游业是第三产业另一个颇具活力的增长点。1999年国内旅游和国际旅游总收入4002亿元人民币,比上年增长16.4%。

四 第四阶段(20世纪90年代后半叶至20世纪末)

1992年中国确立了实施社会主义市场经济体制以后,在城市化进程进一步加快的同时,经营城市、提高城市竞争力逐步成为城市建设的基本方针;并形成了"九五""十五"期间城市建设发展的一个重要特征。经营城市是市场经济体制下促进经济发展的重要举措,它不仅包含了建设城市,重要的是进一步明确了建设的目的、效益与结构、规模。

经营城市、培养和提高城市竞争力的内涵包括:形成稳定的经济发展环境,雄厚的市政财源,较高的开放程度,完善规范的规则和秩序,较高的市政管理水平,较强的城市建设的融资能力,一体化的城市土地综合利用体系和交通体系,安全的自然和社会环境,完善的产业和服务发展网络等。

(一) 提高城市竞争力成为社会主义市场经济的客观要求

在大力发展社会主义市场经济与加入WTO的新的历史条件下,城市发展的背景出现了明显的变化:①经济全球化和科学技术的迅速发展,对生产、技术提出了更高的要求,从而对区域也提出了更高的要求。一个区域要有竞争力,必须要有现代成熟的金融体系、良好的通信和网络支持、便利高效的政府管理和良好的市场秩序。②竞争的方式发生了巨大变化。参与竞争的不仅是一个企业,而且是企业、政府、行业组织甚至包括整个国家力量的整合,既包括硬件,更要有软件的支持。③竞争规则发生改变。加入世贸组织(WTO)之后,中国卷入世界经济大潮,必须按照国际惯例办事。④当前所处的发展阶段要改变经济增长方式。只有打破自然经济的封闭和传统计划经济的模式,建立一个符合社会主义市场经济的开放的高效的城市经济,才能迎接挑战。⑤城市的功能正在发生深刻变化。城市已成为各种市场交换关系汇集的经济单元,成为市场配置资源的重要单位。曾经在计划严格控制下的人流、商流、物流、资金流、信息流等开始自由流动,成为城市之间争夺的目标;城市、企业、投资者之间的计划配置关系逐渐转变为市场机制作用下的双向选择关系,面对这些新情况,要使城市经济得到快速发展,就必须按照市场经济规律,综合运用城市土地资本、地域空间及其他经济要素,从总体上运作城市经济,在整个城市范围实现资源配置容量和效益的最大化、最优化,做好经营城市这篇大文章。因此,经营城市,提高城市竞争力成为社会主义市场经济的客观要求。这些变化使竞争以全新的形式呈现在我们面前。

(二) 世纪之交中国大陆竞争力最强的十大城市①

竞争力的强弱是一个历史的动态的范畴。衡量一个地区经济整体实力的指标很多。以国民生产总值来看。1992 年,中国出现第一个千亿元级的城市——上海,当时的国民生产总值为 1054 亿元。1994 年北京达到 1083 亿元,加入了国民生产总值千亿元的行列。1995 年广州达到 1243 亿元。1996 年增加了重庆、天津、苏州。至 1999 年,进入千亿元的城市已有上海、北京、广州、重庆、天津、深圳、苏州、杭州、无锡、成都、武汉、宁波、沈阳、大连。在这个名单中,一些长期名列前茅的省会城市、区域中心落伍了,如西安、长春、哈尔滨、济南、南京等,而成都、武汉、沈阳等也被深圳、苏州、杭州、无锡挤出了前 8 名。

2001 年,国家组织专家学者评出 20 世纪末中国最具竞争力的十大城市,依次为:上海、北京、深圳、广州、大连、天津、青岛、厦门、武汉、南京,并对其优势与劣势作了分析与评价。②虽然对这次评估尚有不同看法,但其是一个标志:在 21 世纪,对城市建设的评价不仅在于其工业化水平的高低,建设规模的大小,而

---

① 《经济日报》2001 年 10 月 19 日。
② 同上。

要看其竞争力。对城市竞争力高度关注，反映了当时国际竞争出现的新形势和新特点，反映了中国进入经济发展的新阶段，及对区域经济发展提出的新的要求。

五 第五阶段（21世纪初以来）

进入21世纪，我国城乡关系中长期存在城乡经济社会发展不协调的问题突出出来。这两个不协调所造成的城乡经济社会发展差距扩大，不仅严重制约了农村经济社会发展，而且也在相当程度上制约了城市经济社会发展，从而使整个国家的经济社会发展长期处于一种失衡状态。统筹城乡发展，是党中央在新世纪新阶段解决"三农"问题而制定的一项重大方略。从根本上改变城乡二元结构，逐步实现城乡一体化，对于我国城市化进程具有划时代的重大意义。我国经济社会发展的"十五"计划、"十一五"规划都突出了这一点。从而使城市化进程与城乡一体化建设相结合的步伐加快。2007年我国先后批准设立成渝城乡统筹综合配套改革试验区、长株潭城市群和武汉城市圈"两型社会"综合配套改革试验区，这三个试验区的设立将为我国探索区域发展新模式、突破区域发展瓶颈、实现新型城市化、促进区域协调发展提供经验和示范。

2008年，中国的城市化进程已进入一个新的发展阶段。主要表现为：城市化的总体水平进一步提升，城市的数量继续增加，城市的相应基础设施不断完善，为中国城市化进程的可持续发展提供了更多的有利条件。

今日，在应对国际金融危机、启动内需之际，还要看到以往工业化超前与城镇化滞后的发展模式制约了我国国内需求的总规模。加速推进城镇化是我国现代化进程中迟早要做的事情。当前要整合公共服务资源，满足进城打工人员及其家属的基本公共服务需求。在城镇规划、住房建设、公共服务、社区管理上考虑城镇就业农民工的需要，解决农民进城务工人员的住房、子女教育、医疗卫生和社会基本公共服务问题，逐步缩小进城农民与城镇居民之间享有基本公共服务水平的差距。争取到 2010 年，中国城市化率达到 50%，城乡人口将平分秋色；到 2020 年将达到 60%，届时中国将进入基本城市化的阶段；到 2050 年预计达到 75%，成为一个都市化国家。

（原载《城乡建设》2002 年第 6 期，收录本集时有增补）

三线建设中的企业搬迁的经验与教训

在确立三线建设决策的同时，毛泽东多次提出一、二线重要企业向三线搬迁[①]。1964年8月，毛泽东在北戴河强调从新的战略方针出发要重新布局工业，明确提出：一线要搬家，二线三线要加强。[②] 由此，一线企业搬迁成为三线建设的重要一环。三线建设中的企业搬迁，既不同于日本侵华战火中企业被迫从沿海向内地转移，也不同于21世纪西部开发的做法。其中有丰富的经验和教训。

今天的西部大开发和中部崛起战略在某种意义上接替了当年的内地建设（包括"一五"时期的工业化建设和"三线"建设）。因此，在探讨新常态下如何转型、调整战略布局的今天，研讨三线建设的历史，包括其中的企业搬迁，仍有大量潜在的空间和价值。本人在编辑中华人民共和国经济档案资料过程中接触到一些三线建设的相关文献，试图从此角度作初步探索，就教于亲历者和专家、学者。

一 搬迁总体部署的特色

（一）低投资、紧运行

毛泽东于1964年强调三线建设时，国家的财政收入只有2800亿元，却要投资1000亿元，投资比例接近38%。当年1—4月财政

[①] 三线建设中企业经历了两次搬迁：1964—1970年的沿海企业迁入三线地区；20世纪80年代以后在调整改造中的部分企业搬迁。本文阐述的是第一次搬迁。搬迁的不仅有工业企业，还有全国重点高等学校和科学研究、设计机构等事业单位。

[②] 陈夕总主编、陈东林执行主编：《中国共产党与三线建设》，中共党史出版社2014年版，第73页。

出现支大于收的情况,决定了基建计划决不能超过1000亿元预算。在这种情况下,国家只能按较低投资的方案安排三线建设。

当时的国家主席刘少奇说,指标向高调容易,向低调困难,所以要留有余地。时任副总理的邓小平要求,年度计划也要留有余地。各部门各地区,拿多少钱办多少事,只有中央规定的才能办,要减掉可以减的。这样,为搞三线而增加的投资,就需要从内部调整;而且挤出来的投资必须节省使用。当时决定从农业挤25亿,从国防挤15亿,从文教挤10亿,从工业交通内部挤10亿—20亿。挤出来60亿—70亿元搞三线建设,以便在战争的危险环境中使"屁股坐稳些"。① 即使是挤出来的三线建设投资,仍导致国家财政支出中的积累率迅速提高。1964年年初的财政预算曾接受"大跃进"的教训并受财政困难的条件约束,预算中积累率从1960年的42%降至19%左右,三线建设开始后,1965年的财政预算迅速增加到21%左右(第一个五年计划为24%左右)。

因财力限制,为了落实三线建设计划,在1964年8月国家计委召开的1965年年度计划座谈会上,时任计委主任李富春对原有城市的工业布局作了部署:调整第一线,积极建设第三线,就要控制第一线,特别是第一线的大城市。当时全国百万人口以上的大城市有14个,有9个在第一线,3个在第二线,2个在第三线。就是在第三线,从战略考虑也被认为目标太大了。因此,在工业布局上,第一线不上一个新项目;续建项目能够缩小规模的就缩小规模,能够"一分为二"的就准备"一分为二",能够迁移的就迁移。

针对严峻的国际形势,三线企业的建设实施对口帮建,以老带新,企业搬迁的运作十分紧迫。1964年9月国家计委初步部署后,

---

① 《邓小平关于长期计划问题的讲话》,1964年5月27日,载中国社会科学院、中央档案馆编《1958—1965中华人民共和国经济档案资料选编·固定资产投资与建筑业卷》,中国财政经济出版社2011年版,第451页。本文以下凡引自此书的内容只注明文献名称或页码。

当年就有 29 个项目、近万职工迁建。在整个三线建设过程中，"低投资、紧运行"是贯穿始终的特点。

(二) 建设三线与调整一线相结合

在"一线要搬家，二线三线要加强"方针指引下，企业迁移的部署十分复杂。刘少奇指出：我们现在还要靠一、二线吃饭，一、二线的生产多增加一些，建设三线的力量就更加强大。1964 年全国计划会议之后，李富春在 9 月 13 日向毛泽东汇报了三线建设的初步部署和安排：提出建设第三线，必须与调整第一线相结合，采取"停、缩、搬、分、帮"五种办法。迁移的不仅是企业，还包括科学研究机构、设计机构和大专学校。

从 1964 年开始，一些重要的工厂和车间，通过一分为二或全搬的办法迁移到三线去。头两年冶金、一机、农机、化工、铁道、邮电 6 个部先迁 66 个项目，加上军事工厂和其他行业迁走的工厂，大约有一百个走工厂或车间内迁。相应的，要把有关的科学研究机构、设计机构和大专学校内迁或一分为二。

对于一、二、三线大中城市的老企业，首先是上海、天津、沈阳、北京、广州、武汉、重庆七大城市的重要老企业，有计划地进行技术改造，以利于整个工业技术的发展和帮助三线建设。

凡是新建的工厂，必须是"小而分"，而不是"大而全"，必须尽可能采用新技术、新工艺，少占地，少用人，提高劳动生产率。非生产的建设，必须因陋就简。

1964 年 9 月 18 日，薄一波就 1964 年和 1965 年两年工交企业搬家问题向中央和毛泽东提出报告，总的精神就是既要迅速行动，又要搬而不乱。对迁厂提出十个注意要点。国家经委与工交各部研究，提出了初步的搬家方案。冶金、一机、农机、化工、铁道、邮电、石油、地质、建工等 9 个部提出了初步迁厂方案。

搬迁项目的布点，要同三线地区整个工业布局统一安排。要认真贯彻执行毛泽东主席指示的多搞小城镇的方针，实行大分散、小集中，以达到战略隐蔽的目的。在具体布点时，要兼顾国防安全和经济合理。少数国防尖端项目，必须按照"分散、靠山、隐蔽"的原则进行建设，有的甚至还要进洞。一般军工企业和民用工业的建设，应当尽可能靠近原料、燃料、水源、电源，并且把一些在生产上有密切联系的工厂成组地布置在一起，建成一些适当分散的工业点。①

（三）各地从实际情况部署

承担搬迁任务的各大区均积极响应中央的三线建设决策部署，并结合各区实际情况提出实施要领。

时任东北局书记顾卓新结合以往东北经验提出：这次搬了以后，有了战争不怕，没有战争更好，布局合理了，好东西发展了。过去经验证明，搬要做好动员工作。要成套地搬，多的先搞分厂，过两年再变成独立的厂。可否实行包的办法，譬如东北包西北，华东包西南。现在就要派人前去勘查，要条块结合起来。比如，鞍钢可以搬出四座高炉，一个钢厂，搬走以后，鞍钢能力还是三四百万吨。打起仗来，整个农村都是三线，必须把农村搞好，不能设想都退到老山林里去。

华北区提出初步设想：关于一、二、三线的划分，京汉线以东和华北平原为一线，燕山、太行、吕梁、伊克昭盟、河套地区、晋西南为三线；其余地区为二线。为了更好地支援三线建设，一线还应抓紧技术改造、设备更新，充分发挥现有企业的潜力，在高、精、尖、新方面多做一些工作。本区的三线建设应尽可能因陋就简，因地制宜，真正做到多、快、好、省。必须注意粮食、轻工产品、路、水、电的平衡配套。对过去已有一定工业基础的地区（如包头），在这次调整工业布局中，应适当地进行填平补齐，发挥其应有的作用。在迁厂过程中，对疏散人口问题，应一并加以考虑。

---

① 《全国搬迁工作会议纪要（草稿）》，一九六五年九月二日，载陈夕总主编、陈东林执行主编《中国共产党与三线建设》，中共党史出版社2014年版，第182—185页。

上海市时任副市长宋季文指出：关于沿海和内地的关系问题应该有一个比较完整的、正确的认识。搬家不是消极的，应该是积极的，是为了适应备战的要求，为了工业的合理布局，也是为了更好地发展生产。从一线搬走一部分工厂以后，国家需要的许多军工、援外、出口、支农、市场等产品和财政收入，仍然要依靠一、二线来解决。因此，一线留下来的工厂，一定要把生产搞好，一定要把工业革命搞好，一定要大力提高劳动生产率、降低成本、增加收入。只有这样，才能为建设三线积累更多的资金，提供更多新的技术装备，输送更多的技术力量，也才能更好地担负起国家交给的各项任务。1958年以来的6年中，上海四分之三的基建投资用于老厂的改造。上海搞出来的一些新技术的厂应该搬到三线去，但可以留一些种子，在上海继续搞。搞起来以后，再一分为二，或一分为三搬到内地去，采取细胞分裂的办法。这样，可以搞得更快一点。

陕西认为，现有工厂都集中在陇海沿线的西安、宝鸡、咸阳等地。今后新建工厂，可以摆在汉中、西侯线和陇县等地。甘肃提出，可以在天水摆些精密机械和仪表厂，在张掖摆些重型机械工业，在靖远摆些化学工业。河西走廊长达1100百公里，在沿线建厂完全适合分散、靠山、隐蔽的原则，只要修很短的铁路支线和公路线就可以建厂。青海认为，为了改变原盐生产集中在沿海的局面，应及早开发柯柯盐湖。宁夏提出，今后建厂可放在石嘴山、银川、青铜峡、吴忠地区，可以综合利用该区的煤炭，发展化学工业。新疆同志提出，库尔勒地区可以作为新工业点。为了进一步摆开布局问题，必须有必要的铁路建设。

中南区李一清指出，二线是三线的前沿、一线的后卫，二线有搬（搬出去）、有接（搬进来）、有建（建设某些少数的或个别的新项目）。搬家应做到通、快、省、稳。通就是做细致的思想工作，在此基础上做到快、省、稳。

二 搬迁项目的确立

长达十几年的三线建设有两次高潮。第一次是 1964—1966 年，第二次是 1969—1971 年。大规模的企业搬迁主要是在 1964—1970 年进行的。

（一）1964 年搬厂的 29 个项目

经过全国计划会议讨论，确定在 1964 年立即动手迁建的共 29 个项目，9724 人。其中，冶金部 4 项，550 人；一机部 2 项，510 人；农机部 3 项，1020 人；化工部 8 项，2680 人；石油部 2 项，110 人；邮电部 1 项，820 人；国防工业 9 项，4034 人。

这 29 个项目中，搬到四川的 14 项，到贵州的 6 项，到江西的 2 项，到云南、陕西、宁夏、青海、内蒙古、湖南和河北省张家口的各 1 项。这些项目大都是迁到中小城镇或大城市的远郊区，只有少数几个工厂（或车间）迁到成都、重庆、贵阳市区，主要是加强那里已有的工厂的生产能力，而且人数不多。这些项目多数都可以利用已下马的现成厂房或者并入现有工厂。生产所必需的煤、水、电、交通运输都可以供应得上。

（二）1965 年搬迁的项目

中央确定第一批从一线搬往三线的项目原定 226 个，后经各部审查调整，撤销了 18 个，追加了 6 个，合计 214 个项目，至 1965 年上半年搬完了 51 个，预计到年底搬完 127 个，迁出职工约 4.8 万人，设备约 6700 台。

1965 年 1 月，根据三线建设需要，党中央、国务院决定将沿海省份部分重点大学科系，搬迁至中西部地区建设分校，首批院校有七所，分别是：清华大学无线电系内迁至四川绵阳（西南科技大学前身）；北京大学数学力学专业与技术物理系、无线电系，内迁至陕西汉中（陕西理工学院前身）；南京大学五个系内迁湖南常德桃源县开办分校（华南光电集团）；上海华东化工学院（现华东理工大学）在四川自贡建设分校（四川理工学院前身）；唐山铁道学院内迁至四川峨眉县（西南交通大学前身）；大连医学院南迁至贵州遵义（遵义医学院）；北京矿业学院内迁至四川合川（中国矿业大学前身）。

（三）第三个五年计划搬迁的项目

1965年8月21日，在全国基建工作会议上，谷牧作了三线建设搬迁工作报告，进一步讨论确定了今后搬迁的项目、原则及组织、政策。1966年计划搬迁建设152个项目。

第三个五年计划时的搬迁规划，初步安排369个项目，加上1965年年底可搬完的127个项目，1964—1970年共搬迁近500个项目。从一线迁出的职工约19.8万人，设备约两万台。其中，1966年年初步安排搬迁159个项目（包括1965年结转的87项），共需投资7.5亿元左右。根据国家计委、国家经委的报告，1964年到1970年年底"三五"计划结束，"全国约有380个项目、145000名职工、38000多台设备从沿海迁往内地"。至1971年7月，"还有140多个没有完成"[①]。总计全国由内地迁往三线地区的项目和企业有520多个。[②]

第三个五年计划时搬迁的项目，主要是生产常规武器的军工企业，为军工配套的金属材料、机电产品、高能燃料、橡胶制品等企业，生产民用关键产品特别是生产三线缺门或短线产品的企业，以及为国防尖端军工服务的科学研究机构和高等院校的重要专业等。

计划这批搬迁项目建成投产以后，加上新建的项目，三线地区的产品品种和生产能力将有很大的增长，凡是一线能够生产的产品，三线基本上都能够生产，我国工业布局将有很大的改善。但这

[①] 《国务院、中央军委批转国家计委、国家经委关于内迁工作中几个问题的报告附件》，1971年7月14日。

[②] 陈东林：《三线建设历史概述》，载陈夕总主编、陈东林执行主编《中国共产党与三线建设》，中共党史出版社2014年版。

一计划受"文化大革命"干扰并未完成。

"三五"期间小三线建设开展的过程中,主要建小型的属于地方的军工厂,大中型工厂远距离搬迁少。

企业搬出比较多的是一线地区,即沿海的几个大工业城市和大工业基地。其中最多的是东北和上海。如上海机电局从20世纪60年代至1977年就有近百家企业抽调4万多名职工和近万台设备支援大三线工业建设。① 时至今日在三线地区仍能看到许多东北人和上海、江苏人以及他们的后代。

(四)抽调建设施工力量

除了工业交通系统的企业和设计单位搬迁外,建筑工程部、煤炭工业部下属建筑工程企业都抽调大批施工力量支援三线。如贵州六盘水矿区于1965—1966年在不到一年半的时间里汇集了近4万建设大军,许多单位都是成建制调迁的。② 又如1970年为确保"七一"出铁,冶金部一冶(武汉)、三冶(鞍山)、四冶(甘肃)、五冶(成都)、十三冶(太原)、十四冶(昆明)抽调精干施工力量与主力十九冶集中大会战。这是确保攀钢一号高炉1970年7月1日出铁的关键。③

此外,交通部门从北京、河北、河南、山东、安徽等省市,抽调了1500多辆汽车、几千名驾驶员,同四川、云南的运输队伍一起,组成"钢铁运输线",将数十万吨建设物资及时运到工地,保证了攀钢一号高炉按时出铁。④

---

① 上海市地方志办公室:《上海机电工业对三线建设的贡献》,载倪同正主编《三线风云》,四川出版集团、四川人民出版社2013年版,第70页。
② 贾伟:《水城矿区创业纪实》,载倪同正主编《三线风云》,四川出版集团、四川人民出版社2013年版,第103页。
③ 秦万祥:《攀枝花钢铁工业基地是"三线"建设的成功典范》,载《中国三线建设研讨会论文集》,2015年3月。
④ 中共重庆市委党史研究室征研二处:《三线——一个时代的记忆》,人民网—中国共产党新闻网,2014年10月8日。

三　项目搬迁的实施

（一）搬迁的分工管理

为了加紧选厂、迁厂的各项工作，1964年12月13日，国家计委、国家经委发布《关于搬迁工作分工管理问题的通知》，要求工作必须按照统一计划、统一行动的原则进行。[①] 具体包括：

凡是从一、二线迁往三线的工业交通企业、国防工业企业和科研、设计单位、大专院校，要由主管部门规划，报经中央批准后，立即行动；凡是没有规划或者有规划而没有经过中央批准的，都不得动手；工业交通系统的企业和设计单位的搬迁计划，由国家经委负责审查；国防工业系统的企业和设计单位、教学研究单位、大专学校的搬迁计划，分别由国防工办、国家科委、文教办公室负责先行审查，送国家经委统一安排。搬迁项目中的扩建计划和迁入地点，由国家计委负责审定。

搬迁计划的组织执行，由有关各"口"分别负责，国家经委负责抓总。具体工作由国家经委、计委、科委、国防工办、文教办公室各指定一位副主任，组成5人小组负责。

（二）搬厂的具体做法

在组织执行搬迁中，针对上海、天津等地和各部对搬厂工作中提出的许多具体问题，国家经委作出规定：

"一分为二"的工厂（或车间）的关键设备或专用设备，应该首先满足三线的需要，有两套的搬走一套，只有一套的也坚决搬走。但是，如果时间来得及，可以另做一套支援三线；如果目前国家仓库中有现成可用的，也可以直接调到三线，不必拆迁。关键设备或专用设备搬走以后，不需要配套的就不配套了；必须配套的，

[①] 甘肃省三线建设调整改造规划领导小组办公室、《甘肃三线建设》编辑部：《甘肃三线建设》，兰州大学出版社1993年版，第376页。

不论是中央直属厂或地方厂,都由主管部门统一安排在 1965 年的投资计划内。

搬迁的工厂(或车间),某些固定性的设备,如加热炉、冷凝器、化工管道、通风管道等,拆迁容易造成损坏的就不要拆迁。

"一分为二"的工厂(或车间),应该挑选优秀的管理干部、技术人员和生产工人成套输送,优先满足三线需要,保证新厂(或车间)及早投入生产。劳动力"一分为二"以后,原厂劳动力确实不足,需要补充时,按照企业的隶属关系,分别由主管部门和省、市在 1965 年劳动计划中调剂解决。需要补充的管理干部和技术人员,亦按照企业的隶属关系,分别由主管部门和省、市从其他企业中调配。

(三) 搬迁企业职工的工资和劳保福利待遇

处理搬迁企业职工的工资,劳保福利待遇问题是一项比较复杂的工作。搬迁单位多,职工人数也较多,又多是搬迁到边远、偏僻的地区,生活条件差。为此,有关地区和部门首先要做好政治思想工作,教育职工服从国家需要,同时,对于职工的实际困难,也应尽可能地给予解决。① 国家经委 1964 年 12 月 1 日《关于搬厂工作中几个具体问题的规定》和国家建委 1965 年 8 月召开的全国迁建工作会议,对搬迁企业单位职工的工资、劳保福利待遇问题作了规定。总的原则是不降低也不提高:

搬迁企业单位职工的原工资标准高于迁入单位(地区)的工资标准的,暂时仍执行原工资标准;低于迁入单位(地区)的工资标准的,应执行迁入单位(地区)的工资标准。如果迁入地区没有同类产业时,可以参照迁入地区相近产业的工资标准进行比较和确定。搬迁企业单位职工的各种津贴、补贴和劳保福利待遇,都按照迁入单位(地区)的规定执行。原来享受地区生活费补贴、

---

① 《国务院批转劳动部关于搬迁企业单位职工工资和劳保福利待遇问题暂行处理办法的通知》,1966 年 1 月 8 日,载陈夕总主编、陈东林执行主编《中国共产党与三线建设》,中共党史出版社 2014 年版,第 205—207 页。

地区津贴、林区津贴待遇的搬迁企业职工，迁到没有上述三种补贴、津贴的地区，而其同居家属仍留居原地的，可以仍发给原上述补贴、津贴标准的50%。如果由补贴、津贴标准高的地区迁到标准低的地区，而同居家属仍留居原地的，除了执行迁入地区的标准以外，还可以发给两地标准差别的50%的补贴。

职工同居家属仍留居原地的，原来享受的医疗待遇和职工原来享受的冬季取暖补贴，可以暂按原有规定继续享受，费用由迁入单位开支。搬迁企业单位职工连家迁去安家有困难的，可以发给安家补助费，标准为职工、家属每人5元，每户不超过30元，费用由搬迁费中开支，等等。

搬迁工厂的职工，其家属是否能马上带去，可跟迁入的地方商量办理。最好能携带家属；如果暂时不能携带，也应争取迅速创造条件，在最短期间搬去。此外，如果夫妻都在同一搬迁工厂（或车间）工作，应当允许全家搬去；夫妻分别在搬往两个不同地区的搬迁工厂工作，由各主管部门和地方商量，调到一个搬迁工厂或地区，一同迁走。

搬迁工厂的职工的防寒被服、蚊帐，需要补助的，经过职工民主评议酌予补助。所需棉花和布票由留给当地的机动布、棉花或者工会救济工人的布、棉花中解决；或者由工会救济工人的布、棉花中解决。所需费用由职工本人负担，一次支付有困难的，可以动员职工互助，或者由行政借支，分期扣还。对少数经济确有困难的职工可经过群众讨论，由工会的救济费给予适当补助。

1971年内迁职工的家属随迁的只占百分之二三十，大部分留在沿海，长期分居两地带来许多生活困难，而且每年探亲增加国家开支，耽误生产。1971年进一步明确了关于内迁职工家属的安置措施：迁入地区要主动与迁出地区协商，对家属内迁做出规划，并且根据艰苦奋斗、勤俭建国的原则，自己动手解决房子问题，分期分批内迁。居住城镇吃商品粮的家属，不论迁出地区的城镇大小，应准予随职工内迁，并在内迁企业所在地落户口；家属户口在农村的，原则上也应当准予随同职工内迁，内迁后，可落农村户口，但个别确有困难的直系亲属，根据企业安置工作的条件，也可以落城镇户口。并规定内迁职工家属的工作安排办法。内迁职工的子女，已经下乡上山的知识青年，原则上不随职工内迁，需要照顾的（如独生子女），经迁入地区同意后亦可迁去。迁入地区可以招收为新工人，也可以和当地的知识青年一起，服从统一安排。①

（四）搬迁后遇到的新问题

至1965年中，西南三省已有14个迁建项目建成投产，有44个项目正在施工，还有38个项目在做施工准备工作。情况表明，从沿海地区整套地迁进人员和设备比平地起家要快得多，是加快三线建设的有效举措。

但是，这些搬迁项目，原来都有几十个甚至上百个工厂同它进行协作，搬进内地以后，老的协作关系打断了，新的协作关系能否及时组织好，是一个大问题。工业生产中大的部件可以在全国范围内组织协作，但是大量小的零部件只能就地组织供应。

西南地区的机械工业当时担负这样大量的协作任务很吃力。如果勉强这样做，就有把一般修配任务和支援农业任务挤掉的危险。因此国家建委报告：现在应当立即对西南现有机械工业进行适当的调整和改组，并新建必要的配套厂，以便尽早解决迁建项目的协作问题。今后在三线地区迁建和新建工厂，应当事先充分考虑协作条件，并加以妥善安排。②

此外，随着企业搬迁与建设，三线建设中新建、扩建了一批城镇，对于城市规划、城市建设重视不足，安排不够合理也带来一系列问题。

---

① 《国家计委、国家建委关于内迁工作中几个问题的报告》，1971年3月8日，甘肃省三线建设调整改造规划领导小组办公室、《甘肃三线建设》编辑部：《甘肃三线建设》，兰州大学出版社1993年版，第440—442页，载陈夕总主编、陈东林执行主编《中国共产党与三线建设》，中共党史出版社2014年版，第274—275页。

② 《国家建委党组关于西南三线建设几个问题的汇报提纲》，1956年6月14日，第462—464页。

四 三线企业搬迁的经验教训

（一）备战背景与强大的动员能力成就了企业搬迁

在"低投资、紧运作"的条件下，企业搬迁的困难不言而喻。在加强战备的形势下，中国共产党运用了在战争环境与和平建设中长期形成的强大的政治动员能力和组织调动能力。这种能力既来自中华人民共和国成立之前28年的革命战争、根据地建设的历史，也来自中华人民共和国成立后14年在政治运动、经济建设中进一步巩固的领袖与政党的威望。当年"好人好马上三线"的动员口号和荣誉感就是集中体现之一。这是搬迁得以运行的基础。

（二）分工管理与细节安排合理使搬迁得以运行

在和平环境中，企业从条件较好的一、二线迁至条件艰苦的三线，职工及家属生活安置，原料动力设备运转配套，交通通信、市政公用等一系列问题千头万绪，不可轻视。在此过程中，中国共产党驾轻就熟的群众路线方法与丰富的工作经验保证了搬迁中分工管理和细节安排得体，是搬迁得以运行的重要保障。

（三）多重因素造成搬迁企业及其职工付出巨大

在低投资、紧运作，要求"分散、靠山、隐蔽"的背景下，数百家企业、数十万职工家属转移，必然导致搬迁的企业和职工付出巨大。由于职工及家属的诸多物质生活、精神生活、子女教育问题难以一蹴而就，在备战环境中形成的巨大动员力在和平时期遗留了众多问题，在和平时期难以持续。

正如攀枝花的全国人大代表1985年所言：攀枝花16个学校中的2万多学生都是我们的子弟。从恢复高考的1978年一直到1983年，连续5年没有一个考上大学的。我们这一代人可以牺牲自己，但是儿女没有知识是最难过的。①

20世纪80年代以来,三线建设做了大量的调整工作,多方弥补首次企业搬迁中的失误、缺憾与职工的付出,是党和国家对历史负责任的表现。

(四)能否重建协作关系与市场网络、科学规划城镇决定搬迁的成败

企业是社会经济生活的主要细胞。现代经济中企业间的供求协作关系尤其重要。在大规模、远距离的搬迁中,原有的供求协作关系必然要被新的替代。需要运用计划与市场多种手段形成新网络替代已被阻断的旧网络;企业的长治久安要以科学规划的城镇建设为基础。从长远的、可持续的视角考察,重建市场网络、供求协作关系与科学规划城镇建设决定搬迁的成败。

回顾历史,党和国家的历届中央领导集体都高度重视中西部开发建设,先后进行了三次大规模的中西部开发。第一次是20世纪50年代以"一五"计划的156项重点项目建设为中心的大规模中西部新工业基地建设;第二次是1964年至1978年以战备为中心在中西部进行的三线建设;第三次是1999年启动至今正在进行的西部大开发和中部崛起战略。总的说来,三次中西部开发体现了中国共产党在不同历史阶段对中国社会主义建设道路的思想探索和实践努力,是一个继承、发展和创新的过程。

在改革开放新形势下,中西部开发具有新的时代背景和许多新的特点,但以往三线建设中的许多经验教训仍需研究与汲取,丰富的精神财富仍需发扬,大量的物质财富仍是基础,如何持续发展仍是中西部开发的主要课题。三线建设研讨将为此贡献成果。

(原载《江西社会科学》2015年第10期)

---

① 陈东林:《三线建设军事上有成就经济上不划算》,2009年8月30日,腾讯嘉宾访谈。

1978年以来中国所有制结构的重大调整与改革(1978—2004年)

作为整个社会经济制度的基础和核心,生产资料所有制改革成为1978年以来中国经济体制改革的重要环节。二十余年来,随着所有制观念的更新,我国的所有制结构按照社会主义市场经济的要求,最大限度地适应发展生产力的需要,不断调整和改革,取得了一系列重大突破。

一 所有制理论与格局的突破

(一) 改革开放后所有制理论的突破

1978年以后,在总结历史经验与教训的基础上,对社会主义条件下的所有制问题逐步形成了一系列新的共识:在所有制形式和结构的选择标准上,突破了唯生产关系论和唯意志论,重新确立了由生产力发展水平及发展生产力的客观要求决定所有制关系的历史唯物主义观;在所有制结构的认识上,突破了单一的公有观念,确立了以公有制为主体,多种经济成分共同发展的思想;在所有制性质的判断上,突破了公"是"私"非"的观念,确立了"非公有制经济是社会主义市场经济的重要组成部分"的思想;在公有制的存在形式上,突破了唯有传统的国有和集体经济形式才是公有制的观念,确立了公有制实现形式多种多样,同一性质的公有制有多种不同存在形式的观念;在国有经济的主导作用上,突破了只看比重大小的观念,确立了重控制能力与实际效果的思想;在对公有资产的权力上,突破了权力越集中越好的观念,确立了所有权和经营权分离的思想，等等。从总体上说，已初步形成适应社会主义市场经济要求的所有制理论或所有制关系学说。

这些新的思想认识是在改革开放20年的实践与理论探索中逐步形成的。

1981年，中共十一届四中全会通过的《关于建国以来党的若干历史问题的决议》明确提出："我们的社会主义制度还是处于初级的阶段。""社会主义生产关系的变革和完善必须适应于生产力的状况，有利于生产的发展。国营经济和集体经济是我国基本的经济形式，一定范围的劳动者个体经济是公有制经济的必要补充。必须实行适合于各种经济成分的具体管理制度和分配制度。"这个决议概括了中共十一届三中全会以来对所有制形式的新认识，正式提出了个体经济是公有制经济必要补充的论点。五届全国人大四次会议通过的十条经济建设方针，重申了这个提法。1982年4月，五届全国人大常委会第23次会议通过并公布的《中华人民共和国宪法修正草案》，在肯定公有制是社会主义经济制度的基础、全民所有制是国民经济中的主导力量的同时，提出"在法律规定范围内的城乡劳动者个体经济，是社会主义公有制经济的补充。国家保护个体经济的合法的权力和利益。"1982年党的十二大报告明确提出了"关于坚持国营经济的主导地位和发展多种经济形式的问题"。适应大批知识青年返城后就业的迫切需要，在党的国家各项政策法规的支持下，我国城乡个体经济逐步产生和壮大，出现了一批个体工商业者，缓解了劳动就业问题，也使城市经济生活中长期存在的诸如吃饭难、修理难等许多社会问题的解决有了出路。

1984年中共十二届三中全会作出的曾经被邓小平誉为"新时期的政治经济学"的《中共中央关于经济体制改革的决定》，阐明了加快以城市为重点的经济体制改革的必要性、紧迫性，规定了改革的方向、性质、任务和各项基本方针政策，是指导我国经济体制改革的纲领性文件。其中指出：要"积极发展多种经济形式"。在分析全民所有制经济、集体经济、个体经济的地位和作用后，提出

"要在自愿互利的基础上广泛发展全民、集体、个体经济相互之间灵活多样的合作经营和经济联合,有些小型全民所有制企业还可以租给或包给集体或劳动者个人经营。"还提出"利用外资,吸引外商来我国举办合资经营企业、合作经营企业和独资企业,也是对我国社会主义经济必要的有益的补充"。以公有制为主体,多种经济成分并存的方针基本确立。

1985年8月,邓小平在《改革是中国发展生产力的必由之路》一文中,谈到坚持以公有制为主体的经济时指出:"公有制……现在占整个经济的百分之九十以上。同时,发展一点个体经济,吸收外国资金和技术,……甚至欢迎外国独资到中国办工厂,这些都是对社会主义经济的补充。……这样做不会也不可能破坏社会主义经济。"[①] 他还说,合资经营,外国资本占一半,另一半是我们社会主义公有的,至少发展了一半社会主义经济,一个企业办起来,企业的一半收入归社会主义所有,国家还可以从企业中得到税收。更重要的是,从这些合资的企业中,我们可以学到一些好的管理经验和先进的技术,用于发展社会主义经济。我们还欢迎外国独资经营,我们从中得到税收,学到技术和管理经验,这对社会主义所有制没有什么损害。邓小平认为只要坚持以公有制为主体,多发展些其他经济成分只有好处,是对发展社会主义经济有利的。

在以公有制为主体、多种经济成分并存方针的指引下,我国城乡多种经济成分逐步发展。私营经济也在个体经济扩大规模的基础上发展起来。1987年党的十三大对以公有制为主体,多种经济成分并存的方针又有所发展。十三大报告提出社会主义社会并不要求纯而又纯,绝对平均。指出:"我们已经进行的改革,包括以公有制为主体发展多种所有制经济,以至允许私营经济的存在和发展,都是由社会主义初级阶段生产力的实际状况所决定的。""社会主义初级阶段的所有制结构应以公有制为主体。目前全民所有制以外

[①] 《邓小平文选》第三卷,人民出版社1993年版,第138—139页。

的其他经济成分，不是发展得太多了，而是还很不够。对于城乡合作经济、个体经济和私营经济，都要继续鼓励它们发展。公有制本身也有多种形式。除了全民所有制、集体所有制以外，还应发展全民所有制和集体所有制联合建立的公有制企业，以及各地区、部门、企业互相参股等形式的公有制企业。在不同的经济领域，不同的地区，各种所有制经济所占的比重应当有所不同。"此外，还要求私营经济、中外合资企业、合作经营企业和外商独资企业有一定程度的发展。十三大以后，私营企业发展迅速，到1988年第一季度，私营企业已有25万户，雇工约400万人，产值占全国工业总产值的1%以上。在登记注册的私营企业中，资本拥有10万元以上的占45%。

1989年中华人民共和国成立40周年时，江泽民发表的重要讲话进一步谈及各种所有制的比重与地位问题："我们要继续坚持以公有制为主体、发展多种经济成分的方针，发挥个体经济、私营经济以及中外合资、合作企业和外资企业对社会主义经济的有益的、必要的补充作用。"讲话认为，坚持这个方针，是为了更好地发挥社会主义经济的优越性，促进我国经济的更快发展，绝不是要削弱或取消公有制经济的主体地位，更不是要实行经济"私有化"。

党的十四大在确定建立社会主义市场经济体制目标的基础上，阐明了所有制结构与社会主义市场经济的关系。十四大报告指出："社会主义市场经济体制是同社会主义基本制度结合在一起的。在所有制结构上，以公有制包括全民所有制和集体所有制为主体，个体经济、私营经济、外资经济为补充，多种经济成分长期共同发展，不同经济成分还可自愿实行多种形式的联合经营。国有企业、集体企业和其他企业都进入市场，通过平等竞争发挥国有企业的主导作用。"十四大将国营经济改为国有经济，更准确地反映了全民所有制经济的性质。十四大以后，国家统计局和国家工商行政管理局发布《关于经济类型划分的暂行规定》，将我国经济划分为九类：国有经济；集体经济；私营经济；个体经济；联营经济；股份制经济；外商投资经济；港、澳、台投资经济；其他经济。这九种经济成分并存，而以其中的公有制经济为主体。1993年，中共十四届三中全会通过的《中共中央关于建立社会主义市场经济体制若干问题的决定》，针对经济生活中的新情况，在所有制结构问题上进一步指出：随着产权的流动和重组，财产混合所有的经济单位越来越多，将会形成新的财产所有结构。就全国来说，公有制应在国民经济中占主体地位，有的地方，有的产业可以有所区别。公有制的主体地位主要体现在国家和集体所有的资产在社会总资产中占优势、国有经济控制国民经济命脉及对经济发展的主导作用等方面。进一步明确了以公有制为主体的含义。

1997年党的十五大报告，对在社会主义市场经济条件下所有制结构问题，实现了认识上的一系列重大的突破。将以公有制为主体，多种所有制经济共同发展作为社会主义初级阶段的一项基本经济制度确立下来。这意味着，这种所有制结构就不只是一般的方针政策，更不是权宜之计，而是具有稳定性、长期性的制度安排。党的十五大报告关于我国生产资料所有制论述主要包括如下一些方面：

①进一步论述了坚持公有制的重要性。
②全面论述了公有制经济的含义。
③科学界定了公有制的主体地位。
④强调公有制的实现形式可以而且应当多样化，并科学阐明了股份制的属性。
⑤科学地确立了非公有制经济的地位。

这些理论突破在1999年九届全国人大第二次会议通过的《中华人民共和国宪法修正案》中得到了肯定。根据党的十五大精神，1998年9月，国家统计局制定了《关于统计上划分经济成分的规定》，将我国经济成分划分为两大类别，共五种成分类型。第一大类为公有经济，包括国有经济和集体经济两种成分类型；第二大类为非公有经济，包括私有经济、港澳台经济、外商经济三种成分类型。

(二) 以公有制为主体、多种所有制经济共同发展格局的形成

随着所有制理论上的突破，我国在实践中采取了一系列措施，使所有制结构从1978年以前的单一公有制，逐步形成以公有制为主体、多种所有制成分共同发展的局面。公有制经济的比重有所下降，非公有制经济的比重上升；在公有制经济内部，国有经济的比重有所下降，集体经济的比重上升。但在经济总量中，公有制经济仍占主体地位。二十年来国有经济、集体经济、个体经济和其他经济成分四者之间的比例关系的变化详见表1。

表1　　　　1978—1998年工业总产值中各种经济成分
比重变化情况（工业总产值=100）　　　单位:%

年份	国有及国有控股工业	集体工业	城乡个体工业	其他经济类型工业
1978	77.6	22.4	—	—
1980	76.0	23.5	—	0.5
1985	64.9	32.1	1.8	1.2
1986	62.3	33.5	2.7	1.5
1987	59.7	34.6	3.7	2.0
1988	56.8	36.2	4.3	2.7
1989	56.1	35.7	4.8	3.4
1990	54.6	35.6	5.4	4.4
1991	56.2	33.0	4.8	6.0
1992	51.5	35.1	5.8	7.6
1993	47.0	34.0	8.0	10.8
1994	37.3	37.7	10.1	14.9
1995	34.0	36.6	12.9	16.5
1996	28.5	39.4	15.5	16.6
1997	25.5	38.1	17.9	18.5
1998	28.5	38.3	18.9	19.9

注：1. 本表按当年价格计算。2. 1998年起，以国有及国有控股企业反映国有经济状况。由于国有控股工业产值与相关的其他经济类型工业产值存在重复计算，所以各种经济类型比重相加大于100%；其他年份，由于对数字四舍五入，合计可能不等于100%。

资料来源：《中国统计摘要1999》，中国统计出版社1999年版，第100页。

随着经济体制改革特别是所有制改革的不断深入和放开搞活经济政策的实施，使受传统计划体制束缚较小的非公有制经济得到较快的发展，它们在国民经济中的比重有所提高，对经济增长的贡献逐渐加大。根据国家统计局的数据测算，非公有制经济（主要包括个体、私营经济和港、澳、台商及外商直接投资经济）在国内生产总值的比重（不同所有制经济的比重，既包括它们的独资企业，又包括它们在合资企业中各自所占的份额）由1978年的1%上升到1996年的24%（见表2）；非公有制经济在工业总产值中的比重由1978年的3%上升到1998年的38.8%。非公有制经济在发展社会生产力、满足人民多样化需要、增加就业等方面逐渐起着举足轻重的作用。

表2　　1978—1996年各类经济成分在国内生产总值中的比重　　单位:%

年份	国有经济	集体经济	非公有制经济
1978	56	43	1
1993	42.9	44.8	12.3
1996	40.8	35.2	24

资料来源：王洛林主编：《面向21世纪的思考》，中国社会科学出版社1999年版，第164页。

随着以公有制经济为主体、多种经济成分共同发展格局的形成，不同所有制经济之间的界限被打破，出现了不同所有制经济相互交融、交叉持股的混合所有制形式。股份制、股份合作制、联合经营和企业集团等混合所有制形式已经成为经济结构中不可忽视的组成部分。

（三）公有制实现形式的重要探索

改革开放以后，在所有制结构不断得到调整改善的同时，关于公有制实现形式的探索相应展开。这种探索在党的十五大明确提出"公有制实现形式可以而且应当多样化"后进一步加强，取得了长足的进步。

1. 国有经济的主要实现形式和发展状况

国有经济是我国资产总额相对集中、社会化程度较高的经济成分，整体实力雄厚。从1978年到1998年，我国国有资产大幅度增长。1998年年底，我国国有资产总量达82211亿元，比上年增长13.8%，其中：经营性国有资产为62405亿元，占75.9%，比上年增长15.4%；非经营性国有资产为19806亿元，占24.1%，比上年增长9.3%。我国国有及国有控股工业的总产值由3289.2亿元迅速增长到34109.6亿元，增长了9倍多，国有资产总量年平均增长15.5%，高于中华人民共和国成立以来年平均增长12.9%的水平。到1998年年底，在全部独立核算的工业企业中，国有企业数量只占17%，但资产总额占59.9%，销售收入占46.2%，工业增加值占49.6%，实现利税占46.9%。改革开放20年来，国有企业承担了相当大的改革成本。虽然国有经济在财政收入中的比重有所下降，但仍高达60%，远远高于其他所有制企业；在全国城镇社会就业人员中，有近70%是国有企业和其他国有单位接收的；同时国有企业长期以来承担了大量投资大、周期长、社会效益好但经济效益低的建设项目；全国1/3的学校和医院1/3的病床是由国有企业开办的。可以说没有国有企业为改革承担巨大的成本，我国经济建设就很难有如此巨大的成就，其他所有制经济也很难有如此快的发展。此外，在铁路、民航、邮电通信、城市水电煤气等基础产业部门，在科研、教育、国防、金融、保险等重要领域，国有经济仍具有绝对优势和较强的控制力。这说明，国有经济仍然是国民经济的支柱，控制着国民经济的命脉。国有经济发展中的问题主要是：随着国有企业改制重组步伐的加快，国有企业的经营状况差距进一步拉大。1998年国有企业赢利面为50%，赢利企业赢利额为3280.2亿元，比上年增长4.3%，赢利企业平均净资产利润率为7.3%。而亏损企业亏损额为3066.5亿元，比上年增亏30.9%，亏损企业平均净资产利润率为 -55.4%。① 在减员增效过程中出现失业人员和下岗职工增多等问题。造成这些问题的主要原因,一是中华人民共和国成立初期以来国有企业在为国家的经济建设与发展作出重大贡献的同时,自身的经济包袱和社会负担却越来越重,这种情况在社会保障制度尚未建立、健全的情况下,改变还需要一个过程;二是在长期计划经济体制下形成的国有企业管理体制和内部经营机制,尚未得到改革,制约着国有企业的经营与发展;三是国有企业设备陈旧老化、更新乏力的矛盾十分突出,难以适应市场竞争的要求;四是长期重复建设,导致部分产业生产能力过剩,产品销路不畅,企业开工不足,等等。显然,深化国有企业改革,振兴国有经济,依然是一项十分艰巨的重大历史任务。

1999年9月22日中共十五届四中全会专门讨论了国有企业改革和发展问题,作出了《中共中央关于国有企业改革与发展若干重大问题的决定》(以下简称《决定》),《决定》强调,"国有企业是我国国民经济的支柱。发展社会主义社会的生产力,实现国家的工业化和现代化,始终要依靠和发挥国有企业的重要作用。在经济全球化和科技进步不断加快的形势下,国有企业面临着日趋激烈的市场竞争。发展是硬道理。必须敏锐地把握国内外经济发展趋势,切实转变经济增长方式,拓展发展空间,尽快形成国有企业的新优势。国有企业改革是整个经济体制改革的中心环节。建立和完善社会主义市场经济体制,实现公有制与市场经济的有效结合,最重要的是使国有企业形成适应市场经济要求的管理体制和经营机制。必须继续解放思想,实事求是,以有利于发展社会主义社会的生产力、有利于增强社会主义国家的综合国力、有利于提高人民的生活水平为根本标准,大胆利用一切反映现代社会化生产规律的经营方式和组织形式,努力探索能够极大促进生产力发展的公有制多种实现形式,在深化国有企业的改革上迈出新步伐。搞好国有企业

---

① 参见吕贤如《我国国有经济继续稳步发展》,《光明日报》1999年8月7日。

的改革和发展,是实现国家长治久安和保持社会稳定的重要基础。"《决定》重申了党的十五大和十五届一中全会提出的用三年左右的时间,使大多数国有大中型亏损企业摆脱困境,力争到20世纪末大多数国有大中型骨干企业初步建立现代企业制度的改革目标。同时提出,到2010年,国有企业改革和发展的目标是:适应经济体制与经济增长方式两个根本性转变和扩大对外开放的要求,基本完成战略性调整和改组,形成比较合理的国有经济布局和结构,建立比较完善的现代企业制度,经济效益明显提高,科技开发能力、市场竞争能力和抗御风险能力明显增强,使国有经济在国民经济中更好地发挥主导作用。同时强调了从战略上调整国有经济布局和改组国有企业的重要性。

《决定》进一步界定国有经济的主导地位及其作用领域。指出国有经济在国民经济中的主导作用主要体现在控制力上。国有经济的作用既要通过国有独资企业来实现,更要大力发展股份制,探索通过国有控股和参股企业来实现;国有经济在关系国民经济命脉的重要行业和关键领域占支配地位,支撑、引导和带动整个社会经济的发展,在实现国家宏观调控目标中发挥重要作用;国有经济应保持必要的数量,更要有分布的优化和质的提高;在经济发展的不同阶段,国有经济在不同产业和地区的比重可以有所差别,其布局要相应调整。从战略上调整国有经济布局,要同产业结构的优化升级和所有制结构的调整完善结合起来,坚持有进有退,有所为有所不为。国有经济需要控制的行业和领域主要包括:涉及国家安全的行业,自然垄断的行业,提供重要公共产品和服务的行业,以及支柱产业和高新技术产业中的重要骨干企业。随着国民经济的发展,国有经济有着广阔的发展空间,总量将会继续增加,整体素质进一步提高,分布更加合理,但在整个国民经济中的比重还会有所减少。只要坚持公有制为主体,国家控制国民经济命脉,国有经济的控制力和竞争力得到增强,这种减少不会影响我国的社会主义性质。

《决定》进一步要求积极探索公有制的多种有效实现形式。指出国有资本通过股份制可以吸引和组织更多的社会资本，放大国有资本的功能，提高国有经济的控制力、影响力和带动力。国有大中型企业尤其是优势企业，宜于实行股份制的，要通过规范上市、中外合资和企业互相参股等形式，改为股份制企业，发展混合所有制经济，重要的企业由国家控股。

2. 集体经济的主要实现形式和发展状况

集体经济是指生产资料和生产成果归劳动者集体占有的经济成分，包括农村集体经济和城镇集体经济。集体经济广泛分布在农业、手工业、商业、服务业以及中小型工业企业之中，在国民经济中起着重大作用。改革开放以来，我国不断探索集体经济的发展道路与实现形式，集体经济获得了前所未有的发展。农村集体经济是我国集体经济的主要部分。农村集体经济是从20世纪50年代初在个体农业的社会主义改造的基础上逐渐发展起来的。经过互助组、初级农业合作社的过渡，到1956年建立高级农业生产合作社，1958年在全国实现人民公社化并一直延续到80年代初期。80年代初以来，农村集体经济被赋予越来越多的合作经济的特征，形成了农户家庭经营与集体经营相结合的经营形式。集体经济围绕着为农户发展商品生产提供物质技术服务去实现，与社区合作经济和村民自治相结合。这种既有集体经济特征，又有社区合作经济色彩的新型合作经济，是在我国具体历史条件下产生的一种独特的集体经济的新经营形式。在实践中，各地创造了多种形式的新型合作经济，把农村集体经济推向一个新阶段。到1997年止，全国已经形成各种利益结合关系的一体化组织共有11824个。从组织形式来看，通过互惠合作实现"公司＋农户""企业＋农户""协会＋农户"和"合作社＋农户"等合作经济形式的有8377个，占到总数的70.5%。[1]

乡镇企业是在农业集体经济基础上发展成长起来的农村集体经

---

[1] 参见《经济日报》1998年12月13日。

济的重要组成部分。农村改革以后,在农业联产承包责任制普遍推广的进程中,乡镇企业在多数地区成为集体经济的代表并承担以工补农、建农的重任。它还有力地壮大、发展和巩固了集体经济。

城镇集体经济从其来源上看,一部分是在20世纪50年代初由城市个体(包括个体手工业者和小商小贩)经过社会主义改造转化而来;而大部分则是随后在各级政府和国有经济的支持下由城镇劳动群众自力更生兴办的。1978年以后,面对"文化大革命"期间上山下乡的1700多万名知识青年陆续返回城市,党和政府为缓解城市的就业压力,提出了广开就业门路、发展集体经济、调整所有制结构的思路。80年代初期,全国兴起了大办集体企业的热潮,集体企业形式多种多样。包括国有企事业单位扶持兴办的集体企业,街道办事处扶持兴办的集体企业和待业人员自发组织的集体企业等。城镇集体职工人数从1978年的2048万增加到1990年的3549万,增长73%;城镇集体职工在全部城镇从业人数中所占比重从1978年的21.2%上升到1990年的24.1%。城镇集体所有制企业在安置国有企业下岗职工,缓解城镇就业压力方面起了十分重要的作用。1995年年底,全国城镇集体企业已达到100万户,从业人员占城镇职工总数的1/4,至1998年,城镇集体从业人数有1963.2万人[①]。从工业总产值看,1978年集体工业总产值为947.8亿元,占整个工业总产值的22.4%;1990年达到8522.7亿元,占工业总产值的35.6%;1994年达到26472亿元,占工业总产值的37.7%,首次超过国有经济的比重;到1998年集体工业总产值达到45842.6亿元,占工业总产值的38.3%,超过国有及国有控股工业产值比重9.8个百分点。从财政收入看,1978年集体经济的财政收入为142.4亿,占财政总收入的12.6%;1990年达到545.15亿,占财政总收入的18.6%;1995年达到1075.48亿,占财政总收入的17.3%。从全国固定资产的投资规模来看,1980年集体经

[①]《中国统计摘要1999》,中国统计出版社1999年版,第33页。

济的固定资产的投资规模为 46 亿元,占总投资的 5.1%;1990 年达到 529.5 亿元,占 11.7%;1998 年达到 3717.3 亿元,占 13.1%。

表 3　　　　　　1980—1998 年集体经济发展情况　　　单位:亿元

年份	1980	1985	1990	1991	1992	1993	1994	1995	1996	1997	1998
工业总产值	1213	3117	8523	8783	12135	16464	26472	33623	39232	43347	45843
财政收入	146.27	395.12	545.15	548.70	595.01	750.76	900.91	1075.48	—	—	—
固定资产投资	46	327.5	529.5	679.8	1359.4	2317.3	2758.9	3289.4	3660.6	3850.9	3717.3

资料来源:《中国统计摘要 1999》,中国统计出版社 1999 年版,第 99、41 页;《中国统计年鉴 1998》,中国统计出版社 1998 年版,第 272 页。

3. 股份制经济的发展

我国股份制经济是在 1978 年以后随着改革开放的不断深入逐渐发展起来的。

1979—1984 年是股份制经济发展的初始阶段,主要是以集资的方式兴办乡镇企业和城镇小型合作企业,以及一些由国有企业兴办的服务公司等。期间的股份制企业数目少、规模小、布局分散,而且极不规范、很不成熟。

1984—1988 年是股份制经济发展的重要阶段。在 1984 年《中共中央关于经济体制改革的决定》精神指导下,一些国有企业和集体企业开始打破地区、部门和所有制的界限,组建多种形式的经济联合体,企业逐步从单一的生产技术协作发展到相互以资金、技术、设备等投资入股,有些地方也开始将国有老企业改造成为股份制企业或组建新的股份公司。1984 年,北京天桥股份有限公司、上海飞乐音响公司等相继成立,成为我国改革开放之后的第一批股份公司。此后,武汉、重庆、沈阳等地区也相继出现大大小小的各种形式的股份制企业。1987 年 10 月,党的十三大报告明确指出:改革中出现的股份制形式,包括国家控股和部门、地区、企业参股以及个人入股,是社会主义企业财产的一种组织方式,可以继续试行。此后，全国各地股份制试点企业迅速发展。

20世纪90年代以来，股份制经济进一步发展并逐步走向规范化。1990年12月，在《中共中央关于制定国民经济和社会发展十年规划和"八五"计划建议》中，再次对股份制企业发展作出充分肯定，并对股份经济发展中存在的产权交易问题作出了制度安排。同年11月和次年4月，国家先后批准在上海、深圳两市开办证券交易所。以此为转折点，股份经济迈向了新阶段。1992年10月，协调股票、债券、国债政策，从事证券市场宏观管理的国务院证券委员会成立。1993年12月，八届全国人大五次会议通过我国第一部《公司法》。至此，我国股份经济发展的基本制度框架初步形成，进入了规范化发展的道路。1998年全国上市公司已由1997年的700多家增加到近900家。规范的股份制经济日益显现出强大生命力。

4. 股份合作制经济的发展

股份合作制是介于合作制与股份制之间又兼具两者特点的企业组织形式。劳动合作与资本合作相结合是股份合作制企业的本质特征。自20世纪80年代初起在一些乡镇企业（其时称社队企业）基础较好的地方以农民对集体企业入股的方式出现。

1984年1月发出的《中共中央关于一九八四年农村工作的通知》，明确肯定了农民向企业投资的做法，提出"鼓励农民向各种企业投资入股……国家保护投资者的合法权益"。这在一定程度上为农村发展股份合作经济进一步提供了政策依据，从而极大地激发了全国各地农村发展股份合作经济的热情。农村股份合作经济的产生，是我国农村继家庭联产承包责任制后一项重大制度变革。在我国农村生产力还不很发达的情况下，股份合作制的出现与推行，对农村经济的发展产生了有力的推动作用。

1985年后，城镇中小型集体企业也引入了以资本、劳动联合为特征的股份合作制形式。进入20世纪90年代，股份合作制逐渐成为城市国有中小企业特别是小企业改革的重要模式。如广东顺德、山东诸城、四川宜宾、江苏盐城、山西朔州、上海等地股份合作制改革由点到面，逐步推开，并取得了良好的绩效。

股份合作制的发展受到了中央的肯定与支持。1993年《中共中央关于建立社会主义市场经济体制若干问题的决定》中明确指出："现有的城镇集体企业也应理顺产权关系，区别不同情况可以改组为股份合作制企业，有条件的也可以组建有限责任公司、股份有限公司和企业集团。"1997年召开的党的十五大进一步肯定了股份合作制的重要地位和作用。江泽民在十五大报告中指出："要全面认识公有制经济的含义。公有制经济不仅包括国有经济、集体经济，还包括混合所有制经济中的国有成分和集体成分。……目前城乡大量出现的多种多样的股份合作制经济，是改革中的新事物，要支持和引导，不断总结经验，使之逐步完善。劳动者的劳动联合和劳动者的资本联合为主的集体经济，尤其要提倡和鼓励。"1993年之后，特别是1995—1996年城镇集体企业的股份制改组大面积展开，成为集体所有制的首选形式。据国家工商行政管理局统计，1996年年底在工商行政部门注册登记的城市股份合作制企业近20万户，注册资金逾1000亿元。据对综合改革试点市、县不完全统计，在国有小企业改制的种种形式中，股份合作制占35.13%，是比重最高的。全国有半数以上的省、市提出，"九五"期间本地区小企业改革的主要形式是股份合作制。1997年年末，全国乡村集体企业约有300万家企业实行了股份合作制。

为了加强股份合作制的规范工作，农业部相继于1990年颁布《农民股份合作企业暂行规定》《关于推行和完善乡镇企业股份合作制的通知》和《乡镇企业产权制度改革意见》；轻工业部于1993年发布了《关于轻工集体企业股份合作制试行办法》；1994年劳动部、国家体改委、国家税务局、国家国有资产管理局联合发布的《劳动就业服务企业实行股份合作制规定》；1997年，国家体改委发布了《关于发展城市股份合作制企业的指导意见》，全国各地也都出台了大量本地区股份合作制规范发展对策，并组织验收。据统计，全国 2/3 以上省一级政府或政府的有关部门，先后制定了股份合作制方面的办法或规定。

二 鼓励和引导非公有制经济的发展

非公有制经济在中华人民共和国成立初期曾经存在并有一定程度的发展。但后来由于多种原因逐步萎缩，几近消亡。改革开放以来，非公有制经济的地位重新得以确立，政策上得到扶持，其经营领域与经济规模都有了长足的发展。

（一）改革开放后我国非公有制经济发展的背景

改革开放前相当长的时期在理论上否定非公有制经济存在的必要性，在实践上抑制非公有制经济的发展，曾经给我国经济社会发展带来了损失。1978 年以来总结了社会主义建设的经验和教训。1982 年，党的十二大提出了坚持国有经济的主导地位和发展多种经济形式的论断，奠定了我国非公有经济发展的政策基础。

1987 年召开的党的十三大提出，要在公有制为主体的前提下，继续发展多种所有制经济。特别对私营经济的地位和作用提出明确的政策。指出：私营经济是存在雇佣劳动关系的经济成分。但在社会主义条件下，它必然同占优势的公有制经济相联系，受公有制经济的巨大影响。1992 年召开的党的十四大进一步肯定了非公有制经济存在和发展的必要性。指出，外国的资金以及作为有效补充的私营经济，都应当而且能够为社会主义所利用。在所有制结构上，以公有制包括全民所有制和集体所有制经济为主体，个体经济、私营经济和外资经济为补充，多种经济成分长期共同发展，不同经济成分还可以自愿实行多种形式的联合经营。在 1993 年召开的中共十四届三中全会上，进一步强调在积极促进国有经济和集体经济发展的同时，鼓励个体经济、私营经济和外资经济的发展，并依法加强管理，提出公有制在国民经济中应占主体地位，但允许有的地方、有的产业有所差别，允许个人财产与资本作为市场要素参与收益的分配。在以往政策发展的基础上,1997年党的十五大明确肯定,非公有制经济是我国社会主义市场经济的重要组成部分,强调对个体、私营等非公有制经济要继续鼓励和引导,使之健康发展。

1999年8月30日,《中华人民共和国个人独资企业法》出台。这是我国继制定公司法、合伙企业法之后,制定的第三部涉及规范私营企业市场主体的法律,至此,我国关于私营经济三种主要形式——独资企业、合伙企业、有限责任公司的主体法律已经基本齐备。个人独资企业法打破了按雇工人数划分个体工商户和私营企业的做法,实现了对私营经济科学管理、依法保障、鼓励发展的新跨越。我国多年来将雇工7人及以下的个人经济组织划为个体工商户,将雇工7人以上的私人经济组织划定为私营企业。新的个人独资企业法第八条明确规定,有必要的从业人员以及有出资、有合法的企业名称、有固定的生产经营场所等,就可以申请注册为个人独资企业。从业人员(即雇工)没有了7个或者8个的划分界限。新创办的符合条件的个人投资经济主体,也可以"一步到位"依法注册为个人独资企业。上述调整有助于依照宪法鼓励个人独资企业这种非公有制经济的重要形式积极、快速发展。

(二) 非公有制经济的发展状况

改革开放以来,非公有制经济在发展社会生产力、满足人民多样化需要、增加就业等方面的作用逐渐加大,已成为拉动国民经济发展、推动经济体制改革、促进科技经济一体化和实现社会稳定的重要力量。非公有制经济建立在较有活力和效率基础上的强有力竞争,也给国有企业以压力,促使国有企业改革与发展向更高、更新的目标迈进。

我国的非公有制经济主要包括个体、私营经济,外资经济两个部分:

1. 个体、私营经济

在中共十一届三中全会精神指引下,1979年,我国城镇个体工商户已发展到31万人,比1978年增长一倍多。1984—1991年,是个体经济、私营经济等多种形式的非公有经济得到空前发展的时期。不仅农村个体经济有较大的发展，城镇非公有经济也迅速恢复和发展壮大起来。全国城乡个体工商业从业户数突破千万大关，零售额由1985年的661.0亿元增加到1991年的1844.4亿元。1986—1990年的"七五"计划期间，中国个体工商户的总户数年平均增长59.1%，从业人员年均增长66.9%，营业额年均增长188.1%[①]。在个体经济发展基础上，私营经济发展起来。1988年，全国登记注册的私营企业4万多户，雇工总数70多万人，户均雇工18人。当时私营企业80%在农村，80%从事工业。

个体、私营经济的大发展，是在1992年以后。1996年与1993年相比，个体经济的户数增长1.53倍，营业额增长2.49倍；私营经济户数增长2.44倍，注册资金增长4.51倍。（详见表4）

表4　　　　　　1993—1999年个体私营经济发展统计

年份	个体经济			私营经济			
	户数（万户）	人数（万人）	营业额（亿元）	户数（万户）	投资者数（万人）	雇工人数（万人）	注册资本金（亿元）
1993	1766.99	2939.3	3309.2	23.8	51.4	321.2	680.5
1994	2186.60	3775.9	4211.4	43.2	从业人员总共559.0		1447.8
1995	2528.5	4613.9	8972.5	65.45	133.96	822.01	2621.71
1996	2703.7	5017.1	11554.2	81.93	170.45	1000.68	3752.37
1997	2850.86	5441	注册资金2573.98	96.07	从业人员总共1349.26		5140.12
1998	3120.2	6114.4	17486.3	120.1	263.8	1445.3	7198.1
1999年6月底	3120.0	约10000.0	—	128.0	从业人员总共1784.0		8177.0

资料来源：张卓元等主编：《20年经济改革回顾与展望》，中国计划出版社1998年版，第36、37页；1998年数据为国家统计局提供；1999年数据见1999年9月2日《经济日报》。

[①] 秦尊文等：《当代中国所有制变革》，人民出版社1996年版，第207页。

1996 年，个体经济中从事第一、第二、第三产业的户数分别为 74 万户、333 万户、2297 万户，第三产业占绝对优势。个体工商户户均注册资金 8000 元，比上年增长 12%。私营经济 1992、1993 年主要从事第二产业。到 1996 年，私营经济从事第三产业的已超过第二产业，从事第一、第二、第三产业的户数分别为 1.2 万户、39.2 万户、41.5 万户。到 1998 年年底，全国个体工商户为 3120.2 万户，从业人员 6114.4 万人，注册资金 3120.3 亿元；私营企业 120.1 万户，从业人员 1709.1 万人，注册资金 7198.1 亿元。1997 年一年内，全国个体私营经济吸收国有企业下岗职工 94 万人，另有 197 万下岗职工申办成为个体工商户或开办私营企业。个体、私营企业成为解决下岗职工再就业问题、安置剩余劳动力的重要渠道。

2. 外资经济

外资经济是指外国投资者（企业、组织或个人）根据我国法律并经我国政府批准，在中国境内设立的中外合资、合作经营和独资经营的企业组织，通常称为"三资"企业。改革开放以来，我国的外资经济起步于 1979 年《中华人民共和国中外合资经营企业法》的颁布。在此后的二十年中，我国外资经济的发展经历了试验起步（1979—1983 年）、持续发展（1984—1991 年）、高速发展（1992—1995 年）、调整（1996 年以来）四个阶段。对外开放以来，为了鼓励外商投资，我国制定了大量的优惠政策。这些政策促进了中国劳动密集型产业的全面发展和大力出口。但是也带来了内外资不平等、假合资等问题。因此，我国作了政策调整。[①] 2003 年，根据经济合作与发展组织（OECD）的最新报告，中国吸引了 530 亿美元的投资，超过美国，成为最大的外商直接投资（FDI）接收国，这在一定程度上得益于跨国公司对欠发达但增速快的新兴

---

① 刘山在：《我国对外开放的重大成就和基本经验》，载中共中央宣传部理论局编《纪念党的十一届三中全会二十周年理论研讨会文集》，学习出版社 1999 年版。

经济体投资的总体大幅增加。中国的吸引力反映出其经济的快速成长和全球最大市场的地位。①

三 党的十六大以来中国所有制结构的进一步变化

20年的改革开放使中国社会发生了深刻的变化。外资企业、个体私营经济、民营科技企业和中介组织等得到逐步发展,民营科技企业的创业人员和技术人员、受聘于外资企业的管理技术人员、个体户、私营企业主、中介组织的从业人员、自由职业人员等新的社会阶层迅速出现。截至2000年年底,中国私营企业已达176万多家,个体工商户2570多万个,从业人员近7500万人,民营科技企业已发展到20万户。

2003年召开的中共十六届三中全会以完善中国社会主义市场经济体制为目标,提出了一系列新思路、新观点。全会提出了"五统筹"市场化改革的新要求,指出"要按照统筹城乡发展、统筹区域发展、统筹经济社会发展、统筹人与自然和谐发展、统筹国内发展和对外开放的要求,更大程度地发挥市场在资源配置中的基础性作用,为全面建设小康社会提供强有力的体制保障"。全会关于经济体制改革的突破和创新可以归纳为七个"第一次":第一次提出大力发展混合所有制经济,实现投资主体多元化,使股份制成为公有制的主要实现形式;第一次提出建立现代产权制度;第一次提出允许非公有资本进入法律法规未禁入的基础设施、公用事业及其他行业和领域;第一次提出非公有制企业在投融资、税收、土地使用和对外贸易等方面,与其他企业享受同等待遇;第一次提出大力发展资本和其他要素市场;第一次提出形成城乡劳动者平等就业的制度;第一次提出要形成以道德为支撑、产权为基础、法律为保

---

① 据《南方日报》2004年6月29日报道。

障的社会信用制度。①

2003年12月,中共中央提出关于修改《中华人民共和国宪法》部分内容的建议。2004年3月14日,十届全国人大二次会议通过《中华人民共和国宪法修正案》。在此次修宪意见中,把原来国家对个体经济、私营经济实行引导、监督和管理,修改为国家鼓励、支持和引导非公经济的发展,并对非公经济依法实行监督和管理。这使非公经济发展进入新阶段。

(写于2004年)

---

① 参见李连仲《七个"第一次"》,《经济日报》2003年10月20日。

投资结构调整与经济结构变迁
（1950—2010年）*

60余年来，我国经济由计划经济的30年建立起独立完整的国民经济体系雏形，到改革开放的30年GDP以年均近10%的速度实现了跨越式增长，目前已进入了第三个30年。在新的形势下，"结构比总量更重要"正在成为共识。"十二五"规划提出："把经济结构战略性调整作为加快转变经济发展方式的主攻方向。"经济结构调整内容丰富，既包括国民收入分配结构调整，也包括投资和消费结构调整；既包括一、二、三产业结构调整，也包括各产业内部结构和产业组织结构调整；既包括区域结构调整，也包括城乡二元结构调整；既包括所有制结构调整，也包括国有经济战略性调整。其中投资结构调整是经济结构调整的重要手段，经济结构调整要以投资结构调整为基础与前提。

一 我国投资结构与经济结构的历史变迁

（一）头30年优先发展重工业，初步建立工业体系

19世纪中叶以来的一百年间，中国战乱不断。虽有志士仁人的不懈追求，但直至20世纪40年代末，中国的工业尚未形成规模和体系，国民经济结构畸形。近代工业产值在工农业总产值中

---

* 本文系作者于2011年5月14—15日参加在辽宁大学历史学院召开的"中国经济发展的历史经验与国际比较"学术研讨会上的发言，会后整理修订而成。

仅占17%①。工厂规模很小，纺织和饮食烟草业的产值占了工业产值的58.4%，能源、原材料和机械工业（重工业）产值比重很低，1933年仅占工业产值的23%左右。日本侵华战争爆发后，中国的工业受到摧残，战争对重工业的破坏比轻工业和农业更为严重。1949年重工业产值约比战前降低70%②，明显成为"比较劣势"。能源、原材料和机械工业的严重落后成为制约大国国力成长的瓶颈。

由于兴建这些基础工业投资多、周期长、资金回流慢，建设起来困难重重。外国资本不肯建，中国私人资本建不起。1952年，中国大陆国内生产总值为679亿元，按1952年年底总人口数5.7亿计算，人均仅119元，按当时的比价，约合30多美元③。在物资与技术力量匮乏的背景下，国际环境又相当恶劣。1949年12月，中华人民共和国刚刚成立不久，美国政府即宣布"美国不应给共产党中国以官方的经济援助，也不应鼓励私人在共产党中国投资"。④ 并将中国列入了"巴统"管制的国家之中。⑤ 面对国内外巨大压力，中国选择了集中财力、物力优先发展重工业。这一时期对农业、轻工业、重工业的投资比重见表1。

从表1可以看出，我国在1978年以前，在基本建设投资总额中，按照农业、轻工业、重工业区分，如以三个行业投资总额为100%，一般重工业投资比都超过了45.0%，最高的"二五"时期甚至达到54.0%，轻工业在5%左右徘徊。"二五"时期的"大跃进"使国民经济严重失衡。大办钢铁，大伤元气。由于投资结构

---

① 《1949—1952 中华人民共和国经济档案资料选编·综合卷》，中国城市经济社会出版社1990年版，第63页。
② 郭瑞楚：《恢复时期的国民经济》，生活·读书·新知三联书店1953年版，第60页。
③ GDP数值来自国家统计局国民经济核算局编：《中国国内生产总值核算历史资料（1952—1995）》，东北财经大学出版社1997年版，第25页；人口数来自国家统计局编：《中国统计年鉴（1981）》，中国统计出版社1982年版，第5页。
④ 上海市国际关系学会编印：《战后国际关系史料》第一辑，第75、100、114页。
⑤ 董志凯：《跻身国际市场的艰辛起步》，经济管理出版社1993年版。

过度向重工业倾斜,在建成投产了数千个大中型项目[①]的同时,影响了轻工业、农业和服务业的发展,其中交通、通信等基础设施的发展成为瓶颈,影响了人民生活的改善。这是我们所采取的投资策略的一个必然结果,改革开放的前 30 年,用于工农业的投资相差悬殊,工农业投资额占基建投资总额的比重有时相差甚至达到 50 余个百分点。对工业,特别是对重工业的倾斜性投资,推动了工业体系以至独立国民经济体系的快速建立。

表 1　　农业、轻工业、重工业基本建设投资比重

（按国民经济部门分,以投资总额为 100）　　单位:%

时期（年份）	农业	轻工业	重工业
"一五"时期	7.1	6.4	36.1
"二五"期间	11.3	6.4	54.0
1963—1965	17.7	3.9	45.9
"三五"时期	10.7	4.4	51.1
"四五"时期	9.8	5.8	49.6
1978	10.6	5.8	48.7

资料来源:《中国统计年鉴　1984》,中国统计出版社 1985 年版,第 308 页。

（二）第二个 30 年以改革开放为动力,投资结构发生深刻变化

投资结构调整的转折启于 1979 年的战略调整。1979 年以后,国内外的形势发生重大变化,经济发展战略也有了重大改变。针对经济建设方针存在的问题,邓小平在 1979 年 1 月 6 日指出:"我们对经济建设的方针、规划要进行一些调整,先搞那些容易搞、见效快、能赚钱、创外汇多的,宁肯减少一些钢铁厂和一些大项目,到一九八五年钢产量不一定非要搞到六千万吨不可。在工业内部,投资的重点要放在电、煤、石油、交通、通信、建材等方面。搞电,

---

① 从 1950 年到 1988 年的 39 年间,我国全民所有制单位固定资产投资 21538 亿元,建成投产大中型项目 4393 个,新增固定资产 15619 亿元。

要注意多搞水力发电,搞坑口电站。引进的重点要放在见效快、赚钱多的项目上,先积累资金,然后再搞那些重工业项目。这样做,能增加就业机会,对改善人民生活也有利,更不会发生偿还不起外债的问题。"① 1979 年 3 月 19 日邓小平在听取中共中央军委科学技术委员会关于调整规划的汇报时再次指出:"国民经济也是这个问题。所谓国民经济的调整,就是把基础缩小,钢不要搞六千万吨。这样,可以腾出手去发展急需的电、油、煤等动力工业和运输工业。还要投资搞旅游事业,赚外汇。造船主要搞民用的,赚钱后再搞军用,以民养军。"② 与此相适应,投资结构发生深刻变化。这是在改革开放的新形势下对于固定资产投资战略做出的重大变更。具体来看,表现在以下三个方面:

1. 投资的资金来源结构变化

从 1979 年起,随着中国经济的改革开放,单一的国家财政投资方式逐渐被财政投资、银行贷款、利用外资和自筹投资等多种投资方式并存所取代。同 1978 年以前相比,资金渠道增多,资金来源趋于分散,改变了投资主体结构。③

2. 投资的产业结构变化

与此相适应,投资的部门结构也有了较大的改变,这种改变主要表现在对第三产业投资有了较大幅度的增加,但对农业的投资比重却在减小,在工业内部,投资偏向重工业的现象有所减缓,轻工业得到了较大的发展。表 2 反映了 1953—2000 年我国三大产业投资构成的变化情况。

从表 2 可以看出,第三产业的投资比重在第一个 30 年除"一五"时期由于投资交通通信等基础设施较多超过 50% 以外,其余时期均低于 50%,其中"二五"时期仅为 34.9%。而第二个 30 年

---

① 《邓小平年谱（1975—1997）》（上），中央文献出版社 2004 年版，第 466 页。
② 同上书，第 494 页。
③ 董志凯：《政府与市场在中国大陆投资中的作用变迁（1949—2009）》，《中国经济史研究》2010 年第 3 期。

表2　　　　各个计划时期三次产业的基本建设投资　　　单位：亿元；%

时期	投资额			比重（以投资额为100）		
	第一产业	第二产业	第三产业	第一产业	第二产业	第三产业
1953—1957	16.04	271.80	300.64	2.7	46.2	51.1
1958—1962	40.96	744.60	420.53	3.4	61.7	34.9
1963—1965	31.95	219.09	170.85	7.6	51.9	40.5
1966—1970	36.18	558.89	380.96	3.7	57.3	39.0
1971—1975	70.45	1006.54	686.96	4.0	57.1	38.9
1976—1980	90.91	1275.05	976.21	3.9	54.4	41.7
1981—1985	80.12	1610.14	1719.83	2.3	47.2	50.4
1986—1990	110.13	3875.56	3363.39	1.5	52.7	45.8
1991—1995	257.93	11042.75	12283.62	1.1	46.8	52.1
1996—2000	966.12	21023.89	34336.87	1.7	37.3	61.0
1979—2000	1461.70	38107.49	52183.53	1.6	41.5	56.9
1953—2000	1700.79	41628.31	54639.86	1.7	42.5	55.8

注：由于对数字四舍五入，比重合计可能不等于100%，下同。

资料来源：《中国固定资产投资统计数典（1950—2000）》，中国统计出版社2002年版，第112页。

初的1981—1985年已达50.4%，第二产业降至47.2%，此后各个时期均超过50%；1996—2000年第三产业的投资比重进一步升至56.9%，第二产业进一步降至41.5%。同期在第二产业中，轻工业的比重有所上升，重工业的比重有所下降。这些年人民生活水平的改善与国家增加对轻工业和第三产业的投资密不可分。但从表2也可看出，对第一产业特别是农业的投资比重呈下降趋势。"六五"、"七五"两个计划时期每年农业基本建设投资绝对值比20世纪70年代末还有所减少。第七个五年计划（1986—1990年）期间，全社会基本建设投资7349.09亿元，其中用于农业的110.13亿元，年平均增长速度仅为3.4%，约相当于同期全社会投资年平均增长速度15%的1/5。占全社会基本建设投资的比重由"六五"时期的2.3%下降至1.5%。进入20世纪90年代，农业投资主体进一步多元化，利用外资明显增加，促进了优质高效农业的发展；农民个人投资有所增长，但主要用于住房、运输业和工业。原有基础设施老化、危化日益突出。① 农村基础设施投资比重下降的趋势于"九五"时期（1996—2000年）开始扭转。这一反弹的出现，是与1998年我国遭遇水灾、损失严重分不开，也来自亚洲金融危机后我国实施了积极财政政策。②

进入21世纪以来，对第一产业的投资有加大的趋势，而且第一、第三产业投资的增长率高于第二产业。但是就绝对值来看第一产业的投资仍然相当低。2008年对第一产业的投资首次超过总额的3%，2009年年底，对第一产业的投资比重仅占3.07%，第三产业占54.08%，第二产业降到42.85%。以制造业为主的第二产业占GDP的比重已于2000年超过50%，此后第三产业所占比重开始逐步上升，第一产业所占比重则出现持续性下降，近年来第二产业所占比重也开始逐渐下降。三次产业投资比重的变化表明，我国的工业化程度正在深化，而对第一产业投资不足。详见表3。

表3　　2005—2009年三次产业的全社会固定资产投资情况

单位：亿元、%

指标	2005		2006		2007		2008		2009		2009年比上年增长比例
	绝对数	占比	绝对数	占比	绝对数	占比	绝对数	占比	绝对数	占比	
投资总额	88773.6	100	109998.2	100	137323.9	100	172828.4	100	224598.8	100	30.0
第一产业	2323.7	2.62	2749.9	2.5	3403.5	2.48	5064.5	3.00	6894.9	3.07	36.1
第二产业	38836.7	43.75	48479.1	44.07	61153.8	44.53	76961.3	44.5	96250.8	42.85	25.1
第三产业	47613.2	53.63	58769.2	53.43	72766.7	52.99	90802.7	52.5	121453.1	54.08	33.8

资料来源：国家统计局：《中国统计年鉴》2007—2010年本，中国统计出版社2007—2010年版。

---

① 国家计委投资研究所、国家统计局投资统计司编：《1991年中国投资报告》，中国计划出版社1991年版，第20—21、46页。
② 详见董志凯《当代中国农村基础设施投资的变迁（1950—2000）》，《中国经济史研究》2008年第3期。

3. 投资的区域结构变化

第二个 30 年以来，东部地区的基本建设投资的比重有明显加大的趋势。在"八五"时期（1991—1995 年）达到最高点，中部和西部基本建设投资的比重相应有所下降，其中中部地区在"九五"时期（1996—2000 年）降至最低点，西部地区在"八五"时期降到最低点（详见表4）。在短短的 10 多年内就在东部沿海地区建立起 5 个经济特区、14 个沿海开放城市、15 个保税区，一大批沿江、沿边开放中心城市，引进了 2300 多亿美元的外资和 26 万多家外资或合资企业，东部沿海地区率先以市场形式构成了对外开放的格局，得到迅速发展。但是 20 世纪 90 年代以来，原先设想的"梯度推进"遇到了内地基础设施落后、资金短缺、科技水平低下、劳动力素质较差、观念陈旧，因而市场效益明显偏低等不利因素的制约而受挫，不仅东部地区的资金、技术、人才等经济资源难以扩散到内地，反而内地原本就十分稀缺的资金、技术、人才等经济资源大量涌向东部沿海地区，加剧了区域的两极分化。这种发展差距已经越过了警戒线，还表现为东部沿海地区的发展损害了内地自我发展能力，引起了社会不稳定因素增加。至 2003 年我国西部地区开发基础设施累计开工 76 个重点单项工程，总投资 3635 亿元，到年底累计完成投资 2008 亿元，约占总投资的 55.2%。"十一五"规划（2006—2010 年）提出，实施东西部通道建设、西部区域铁路通达和大型铁路枢纽建设等工程；全部建成"五纵七横"国道主干线西部路段和 8 条省际公路，加快枢纽机场改造和支线机场建设；抓紧建设完成若干大中型水利枢纽和灌溉工程等。经过 10 多万筑路大军历时 5 年的艰苦奋战，世界上海拔最高、线路最长的高原铁路——青藏铁路 2006 年全线建成通车；全长 625 公里的渝（重庆）怀（怀化）铁路建成通车；西部地区新增公路通车里程 24.7 万公里。2008 年国际金融危机爆发以后，2009 年以来东部地区民营企业跨区域迁移活动异常活跃，尤其是长三角与珠三角地区，迁移企业的数量不断增加，群体迁移也日益显著。2010 年，

《国务院关于中西部地区承接产业转移的指导意见》正式印发。《指导意见》从财税、金融、产业与投资、土地、商贸、科教文化6个方面明确了若干支持政策。如在产业和投资政策方面，提出要修订产业结构调整指导目录和政府核准投资项目目录，以不断增强中西部地区承接产业转移的能力。

表4 1953—2000年各个计划时期东部、中部及西部地区基本建设投资及比重　　单位：亿元、%

时期	投资额			比重（投资总额为100%）			
	东部	中部	西部	时期	东部	中部	西部
1953—1957	217.26	169.43	106.14	1953—1957	36.9	28.8	18.0
1958—1962	462.62	409.75	265.86	1958—1962	38.4	34.0	22.0
1963—1965	147.38	137.83	107.94	1963—1965	34.9	32.7	25.6
1966—1970	262.85	290.67	340.54	1966—1970	26.9	29.8	34.9
1971—1975	625.36	527.34	432.00	1971—1975	35.5	29.9	24.5
1976—1980	988.21	705.95	465.64	1976—1980	42.2	30.1	19.9
1981—1985	1626.98	997.46	587.71	1981—1985	47.7	29.3	17.2
1986—1990	3800.44	1792.69	1164.43	1986—1990	51.7	24.4	15.8
1991—1995	12773.96	5535.64	3467.94	1991—1995	54.2	23.5	14.7
1996—2000	29415.35	13172.36	9512.91	1996—2000	52.2	23.4	16.9
1979—2000	47786.51	21817.82	14954.73	1979—2000	52.1	23.8	16.3
1953—2000	50320.41	23739.12	16451.11	1953—2000	51.4	24.2	16.8

注：全国统一购置的机车车辆、船舶、飞机等投资和人防等专项特殊工程的投资不分东部、中部、西部，故本表东、中、西部投资之和略小于全国基本建设投资总额。

资料来源：国家统计局固定资产投资统计司编：《中国固定资产投资统计数典》，中国统计出版社2002年版，第151页。

二 新30年开始时面临的经济结构问题

发展经济学家早已指出：当农业国家或发展中国家的工业化开始起动并开展起来以后，相应地就必然要伴随以产业结构和技术结构的调整和变动,需求结构和消费结构的调整和变动,国民收入的分配和再分配,农村剩余劳动力的转移和吸收,农村工业(乡镇企业)和中小城镇的兴起,对外贸易和利用外资的扩展及其模式的选择等问题;这就必然要涉及所有权、使用权、分配理论以及资源配置理论的领域,而这又必然要牵涉伦理标准、价值判断原则等所谓社会福利问题。① 近年来,总结世界经济史的教训,又提出了当一个国家人均 GDP 达到 3000 美元左右,进入中等收入国家行列后,快速发展中积聚的矛盾往往集中爆发,极易出现社会问题突出、经济停滞不前的窘境,从而掉入"中等收入陷阱"。② 目前,我国处于工业化的中后期,2010 年人均 GDP 超过 3600 美元。正是上述分析中的问题与矛盾集中多发阶段。我国在经济总量达到中等收入水平后,矛盾突出表现在结构上。

我国新 30 年经济结构的失衡主要表现在产业结构、需求结构、要素投入结构和劳动力就业结构四个方面。这四方面结构失衡的重要原因在于投资结构失衡。下面仅就此作一概要分析。

(一) 产业结构失衡

主要是三次产业发展不协调、农业基础薄弱、工业大而不强、服务业发展相对滞后。

尽管如表 2、表 3 所示,我国近年来对第三产业的投资上涨很快,2000 年以来对第三产业的投资已超过投资总额的 50%,2009 年对第一、第三产业的投资增长率已超过第二产业。但是第三产业的投资中,大量资金用于交通通信等基础设施;投资于服务业特别是现代服务业的比重仍然偏低。按照世界银行数据,近年来,世界上高收入国家服务业比重为 72.5%,中等收入国家服务业比重为 53%,低收入国家服务业比重为 46.1%。尽管我国人均国民收入已达到 3700 美元,属于中下等收入国家,但是 2009 年我国第三产

---

① 张培刚:《农业国工业化问题》,湖南出版社 1991 年版,第 47 页。
② 陈亮、陈霞:《中国经济改革发展论坛述要》,《光明日报》2011 年 1 月 7 日。

业占国内生产总值的比重仅为 43.4%,低于低收入国家第三产业的平均水平。我国服务业发展仍然滞后,其中生产性服务业特别是现代生产性服务业尤其如此。另一方面,2010 年以来,以"热钱"的形式通过各种隐蔽渠道进入房地产市场。流入我国房地产市场的"热钱"可以通过参与炒高房屋资产价格获取资产升值与套汇的双重收益。在国际金融战的环境下,我国对房地产投机性投资导致的高房价问题,不仅是房地产市场本身的扭曲,也成为影响中国未来可持续发展和国家经济安全的重大问题。

(二) 需求结构失衡

消费、投资和出口是拉动经济增长的三大需求和动力源泉。判断一国的经济增长模式,一般看两个重要基准:一是看三大需求对一国总需求的贡献;二是看三大需求拉动的国内生产总值(GDP)对一国 GDP 的贡献。在三大需求中,前两项往往体现为内需,第三项体现为外需。

1994 年是划分中国内外需关系和动力转换的分界点。当年中国经济增长的动力结构由内需驱动为主向内外需共同驱动过渡。从外需对总需求增长的贡献来看,1994 年和 2002 年上了两个大台阶。1994 年之前外需贡献偏小且很不稳定,绝大多数年份低于 20%;1994 年之后外需贡献快速上升。2002—2007 年的 6 年间我国外需对 GDP 增长的贡献率年均达到 40%,2004—2005 年甚至接近 50%。从外需占总需求的比重来看,1994 年之前基本在 10% 左右,1994 年前后开始接近 20%,2002 年超过 20%,2005—2008 年接近 30%,2009 年有所回落。1994 年汇率改革和 2001 年中国加入世贸组织,对扩大中国经济的外向型程度起到了关键作用。这在中国外贸数据上体现明显。

从需求本身来看,内需始终是我国的需求主体。2000—2009 年年均内需占总需求的比重为 75.47%,但呈下降趋势,由 2000 年的 80.6% 降至 2008 年的 72.6% 和 2009 年的 78.3%。外需同期年均占总需求的比重为 24.53%,但呈增长趋势,由 2000 年的

19.4%升至2008年的27.4%和2009年的21.7%。

同时,外需占我国总需求的比重与对GDP的贡献呈现剧烈波动状态。在2008年国际金融危机以前,外需对总需求增长的贡献度较高。2002—2007年,年均内需对总需求增长的贡献率达到39.8%。但在2008年国际金融危机的影响下,外需对总需求的作用急剧下降,成为负数,2008年为-0.9%,2009年为-83.3%。①足见我国需求结构受国际经济形势的影响之大。详见表5。

表5　　　　　　1983—2009年中国三大需求的比重与贡献　　　　单位:%

年份	三大需求占总需求的比重				三大需求对总需求增长的贡献率			
	内需			外需	内需			外需
	最终消费	资本形成	内需合计	出口	最终消费	资本形成	内需合计	出口
1983	62.0	30.7	92.7	7.3	59.9	37.9	97.8	2.2
1984	60.3	31.3	91.6	8.4	49.0	35.7	84.7	15.3
1985	57.9	33.5	91.4	8.6	43.7	46.4	90.1	9.9
1986	57.0	33.0	90.0	10.0	48.7	28.2	76.9	23.1
1987	56.2	32.1	88.3	11.7	47.9	24.0	71.9	28.1
1988	56.3	32.6	88.9	11.1	57.0	36.5	93.6	6.4
1989	56.8	32.3	89.1	10.9	72.5	21.8	94.3	5.7
1990	54.8	30.5	85.3	14.7	21.5	3.6	25.1	74.9
1991	53.9	30.1	84.0	16.0	45.8	25.7	71.5	28.5
1992	53.0	31.0	84.0	16.0	46.8	37.7	84.5	15.5
1993	50.3	36.1	86.4	13.6	34.0	66.8	100.8	-0.8
1994	47.6	33.1	80.7	19.3	31.7	15.5	47.2	52.8
1995	48.2	33.5	81.7	18.3	55.2	37.0	92.2	7.8
1996	50.5	33.1	83.6	16.4	81.5	28.5	110.0	-10.0
1997	50.5	31.5	82.0	18.0	50.8	10.7	61.5	38.5
1998	51.5	31.3	82.8	17.2	68.7	28.5	97.2	2.8
1999	52.0	30.9	82.9	17.1	58.3	25.2	83.5	16.5

---

① 任泽平:《中国经济增长模式:内外需双轮驱动》,《发展研究》2010年第12期。

续表

年份	三大需求占总需求的比重				三大需求对总需求增长的贡献率			
	内需			外需	内需			外需
	最终消费	资本形成	内需合计	出口	最终消费	资本形成	内需合计	出口
2000	51.5	29.1	80.6	19.4	45.6	11.7	57.3	42.7
2001	50.9	30.3	81.2	18.8	43.7	44.2	87.9	12.1
2002	48.7	30.8	79.5	20.5	29.2	36.2	65.4	34.6
2003	44.7	32.2	76.9	23.1	17.9	41.3	59.2	40.8
2004	41.5	32.8	74.3	25.7	17.8	37.1	54.9	45.1
2005	40.4	31.7	72.1	27.9	30.9	22.8	53.7	46.3
2006	38.8	32.1	70.9	29.1	27.7	34.3	62.0	38.0
2007	38.2	32.2	70.4	29.6	32.1	33.9	66.0	34.0
2008	38.1	34.5	72.6	27.4	36.4	64.5	100.9	-0.9
2009	39.6	38.7	78.3	21.7	68.2	115.1	183.3	-83.3

资料来源:《中国统计年鉴1982~2009年》,《2009年中国国民经济和社会发展统计公报》,《中国国际收支平衡表1985~2009年》。转引自任泽平《中国经济增长模式:内外需双轮驱动》,《发展研究》2010年第12期。

(三) 要素投入结构失衡

主要是资源消耗偏高,环境压力加大,资源环境的约束日益突出,科技创新能力不足,在国际分工中处于制造业链条的中低端。我国铁矿石、钢铁、有色金属、石油、煤炭等主要资源性产品消费占全球总消费的比重,明显大于国内生产总值占全球经济的比重,单位产品资源消耗明显高于发达国家水平,部分主要工业品单位产品能耗比世界先进水平高10%—50%。同时,水资源和土地资源消耗也很大,付出的生态环境代价巨大。经济发展与资源环境的矛盾,成为我国现代化建设中需要长期面对的重大挑战。[①] 中国大学

[①] 参见牛犁《以调结构促进经济发展方式的转变》,《中国宏观经济信息》2010年第28期;葛顺奇《地方政府在支柱产业选择中的缺失》,《中国经济时报》2010年9月2日。

生毕业创业率低,创新能力不足,学习内容中毕业后没有用的知识较多,创业和创新能力都较差。

(四)劳动力就业结构失衡

2008年,第一产业就业劳动力比例近40%,其增加值比例只有11.3%,也就是说,农业占全国2/5的劳动力,却只创造和分配了1/10多一点的国民生产总值;而第二产业就业比例为27.2%,其增加值比例却为48.6%,工业只有1/4多的劳动力创造了一半的国民生产总值。农业增加值占GDP比例持续下降,是工业化的一个趋势。但是如果农业劳动力转移过慢,农业生产增加值下降过快,其结果,就是农业劳动力和人口,与非农业人口和劳动力收入之比会持续拉大。①

上述四个方面的结构失衡在我国宏观经济运行中已经凸显。因此,"十二五"规划提出把经济结构战略性调整作为加快转变经济发展方式的主攻方向。要求促进经济增长向依靠消费、投资、出口协调拉动转变。在协调拉动的各个环节上,投资是关键环节。投资是导致各项结构失衡的重要原因。

(五)投资结构失衡是经济结构失衡的重要原因

导致上述经济结构失衡问题的重要原因在于投资结构失衡。

首先,大量资金投入房地产。

20世纪90年代后半叶以来,我国投入房地产开发的资金陡增。由1990年占固定资产投资额的5.6%上升至1995年的15.7%。在全社会固定资产投资额总值大幅度增加的基础上,2010年投入房地产开发资金的比重达到全社会固定资产投资总值的17.35%,绝对值为2000年的9.68倍(详见表6)。与此同时,大量民间资本远离实体产业投资,而投入房地产市场投机,进一步炒高房价,影响了实体经济的金融链条。

---

① 参见周天勇《中国向何处去》,人民日报出版社2010年版。

表6　　　　　　　　房地产开发投资概况　　　　　单位：亿元；%

编号	年份	1990	1995	2000	2009	2010
1	全社会固定资产投资额	4517.0	20019.3	32917.7	224598.8	278139.8
2	城镇固定资产投资额	3274.4	15643.7	26221.8	193920.4	241414.9
3	房地产开发投资额	253.3	3149.0	4984.1	36241.8	48267.1
4	房地产开发投资额/全社会固定资产投资额	5.6	15.7	15.14	16.14	17.35
5	房地产开发投资额/城镇固定资产投资额	7.73	20.12	19	18.69	19.99

资料来源：国家统计局编：《2011中国统计摘要》，中国统计出版社2011年版，第51页。

20世纪90年代后期以来，土地资源的价值逐渐凸显，成为政府配置资源的重要手段。部分地方政府把一部分基础设施项目交给开发商承担，其建设投资费用经过折算，用土地来支付，以地价来抵补。至2008年，地方的土地出让收益大都超过财政预算的1/3，[①] 至2010年，土地出让金占地方财政收入的比例高达76.6%。[②] 在土地财政的诱使下，出售土地、扩大房地产投资形成浪潮。由于农用地转为建设用地的过程中，存在一定的差价，差价主要由各级政府支配；根据一些农业经济学家的计算，这个差价达到20万亿元至30万亿元[③]，按规定，土地出让金的纯收益至少要有15%用于农村，分配要向农村倾斜，但实际上多被用于城建开发，失去监管的土地出让收益，成了"炒高"地价的"罪魁"，导致土地违规事件

---

① 王立彬：《"地王"退潮后土地财政终水落石出》，《新华每日电讯》2008年7月6日。

② 2010年全国土地出让金数据是由2009年的精确数据（15910.2亿元）与2010年的同比增幅（70.4%）得出的。《南方报业新闻》2011年1月13日。

③ 吴敬琏：《关键在于真正推进改革》，《新华文摘》2011年第6期。

频仍①。自 1990 年以来，我国的房地产开发投资额呈迅速上涨状况。由 1990 年的 253.3 亿元升至 2000 年的 4984.1 亿元，而至 2010 年，即陡升至 48267.1 亿元。1995 年以来，房地产投资占城镇固定资产总投资额的比重一直在 20% 左右，其中，2004 年房地产投资占比 22.29%，为近十年最高，2007 年房地产投资占比为 21.52%，为近 5 年最高，而这两年中国经济都出现了一定过热的迹象。② 在房地产土地迅速扩张的同时，房地产业毛利率高达 55.72%，2010 年直接涉足房地产的上市公司达 802 家，35 个大中城市平均房价泡沫为 29.5%，北京按揭贷款月度偿付率超过 100%，绝大多数城市偿付房贷压力巨大；经济出现房地产化。早在 2001 年中央 18 号文件《中共中央关于做好农户承包地使用权流转工作的通知》曾指出，为稳定农业，稳定农村，中央不提倡工商企业长时间、大面积租赁和经营农户承包地。但不少地方为推进规模经营，对于引进工商资本经营农业仍很热衷。在这股"流转热"中，一部分地方政府热衷于推动流转，是为了暗度陈仓，曲线解决日益突出的城市建设用地紧张问题。一些公司借助地方政府的招商引资政策，大肆圈占农民耕地，出现了土地流转价格过低、流转期限过长等情况，有的还违反土地用途管制规定，擅自改变用途，使流转的土地呈现"非农化""非粮化"等现象，危及粮食安全。③ 在土地与资本金两个方面形成掏空未来中国经济增长的危机。这是导致上述四类结构失衡的重要原因。

其次，许多地方建立和形成的支柱产业缺乏专有优势。

各地凭借雄厚资金实力，集中采购进口设备，快速形成生产能力。这种生产模式由于进入门槛低，容易造成产业选择趋同，相互

---

① 仅 2010 年第 1 季度，全国发现违法违规用地行为 9832 件，涉及土地面积 7.3 万亩（其中耕地 2.6 万亩），与前一年第 1 季度相比分别上升 3.7%、下降 1.6%（上升 2.5%），见 2011 年 4 月 18 日人民网 - 房产频道。

② 国家统计局：《2010 中国统计摘要》，中国统计出版社 2010 年版，第 51、52 页；李勇：《房地产投资占比止三年跌势首现反弹》，《证券时报》2011 年 1 月 24 日。

③ 赵俊臣：《土地流转：工商资本下乡需规范》，《红旗文稿》2011 年第 4 期。

竞争激烈，相互攀比，过度投资。一些地方的钢铁行业、电器行业、汽车行业、风能发电行业、软件行业的发展，都基本属于这类模式。①

最后，教育与研发投入中存在结构问题。

中国的经济总量与质量和竞争力之间存在着较大的偏差。21世纪以来，教育和研发投资明显增加，受过高等教育的专业人员越来越多。根据欧盟的报告，从2004年开始我国的研发投资开始超过日本，列世界第二位②。但是高质量的技术工人培养不足，新技术转化为产能的投入不足，有些技术甚至夭折在摇篮里，一些创新企业也很难壮大。

三　趋势与政策建议
——经济转型首先要做到投资转型

过去30年内，我国是世界上投资增长速度最快的国家，但是投资方向主要集中在生产、加工领域，集中在增加产能上，巨大的产能投资必须要转型。③面对以上问题与2008年国际金融危机爆发后，世界经济发展趋势出现大调整、大变革的态势，我国经济结构调整要求投资政策与投资结构变动，做出以下调整。

（一）在投资主体结构方面应努力处理好国家和国有企业投资、外商投资及民间企业投资三者的关系

在"十二五"期间，应努力处理好国家和国有企业投资、外商投资及民间企业投资三者的关系。国有企业大量投资于竞争性行业会对经济发展、产业发展产生重大负面影响。

党的十四大、十五大明确指出，国有企业的作用是保持国家对

---

① 葛顺奇：《地方政府在支柱产业选择中的缺失》，《中国经济时报》2010年9月2日。
② 吴敬琏：《关键在于真正推进改革》，《新华文摘》2011年第6期。
③ 黄孟复：《经济转型首先要投资转型》，《经济研究参考》2011年第37期。

经济的控制力。这里强调的是控制。例如房地产业中具有控制性的为保障房和公租房,商品房则属于竞争性行业。目前房地产行业排名前十的企业中有一半是国有企业,宾馆、度假村排名前20位的大半是由国有企业经营的。进入到竞争性行业以后,国有企业就无法显示其国有企业的本质,跟风涨价,追逐利润,跟其他企业没有区别。而在战略性产业和重大项目领域,我国要办的事情非常多,都需要巨大投资。

2005年2月和2010年5月,国务院就先后推出了促进非公有经济发展的新旧36条,允许非公有资本进入电信、石油、金融等垄断行业和领域,但这些政策缺乏具体的实施细则,民营企业实际仍然很难进入垄断行业。据统计,目前中国的垄断行业中,民营资本进入的比重不超过20%。浙江省工商联针对近800家企业的调查显示,已经进入到垄断行业、基础设施领域及公用事业领域的企业还不到10%。在此背景下,产业资本不约而同地涌向暴利的房地产行业。在浙江形成了大企业造房、小企业炒房的独特现象,供求两端合力推动房地产市场急速膨胀,成为房价持续攀升的又一推手。目前全社会80个行业中,允许外资进入的有62个,允许民间资本进入的则只有41个。此外,民间投资在传统垄断行业和领域所占比例非常低。有统计数据显示,民间投资在电力、热力生产和供应业中占13.6%,在教育业中占12.3%,在卫生、社会保障和社会福利业中占11.8%,在信息传输、计算机服务和软件业中占7.8%,在交通运输、仓储和邮政业中占7.5%,在水利、环境和公共设施管理业中占6.6%,在公共管理和社会组织中占5.9%。[1]

"民间投资36条"具有特殊性和突破性。一是对打破垄断行业有明确的规定和要求。例如,"民间投资36条"出台之前,村镇银行寥寥无几,没人搞。大银行搞村镇银行没有积极性,而民间

---

[1] 中国人民银行杭州中心支行课题组:《当前我国房地产市场面临的问题、成因及调控效果评估》,《经济要参》2011年第35期。

想搞村镇银行，又无法成为大股东。"民间投资 36 条"规定民间资本可以发起设立村镇银行，这是一个重大突破。二是限制国有企业投资，引导民间投资充分进入其优势行业和项目。"民间投资 36 条"明文规定，民间资本可控股国有企业，这也是一个突破。引导民间资本向下沉，不是沉到地下钱庄，而是沉到地面上。我国的就业问题，老百姓的收入问题，经济增长的动力问题，很大程度上取决于中小企业。虽然我国整体强大已经显现，但是民间依然很贫穷，所以一定要把"富民"摆在前面，而发展中小企业是实现"富民"的关键途径。

目前我国大量小型企业和微型企业由于成本压力、劳资矛盾等问题，中小企业、尤其是小微企业的困难比国际金融危机的时候还要严重。金融危机对中小企业是快刀斩乱麻。而现在是慢刀割肉。这个状况不能再持续下去了。中小企业困境导致很多企业家将资金转向房地产、大宗商品和农副产品等产业，间接推动了通货膨胀。中小企业就业人数占总就业人数的 80%，只有给中小企业一个宽松的发展环境，改善中小企业生存条件，员工的收入水平才会提高，我们的富民政策才会落实。因此，"民间投资 36 条"对民富国强具有战略意义，要尽快落实，才可以保持经济平稳较快增长，真正实现产业结构的转型升级。

（二）在产业投资结构方面，加大对第三产业、新兴产业的投资力度

人们在工业化过程中更多的是以产品为导向，提供各种产品，而忽视了与产品相对应的服务，服务革命的核心是服务导向的服务创新。服务创新同样也是创造价值的源泉，也是经济与社会发展的基本动力。我国"十二五"规划纲要草案提出，服务业增加值占国内生产总值比重提高 4 个百分点，GDP 年均增长 7%。我国第三产业近年来投资增长速度较快，超过了第二产业。主要由于交通通信业投资力度大。但是作为现代服务业，投资力度和发展水平差距均很大，影响着第一、第二产业的发展，也使就业岗位不足。"服

务革命"是一个大趋势,孕育着大量的发展、创新和就业机遇。中国在工业化进程上落后了欧美200年,在信息化上刚刚挤上了车,这次若能抓住服务革命的机遇,在服务创新上有所作为,细化深化社会大分工,提高资源配置效率,中国就有可能在经济和社会转型上蹚出一条路来。①

2010年出台的《国务院关于加快培育和发展战略性新兴产业的决定》,将节能环保、新一代信息技术、生物、高端装备制造、新能源、新材料、新能源汽车作为国家重点支持的七大战略性新兴产业,各地区也不同程度地将这些产业作为当地重点发展的战略产业。在中央和地方的产业促进政策的推动下,"十二五"期间,科研人才、资金、技术等要素向新兴产业部门转移的速度必将加快。如加快目前正在兴起的新能源革命,将从根本上改变传统能源利用模式影响下的中国乡村文明的命运,使得分散居住的乡村获得了使用新能源的新优势。又如推进现代农作物种业发展,将促进农业长期稳定发展、保障国家粮食安全。我国农作物种业进入市场只有10年时间,整体水平比发达国家低不少,产学研相结合不紧密、育种创新能力较弱、产业化水平不高、供种保障能力不强,不能适应现代农业发展的要求。种业产业升级,势在必行。

(三) 在区域投资结构上加大生产线向内陆省份迁移的力度

近年来,我国区域经济发展格局正在发生深刻调整。长三角、珠三角、环渤海等东部沿海地区资本相对饱和,加之土地、劳动力、能源等要素供给趋紧,资源环境约束矛盾日益突出,外延型发展方式难以为继,加之受国际金融危机冲击和周边国家竞争加剧的影响,加快经济转型和结构升级刻不容缓。而广大的中西部地区基础设施逐步完善,要素成本优势明显,产业发展空间较大。在此背景下,推动东部沿海地区产业加快向中西部地区梯度转移,形成更加合理有效的区域产业分工格局,已成为促进区域协调发展的政策

---

① 参见郭重庆《服务革命将改变世界》,《文汇报》2010年9月21日。

取向和重要任务。这不仅是简单的地理上的转移,也伴随着资本投入的加大。2011年5月,东、中、西三大区域投资增速较为强劲,分别为23%、28.3%和31.8%,较上月分别加快0.4个、1.2个和0.7个百分点,呈现出稳步加速态势。中西部地区投资增速仍然快于东部,投资空间格局继续优化(见表7)。

表7　　　　　东中西部地区投资占比及增速　　　　单位:%

	2011年2月	2011年3月	2011年4月	2011年5月
占比				
东部地区	56.1	54.2	52.1	50.8
西部地区	20.6	21.1	21.8	22.5
中部地区	25.3	26.9	27.7	28.5
增速				
东部地区	21.7	21.6	22.6	23.0
西部地区	27.2	26.5	27.1	28.3
中部地区	31.9	31.5	31.1	31.8

资料来源:徐策:《当前固定资产投资运行的主要特征及趋势展望》,载国家信息中心经济预测部《中国宏观经济信息》2011年第24期。

(四)装备制造业投资中加大对生产流程机械化、自动化的投资力度

目前,中国制造企业整体竞争力不强。统计数据显示,中国制造业的劳动生产率仅为美国和日本的5%、德国的5.5%。到目前为止还没有出现可与GE、西门子、丰田等世界顶级企业抗衡的中国企业。已经入选世界500强的少数制造企业主要是从规模上达到了世界级企业的标准,若以品牌、技术、管理、盈利水平等综合指标来衡量则与世界级跨国公司尚有巨大差距。在产业领域的核心专利上,中国基本上受制于人;在一些关键技术,尤其是具有战略意义的重大装备制造业,如航空设备、精密仪器、医疗设备、工程机

械等高技术含量和高附加值产品,中国大多依赖进口,如作为制造业"发动机"部分的装备制造业,国内固定资产设备投资的 2/3 依赖进口,其中光纤制造设备和 60 万千瓦发电机的控制设备几乎百分之百靠进口。① 因此,中国制造业投资应该在国际分工的产品设计和品牌经营这两个环节寻求突破,掌握这两个环节的隐含性知识和技能,实现由"中国制造"向"中国创造"的转变;提升制造企业对本土市场的有效控制力。

(五) 为公共服务均等化增加财政投资

要搞好基本公共服务均等化,首要条件就是要有充足的投入。增加公共财政用于教育、医疗卫生、社会保障和就业、文化方面的支出。在总量投入加大的情况下,更要侧重向农村倾斜,侧重向老、少、边、穷、后发地区倾斜,侧重向困难地区倾斜。

(六) 多方引导社会资金流向实业投资

根据对内蒙古、陕西、山西、温州等地的民间资本调研,目前房地产在民间资产配置中占比近 80%。② 这种结构必须得到改变。要多方引导包括民间资本、储蓄资金、社会闲散资金、侨资外资等在内的社会资金流向实业投资。为此,要继续在铁路、盐业等垄断行业实施行业管理和企业管理职能分离,推进投资经营主体多元化;继续推进电力行业在电力输、配分开等方面的改革;继续促进电信、民航、石油等行业在形成强化竞争市场格局方面的改革,扩大社会资金的市场准入。

综上所述,新形势下的发展、调整产业结构,不等于减少投资力度,而是要改变投资结构。我国现在的问题不是缺乏投资资金,而是投资结构不合理,过度的土地投机上的投资对经济发展是种阻力。总结历史经验教训,必须将投资结构调整与产业结构调整、经济方式转换结合起来。使投资进一步向保障和改善民生

---

① 章玉贵:《寻找"中国制造"新动力》,《文汇报》2008 年 7 月 23 日。
② 于祥明:《四地民资调研显示:超万亿民间资本八成流入房地产》,《上海证券报》2011 年 4 月 28 日。

倾斜,向经济社会发展的薄弱环节倾斜,向自主创新倾斜,向节能环保倾斜。同时,要完善促进民间投资的政策措施,鼓励和引导民间投资更多地投向基础设施、新兴产业、社会事业、市政公用和现代服务等领域,更好地发挥民间投资在扩大内需中的积极作用。

(原载《中国经济史研究》2012 年第 1 期)

中国发展道路的经济史思索

中华人民共和国诞生以来，经过 60 多年，特别是改革开放 30 多年的探索、实践，我国摸索并走出一条中国特色社会主义发展道路。通过这条道路，初步改变了落后面貌，综合国力和国际地位空前提高。为了应对新局面，正在启动新的改革。恩格斯曾经说过，一切社会变迁和政治变革的终极原因，"不应当到有关时代的哲学中去寻找，而应当到有关时代的经济中去寻找"。① 成功道路的选择决不是主观愿望使然，而是顺应客观条件的结果。为了后续的探索符合国情和时代发展潮流，需要认真总结历史经验，其中离不开对 60 余年经济史的回顾与思索。

一 独特资源禀赋和后发历史背景是选择中国道路的基础

选择适合中国发展道路的基础在于适应中国独特的资源禀赋。中国是世界罕见的具有数千年历史的统一大国。地域和民族的多样性，统一国家历史的相对稳定性，造就了千姿百态的乡村、城镇和经济、文化。如何在现代化进程中抓住其中的关键环节和特点？

1979 年邓小平在党的理论工作务虚会议上讲道，"过去搞民主革命，要适合中国情况，走毛泽东同志开辟的农村包围城市的道

---

① 《马克思恩格斯选集》第三卷，人民出版社 1995 年版，第 741 页。

路。现在搞建设，也要适合中国情况，走出一条中国式的现代化道路。"① 邓小平认为，要使中国实现四个现代化，至少有两个重要特点是必须看到的：一是底子薄；二是人口多，耕地少。"中国式的现代化，必须从中国的特点出发。比方说，现代化的生产只需要较少的人就够了，而我们人口这样多，怎样两方面兼顾？不统筹兼顾，我们就会长期面对着一个就业不充分的社会问题。这里问题很多，需要全党做实际工作和理论工作的同志共同研究，我们也一定能找出适当的办法来妥善解决。"②

邓小平抓住的两个特点与毛泽东的看法一脉相承。早在20世纪40年代初，毛泽东的《新民主主义论》提出了"新民主主义"模式。首先是实现孙中山提出的"耕者有其田"，使无地少地的农民得到土地。土地改革不仅完成了从地主土地所有制向农民土地所有制的巨大转变，使3亿多农民能够在农村"有业可就"，而且带来了乡村社会的历史性变革。③ 在这场运动中，建构了新的、良性的国家与社会关系。中华人民共和国成立初期完成土地改革以后，在工业化和城市化还不能立刻吸纳农村和农业大量富余人口时，土地制度具有的社会安定保障功能就突出出来。保护农民有田可耕，应是1978年以后家庭经营直至今天仍然维护土地所有权公有的重要内在原因。

与此同时，针对后进大国经济发展结构多层次与区域差异，鼓励城乡发展民营企业并广泛吸引外资，即以中国共产党为首的代表社会各阶层利益的国家，在关系国计民生的重要领域（如大型工业企业、交通运输、金融等方面）发展国家资本主义，同时在鼓励私人资本发展的同时实行限制与监督。即"公私兼顾，劳资两利，城乡互助，内外交流"。这一方针指引了中华人民共和国成立

---

① 《邓小平文选》第二卷，人民出版社1994年版，第163页。
② 同上书，第164页。
③ 王瑞芳：《土地改革是生产关系领域的伟大革命》，《中国社会科学报》2013年12月16日。

头七年的经济恢复和发展,取得了举世瞩目的成就。

国民经济的迅速恢复以及朝鲜战争促使中国加速推进以能源、原材料、机械制造为主的重工业优先发展,以尽早建立独立自主的工业体系,学习苏联工业化经验,导致提前、提速社会主义改造。对个体农业、手工业和资本主义工商业的"三大改造"在短短四年内基本完成。这一方面使国家得以通过集中财力、物力、人力,压低消费水平,在资金、技术、设备等方面突破瓶颈制约,为中国建立独立完整工业体系提供了条件;另一方面随着经济的发展,地方、企业和个人积极性难以充分发挥的弊病越来越明显。"文化大革命"之后,改革单一公有制的计划经济体制达成共识。

1978年以来,我国经济发展取得巨大成就。2013年,按汇率法计算的国内生产总值(GDP)已居世界第二,占全球经济份额已达10%以上。但由于人口众多,人均国民收入水平与发达国家仍存在较大差距。从世界银行公布的部分国家和地区的人均GNI①看,2011年我国人均CNI为4940美元,在列入统计的213个国家或地区中排名第114位,比2010年的排序提高7位。从历史发展的角度看,我国成为自20世纪90年代中期以来10个由低收入国家发展成为中等收入国家之一。然而即使按照世界银行的标准,高收入组的最低限12476美元衡量,我国还不及该标准的1/2,比较包括美国、日本、德国、英国、法国、意大利和西班牙等发达经济体(人均CNI均在3万美元以上的国家),我国人均国民收入尚不及其1/6,差距仍很大。②

目前我国约有13亿人口,仍是世界上人口最多的国家。据2008年《中国国土资源公报》公布的全国耕地面积是18.26亿亩,同期全国总人口为13.28亿(《中国统计年鉴·2008》),人均耕地

---

① GNI指国民总收入,它与GDP指标之间在数值上的差别反映为"来自国外的净要素收入"。

② 刘伟、蔡志洲:《我国人均国民收入的变化及展望》《经济纵横》2014年第1期。

1.375亩①。人口多，耕地少，人均资源与财富相对较低，资源稀缺而需求强大，仍是我国的基本国情。正如习近平总书记2014年3月28日在德国科尔伯基金会的演讲所言：同样一桌饭，即使再丰盛，8个人吃和80个人吃、800个人吃是完全不一样的。在相当长时期内，中国仍然是世界上最大的发展中国家，提高13亿多人的生活水平和质量需要我们付出艰苦的努力。既要避免财富占有差距过大、社会不公造成的动荡，又要调动各方面的积极性，推动经济持续发展，还要应对国际竞争的挑战和压力，实现国家富强和民族昌盛。这是我国选择有中国特色社会主义道路的基本缘由与长远目的。

二 曲折的路径体现了选择中国道路的艰辛与经验

60多年来，中华人民共和国经济发展道路经历了在诸多对立统一关系中的持续选择。譬如，在体制方面，包括公有与私有、计划与市场、中央与地方、政府与市场、国营与民营等；在发展方式方面，包括总量与结构、粗放与集约、要素投入与技术进步、布局均衡与非均衡、"农轻重"与重轻农、增长速度与资源环境保护、发展方式能否持续等；在中外经济关系方面，包括封闭与开放、独立自主与利用外援、内需与外需、引进与消化创新等；在经济社会方面，包括德治与法治、公平与效率、城乡分割与城乡一体、民主与法制、改革与稳定等。可以说，中国60多年的发展史就是一部在选择中改变思维定式、不断变革创新的历史。

选择和创新经历了曲折的道路，有丰富的正反两方面经验教训，成功的选择离不开汲取失误的教训。

---

① 人均耕地面积=18.26亿亩/13.28亿人=1.375亩/人。

（一）社会主义公有制、计划经济的建立使中国克服资本制约建立起工业体系

在国民经济全面恢复的基础上，中共中央于1952年年底提出了过渡时期总路线，其核心是"一化三改"，即在一个相当长的时间内，逐步实现国家的社会主义工业化，并逐步实现国家对个体农业、个体手工业和资本主义工商业的社会主义改造。当时认为，党在过渡时期的总路线的实质，就是使生产资料的社会主义所有制成为我国国家和社会的唯一的经济基础。[①] 而对于什么是社会主义所有制，当时理解为"单一的公有制"即全民与集体所有的两种公有制形式。从1953年至1957年，我国经济成分逐渐趋于单一。特别是1955年下半年以后，公有化的速度急剧加速。1957年参加农业生产合作社的农户比重达97.5%，私营工业已全部公私合营，批发与零售商业中，私营成分分别仅占0.1%和2.7%。这种认识与实践，与社会主义初级阶段的生产力发展状况不相适应。

另一方面，在新民主主义革命和社会主义改造中，中国共产党建立了动员能力特别强的现代国家体制和社会组织。这个体制的动员渗透能力深入到社会底层。社会主义革命把私有财产权，尤其是最重要的土地资本，变为国有或集体所有，成为工业化与经济快速发展的保障与基础。

尽管如此，早在1956年党和国家领导人对改造中出现的问题即有所认识，试图"以苏为鉴"，修正苏式的计划经济体制，于1956—1957年提出了新的认识并制定了有关政策，建立适合中国国情的经济管理制度[②]。但是这一探索很快被中断了。相反1958年的"大跃进"和人民公社化运动对个体工商业者实施更严厉的限

[①] 《建国以来重要文献选编》第四册，中央文献出版社1993年版，第702页。
[②] 毛泽东于1956年12月7日在中南海颐年堂邀集全国工商联和民主建国会在京的主任委员和副主任委员座谈时说，可以消灭了资本主义，又搞资本主义。（《毛泽东文集》第七卷，人民出版社1999年版，第170页。陈云主持制定并于1957年11月8日颁布了《关于改进工业管理体制的规定》《关于改进商业管理体制的规定》《关于改进财政管理体制的规定》（《陈云文选》第三卷，人民出版社1995年版，第87、95、99页）。

制和改造;"文化大革命"期间,更加盲目和片面地"割资产阶级尾巴",追求纯之又纯的公有制形式,直至20世纪70年代末。

单一公有制基础上建立起来的是高度集中的计划管理体制。计划经济的正作用主要表现为最大限度地动员与集中社会资源,加速工业化步伐。它具有两个市场经济体制在短期内难以起到的作用:(1)在经济落后、西方封锁的条件下,保证了高积累和优先快速发展重工业,建立了比较完整的工业体系和最为关键的水利、电力、交通通信等基础设施。(2)在经济落后和高积累的背景下,基本保证了国民大体平均的低水平生活。

由于社会主义实践鲜有前例,加之独立完整的工业体系尚在建设,我国虽然试图克服苏联经济的弊病,但总体上仍把苏联的体制和做法等同于社会主义;"以阶级斗争为纲"的指导思想禁锢了改革的探索。譬如,在"大跃进"和"人民公社化运动"后农村政策刚刚纠偏,又在1959年庐山会议后再次遭受"左"倾错误的扼制。1960年11月3日,中共中央在痛定思痛中发布了《关于农村人民公社当前政策问题的紧急指示信》,在自留地、家庭副业、私养畜禽方面放宽限制。但"文化大革命"中又将这些方面作为"资本主义尾巴"割掉。只有在"文化大革命"之后,改革的风帆才真正扬起。

因此,1982年9月,邓小平在党的十二大开幕词中明确宣告,把马克思主义的普遍真理同我国具体实践结合起来,走自己的道路,建设有中国特色的社会主义,这就是我们总结长期历史经验得出的基本结论。党的十八大后,习近平总书记概括说,中国特色社会主义是改革开放新时期开创的,也是建立在我们党长期奋斗基础上的,是我们党的几代中央领导集体,带领全党全国人民历尽千辛万苦,付出各种代价,接力探索取得的。①

---

① 《紧紧围绕坚持和发展中国特色社会主义 深入学习宣传贯彻党的十八大精神》,《人民日报》2012年11月19日。

（二）改变计划与市场的关系决定于历史变迁

1978 年以来中国经济体制改革的核心是改革计划经济体制，建立社会主义市场经济体制。从经济史的角度考察，这一改革经历了曲折的探索。

如前所述，早在 1956 年毛泽东提出"以苏为鉴"时，即开启了中国对社会主义经济发展道路的理论与实践探索。陈云是明确提出计划与市场关系的第一人。在 1956 年召开的党的八大，他首提中国的计划经济要有"三个主体"和"三个补充"。即：要有一定数量的个体经营来补充国家经营和集体经营、一定数量的按照市场变化的自由生产来补充计划生产、一定范围内的自由市场来补充国家市场的思想；并按照这一思想，陈云于 1957 年主持制定和颁布了《关于改进工业管理体制的规定》《关于改进商业管理体制的规定》《关于改进财政管理体制的规定》。力求将马克思的社会再生产理论运用于中国工业化建设，在经济总量上实现财政收支、信贷收支、物资供求、外汇收支四个平衡，并强调农业对经济建设的"约束力"。但是，现实中经济路径既不同于苏联，也没有按照这一轨迹直线前进，而是采取了大搞群众运动的办法，发动了"大跃进"、人民公社化运动。由于违背经济发展的客观规律，盲目推崇高指标、刮共产风、大炼钢铁，实施强迫命令，导致浮夸、高征购，劳民伤财，经济遭受严重挫折，人民生活陷入困境。

此后的调整时期，走出困境的工作重点在于农业和市场。农业方面制定与实施《农村人民公社工作条例（草案）》（以下简称《农业六十条》），通过缩小社队规模、取消公共食堂和供给制、改变农业基本核算单位，否定了"一大二公"的大公社经济制度，确立了"三级所有，队为基础"新体制；同时减少粮食征购，试行包产到户，留足自留地和母猪私养；① 工业方面制定《国营工业

---

① 详见辛逸《"农业六十条"修订与人民公社的制度变迁》，《中共党史研究》2012 年第 7 期；《"农业六十条"制订与修改的历史考察》，《中共党史研究》2013 年第 1 期。

企业工作条例（草案）》（以下简称《工业 70 条》），扩大企业财权，改革工交企业财务管理和物资供应体制，试办托拉斯；商业方面将国家计划收购市场与自由市场并行，恢复与发展传统经济的作用；开始从西方国家引进新技术。五年调整不仅使经济走出困境，而且完成了一批重大工业建设项目，主要产品产量超过历史最好水平。其中许多成功做法成为"文化大革命"结束后恢复调整国民经济的借鉴，并为日后的改革开了先河。情况表明，改革开放前后，是继承、发展、改革、创新的关系，相互否定、割裂是不切实际的。

1978 年以来，中国在走向市场化改革的过程中，对市场和市场经济的认识和实践也有多次重要进步和突破，每一次都对改革起到全面推动作用。其中影响最大的有五次。第一次是 1984 年的中共十二届三中全会，提出了"发展社会主义商品经济"的重要论断；第二次是 1987 年的党的十三大政治报告，提出了"加快建立和培育社会主义市场体系"的重要方针；第三次是 1992 年的党的十四大政治报告，提出了"建立社会主义市场经济"的重要导向；第四次是党的十七大报告提出了"市场在资源配置中起基础性作用"；第五次是中共十八届三中全会提出"使市场在资源配置中起决定性作用"，并进一步具体化指出经济体制改革的核心问题仍然是处理好政府和市场关系。[①] 其间的每一次进步背后，都有丰富的实践与纠偏，是实践中总结经验、提升认识与比较学习的结果。

（三）改革的核心目标是调动社会各方积极性强国富民

改革开放以来，随着对所有制认识的提高与理论的突破，我国在实践中采取了一系列措施，改革和发展公有制经济，鼓励、引导非公有制经济的发展，使所有制结构从 1978 年以前的单一公有制，逐步形成以公有制为主体，多种所有制成分共同发展的局面。

---

① 中共中央文献研究室编：《习近平关于全面深化改革论述摘编》，中央文献出版社 2014 年版，第 63 页。

否定非公有制经济存在的必要性，曾经给我国经济社会发展带来损失。1978年中共十一届三中全会总结经验教训，明确了必须变革旧的生产关系和以经济建设为中心。1982年召开的党的十二大提出了坚持国有经济的主导地位和发展多种经济形式的论断。这两次重要会议，奠定了我国非公经济发展的政策基础。1987年召开的党的十三大提出，要在公有制为主体的前提下，继续发展多种所有制经济，对私营经济的地位和作用提出明确的政策。1992年召开的党的十四大，进一步肯定了非公有制经济存在和发展的必要性。指出，外国的资金以及作为有效补充的私营经济，都应当而且能够为社会主义所利用。在所有制结构上，以公有制（包括全民所有制和集体所有制）经济为主体，个体经济、私营经济和外资经济为补充，多种经济成分长期共同发展，不同经济成分还可以自愿实行多种形式的联合经营。1993年召开的中共十四届三中全会，强调在积极促进国有经济和集体经济发展的同时，鼓励个体经济、私营经济和外资经济的发展，并依法加强管理，提出公有制在国民经济中应占主体地位，允许有的地方、有的产业有所差别，允许个人财产与资本作为市场要素参与收益分配。1997年党的十五大进一步明确了非公有经济的地位和作用，强调所有制结构的调整和完善是经济体制改革的重大任务。到1997年，全国个体私营经济纳税540亿元，比1986年增长10倍多，占全国工商税收总额的比重由3.9%上升到7%。个体私营企业的发展成为解决下岗职工再就业、安置剩余劳动力的重要渠道。1999年8月30日，《中华人民共和国个人独资企业法》出台。这是我国继制定公司法、合伙企业法之后，制定的第三部涉及规范私营企业市场主体的法律。至此，我国关于私营经济三种主要形式——独资企业、合伙企业、有限责任公司的主体法律基本齐备。我国非公有制经济的另一个重要组成部分是外资经济，我国从引进技术和设备发展到利用跨国投资来为社会主义现代化建设服务，经历了试验、调整、转变、成熟四个阶段。2003年中国成为吸引外资最多的国家。

改革历程表明：要使公有制同市场经济相结合，必须改革公有制，包括国有制的实现形式，寻找能够促进生产力发展的公有制实现形式。1995年，党的十五大对于公有制实现形式取得认识突破和理论创新。公有制产权的改革并非意味着"私有化"，可以并且在实践中实现了不改变公有制基础上的多种形式。其中包括：所有权与经营权相分离；国家控股或参股、其他经济成分参与资本组合的联合所有制、共同所有制、混合所有制或股份制；国家授权的集团或企业所有，将实际上的资产所有权转移给国家控股的由若干国有企业或非国有企业组成的企业集团，在规定相应的责任和义务的前提下，可对一部分企业集团充分授权。

三 紧迫的挑战：中国道路的应对

经济发展的本质是技术创新、产业升级、生产率提高。由于发展中国家具有后发优势，如果善于利用，经济增长速度可以达到8%—10%。中国在改革开放以来30年中，平均实现9%的经济增长速度，正是调动各方面积极因素，利用了后发优势。

当前世界经济正处在以高新技术为动力，促使整个国际分工体系加速调整的动态过程中。未来经济竞争是高新技术产业的竞争。在我国经济成长的历史中，就经济成长本身来看，制度安排、产业结构、发展战略、资本、劳动及科技进步等多种要素都对经济增长与发展有作用。在经济发展的不同阶段，各种因素的作用程度和影响大小有所不同。在新的形势下，科技进步的作用日益凸显。

我国已成为世界第二大经济体，但国际货币基金组织（IMF）公布的数据显示，2011年中国人均GDP排名世界第89位，人均GDP为5414美元。[①] 我国已成为世界制造业大国，但据全国机械行业协会报告，80%的核心制造技术不在我们自己手上；我们引进

---

① 《第一财经日报》2014年4月8日。

了无数条生产线，但制造生产线的技术专利多在国外；我们是世界汽车消费第一大国，但汽车市场几乎是外国车的天下；我们是众多世界名牌的生产国，但大部分为贴牌生产；我们是能源消耗的大国，却是节能技术小国；我们的农产品极大丰富，但分散、落后、技术含量低依旧是农业的现状；我国芯片产业每年进口消耗2000多亿美元，数量超过石油。①

情况表明，中国经济发展阶段和世界竞争形势发展的双重因素决定我国经济已经进入要素创新阶段。知识经济和信息化应成为新型工业化的重要内容。由经济大国到经济强国，这是当前中国经济发展的重大命题。

马克思把经济增长分为外延式和内涵式，即常说的粗放型和集约型。在经济发展初始阶段，搞外延式增长符合比较优势，尽管很大程度是"拿资源换增长"。而当经济发展到一定阶段以后（我国从21世纪初始），资源和环境的约束明显抑制了外延发展，并且其对经济发展的束缚作用呈现加大的趋势。应对的方式是从注重生产要素的投入到注重生产技术的进步，从注重物质资本的数量到注重人力资本的质量，从而在整体意义上整合和提高全要素生产率。根据美国《财富》杂志公布的2011年世界500强企业排名，我国入围的企业数量虽然增幅明显，但与世界同行业领先企业的差距仍然较大：石油石化行业中，中国石化、中国石油、中国海油三家企业的利润合计尚不及埃克森美孚石油公司一家；电信行业中，中国移动的利润不及美国电话电报公司的一半；航运业中，中国远洋的利润不到马士基的1/4；航空设备制造业中，中国航空工业集团的利润仅为美国波音公司的1/5；钢铁行业中，宝钢的营业收入不足阿塞洛米塔尔公司的一半。② 2006年中国28个主要行业中，外国直接投资占多数资产控制权的已经达到21个，每个已经开放产业的

---

① 《我国芯片市场被发达国家垄断》，《经济参考报》2014年6月9日。
② 转引自尚前名《国企"垄断"真相》，《瞭望新闻周刊》2012年6月2日。

前五名几乎都由外资控制。① 拉美的经验教训值得我们警惕：外国直接投资先控制国家的资源和公用事业，后又控制主要制造业部门，之后夺走或建立要害部门控制其他部门。

中国经济面临三大严峻挑战：劳动密集型制造业衰落，投资高增长难以维系，工业企业利润的可持续性堪忧。在全球产业价值链散布之际，保护国内高质量生产活动并为民族企业增加投资机会的重要性凸现。

在产业布局方面，各区域的政策差异趋于缩小，区域之间公平竞争的格局逐步形成。新型工业化将在全国各省区市同时展开。各地将依托本地的资源、人才、技术等方面的比较优势，培育自身的区域核心竞争力，区域专业化和产业聚集现象将越来越多。政府在促进各地政策环境公平化的同时，对落后地区的工业化通过转移支付等办法进行扶持，同时要允许落后地区的人口和产业依据市场规则向先进地区转移。在产业结构方面，要发展资源节约型和劳动密集型产业。国家创新体系在保护和创造高质量生产活动中发挥着关键性作用。只有通过各种政策措施把高质量生产活动牢牢掌握在自己手中，才能通过资本、劳动和政府之间"共谋式"地分配其生产率增益，实现经济崛起和社会和谐的双重目标。历史经验证明，以内需为核心的内向型发展战略更适合发展中大国。中国道路是依靠新型发展方式的道路，不仅要经济体制与发展方式并重，而且要实现生产方式与发展方式互补。

按照新型工业化的思路，2013年起我国经济出现质变：①经济结构的良性变化；②劳动生产率与资源、能源利用效率稳步提高；③成为全球货物贸易第一大国。只有通过继续探索中国道路，全面深化改革开放，不断释放改革开放红利和人才红利，我国经济才能跨越陷阱和高墙，全面建成小康社会。

---

① 转引自尚前名《国企"垄断"真相》，《瞭望新闻周刊》2012年6月2日。

四　错综复杂的内外矛盾决定中国道路要在探索中坚持和发展

"中国特色社会主义"从提出就与"走自己的道路"联系在一起。改革开放的道路既突破了曾经对我国产生重大影响的苏联模式，又有别于西方发达资本主义国家的发展模式，彰显了不照搬他国模式而探索走自己道路的决心和信心。当前，中国正在从一个区域性的大国向全球大国迈进。

20世纪80年代末90年代初，第一个社会主义国家苏联解体，对中国坚持社会主义道路质疑的声音甚嚣尘上。当时中国明确反对别人将其模式强加给我们。1992年1月20日，邓小平说："苏联东欧的变化，说明我们只能走社会主义道路。中国不能乱。中国如果一乱，便是一片灾难。"①20世纪90年代初，中国由社会主义计划经济体制向社会主义市场经济体制转型。其分为宏观和微观两个层面。宏观转型包括了财税、金融、投资、计划、外贸五方面改革。微观转型主要内容为通过产权改革，建立公有经济为主导、多种经济成分并存的现代企业制度。包括国有企业改革和国有经济的战略性调整；继续实施关于"三农"的改革和整顿市场经济秩序等。经济体制变革既是渐进的，又是整体推进、多种措施并举的。从1992年正式提出向社会主义市场经济体制转型，到2001年中国正式加入世界贸易组织，中国的变化举世瞩目。

21世纪初全球化加速，我国强调发展模式多样化，走适合自己的道路。2005年在第七届20国集团财长和央行行长会议上，胡锦涛阐述保持各国发展模式的多样性，推动各种发展模式之间的优势互补，对世界经济充满活力地向前发展十分重要。

---

① 中共中央文献研究室编：《邓小平年谱 1975—1997》（下），中央文献出版社2004年版，第1335页。

21世纪第一个10年过去后，世情、国情、党情发生深刻变化，面临的发展机遇和风险挑战前所未有，我国提出了于2020年全面建成小康社会的宏伟目标，进入了加快完善社会主义市场经济体制和加快转变经济发展方式的新阶段。党的十八大报告强调，在改革开放三十多年一以贯之的接力探索中，坚定不移高举中国特色社会主义伟大旗帜，既不走封闭僵化的老路，也不走改旗易帜的邪路。

目前中国经济总量虽大，但人均国内生产总值还排在世界第80位以后。中国城乡低保人口有7400多万，每年城镇新增劳动力有1000多万，上亿农村劳动力需要转移就业和落户城镇。让13亿多人口都过上好日子，需要付出长期的艰苦努力。

中共十八届三中全会通过的《中共中央关于全面深化改革若干重大问题的决定》指出："公有制为主体、多种所有制经济共同发展的基本经济制度，是中国特色社会主义制度的重要支柱，也是社会主义市场经济体制的根基。"① 据学者研究，以生产资料中经营性资产在不同所有制的价值衡量，截至2012年，中国三次产业经营性总资产约为487.53万亿元，其中公有制经济的资产规模是258.39万亿元，占53%；第二、三产业非公有制经济占增加值和就业规模的比重分别为67.59%和75.20%。即公有制资产占主体，非公有制经济增长与就业比重占优。② 这种所有制结构系我国坚持社会主义经济道路的依据与保障，也是中国社会主义经济制度拥有活力的源泉。中国有庞大的人口基数，在校学生2亿多，每年新增就业人口千万左右。农村稳，则社会大局稳。农村稳定的根源，在于农地集体所有的同时，实现所有权、承包权、经营权三权分置，引导土地经营权有序流转，发展多种形式的适度规模经营。并随着

---

① 《中共中央关于全面深化改革若干重大问题的决定》，人民出版社2013年版，第7—8页。
② 裴长洪：《中国公有制主体地位的量化估算及其发展趋势》，《中国社会科学》2014年第1期。

有序土地流转，提高土地使用效率，实现新型城镇化。

中国特色的社会主义市场经济体制，就是把劳动群体当作出发点，通过市场配置资源与宏观调控，使资本为劳动创造条件和机会，劳动为资本增值提供可能；有意识地鼓励公私资本为民众多创造就业机会，有意识地增加劳动群体的报酬，有意识地让更多民众能够加入到消费市场中，有意识地为民众拥有更多的财富创造政治、法律和社会的条件。从出发点和落脚点代表最大多数人的利益。

习近平指出，当前，国际形势正处在新的转折点上，各种战略力量加快分化组合，国际体系进入了加速演变和深刻调整的时期。① 在这个前所未有的大变局中，中国道路必将继续在探索中延伸。经济史研究将在坚持与探索中国发展道路中发挥作用。

（原载《中国经济史研究》2015 年第 2 期）

---

① 习近平：《准确把握世界军事发展新趋势 与时俱进 大力推进军事创新》，新华网，2014 年 8 月 30 日。

改革开放与跨国(地区)投资历程考察

改革开放30余年来，中国与世界的交往日益增多。改革开放前，中外经济关系主要是对外贸易与对外经济合作，通过贸易形式从国外引进技术、设备。其中20世纪50年代主要是与苏联、东欧国家进行的，中外双方都不称其为投资，性质为等价互利的援助与合作；20世纪60年代—70年代主要从西方引进技术设备，仍以贸易方式进行。改革开放以来情况发生了巨大变化。突出体现为跨国(地区)直接投资(以下简称"跨国投资")的开展。可以说，没有改革开放就没有中外的跨国投资。

改革开放以来的跨国投资包括两个方面："引进来"与"走出去"，即外商对华投资和华商对他国投资。这一过程始于改革开放初期的"引进来"，发展到"引进来"与"走出去"并行。21世纪初，随着我国加入WTO和对外直接投资政策法规体系逐渐完备，中外之间的跨国投资进入新的阶段。

一 突破禁区，从对外经济合作到跨国(地区)直接投资

改革开放前，我国对外经济关系的主要形式为对外贸易与对外经济合作。"文化大革命"结束后的一段时期，我国在中外经济关系上有两个禁区，即不允许利用外国贷款和直接投资两种引进外资形式。1977年3月，由国家外经贸部主管的《国际贸易》杂志发表文章指出："我国是社会主义国家，根本不允许外国资本家来开发资源，也不允许外国资本搞什么联合经营。"1978年4月22日，

外贸部部长李强指出，中国现在可以采取补偿贸易、来料加工、来样加工、分期付款、延期付款等利用外资形式；但对于借款和合资经营两种形式，"我们是坚决不干的"。直到1978年5月，中国社会科学院经济研究所编写出版的《"四人帮"对马克思主义政治经济学的篡改》一书中仍表示：我们既不允许外国资本家同我们办合资企业，更不允许把领土领海主权租让给外国。为什么在"文化大革命"结束以后，其他引进形式都逐渐获得允许，而这两种形式却不行呢？主要原因是20世纪60年代中期特别是"文化大革命"开始以后，曾把利用外国贷款和外国直接投资两种形式看作是对外引进的两大禁区。①

从引进技术和设备发展到利用跨国投资来为社会主义现代化建设服务，是中共十一届三中全会前夕对外开放思想的一个巨大进步。

1978年5月，真理标准问题的讨论在全国开展，人们的思想得到解放。9月16日，邓小平发表了《高举毛泽东思想旗帜，坚持实事求是的原则》的讲话，指出："毛泽东同志在世的时候，我们也想扩大中外经济技术交流，包括同一些资本主义国家发展经济贸易关系，甚至引进外资、合资经营等等。但是那时候没有条件，人家封锁我们。后来'四人帮'搞得什么都是'崇洋媚外'、'卖国主义'，把我们同世界隔绝了。……经过几年的努力，有了今天这样的、比过去好得多的国际条件，使我们能够吸收国际先进技术和经营管理经验，吸收他们的资金。"② 邓小平的讲话，为打破"两个不允许"政策提供了思想保证。

当时中国每年的商品出口换汇100多亿美元，其他非贸易外汇收入不超过10亿美元，这相对于国家巨大的外汇需求不过是杯水车薪。20世纪70年代以来，资本主义国家经济滞胀，剩余资金急于寻找出路，一些国家主动表态要借款给中国。与此同时，中共领

---

① 参见张旭东《1976—1978：中共对外引进政策的恢复与突破》，《党史研究与教学》2007年第2期。

② 《邓小平文选》第二卷，人民出版社1994年版，第127页。

导层的出国考察以及出国考察团的回国汇报为中央打破"两个不允许"政策发挥了促进作用。特别是以谷牧、林乎加、段云为团长的3个出国考察团的回国汇报更加促使中共领导层对引进政策进行理性分析。1978年11月召开的中央工作会议，在讨论引进和利用外资的必要性时，曾印发了这些考察的成果资料供与会人员讨论，在以上因素的综合作用下，中共开始逐渐打破"两个不允许"政策。1978年9月，在国务院务虚会议上，李先念指出：欧、美、日等资本主义国家经济萧条，要找出路。我们应该有魄力、有能力利用它们的技术、设备、资金和组织经验，来加快我们的建设。随后，全国计划会议确立了"从那种不同资本主义国家进行经济技术交流的闭关自守或半闭关自守状态，转到积极地引进国外先进技术，利用国外资金，大胆地进入国际市场"。12月15日，外贸部长李强在香港向世界宣布了中国利用外资政策的重大转变。他说："今天我们做贸易有了很大的改变，采取了很多灵活的做法。不久以前，我们在外贸上还有两个'禁区'：第一，政府与政府之间的贷款不干，只有银行与银行之间的商业贷款；第二，外商在中国投资不干。最近，我们决定把这两个'禁区'取消了。基本上，国际贸易上的惯用的做法都可以干。"① 年底，中共十一届三中全会批准《1979、1980两年经济计划的安排》，提出要积极引进外国先进技术，利用外国资金，大胆地进入国际市场。这表明，我国正式突破了"两个不允许"的禁区，确立了包括引进外国投资的政策在内的对外开放国策，实现了对外经济政策的重大转折。

二 引进来
——外国对中国跨国投资的变迁

吸收境外客商直接投资，比使用外国政府贷款起步早些，在

---

① 李强：《突破"禁区"，为四个现代化大干贸易》，《经济导报》1978年2月20日。

1978年7月国务院务虚会后就开始了。当时中央领导同志认为，吸收外商投资举办股权式的中外合资企业，双方共同出资、共同经营、共享权益、共担风险，不造成债务负担，比使用外国贷款更为利多弊少，要抓紧做好准备工作。其中一个重要任务，是制定《中外合资经营企业法》。在起草中议论较多的是两个问题。一个是企业所得税税率定多少？要给外商投资者以优惠，当时认识是一致的；但是到底优惠到什么程度合适？几经研究，定为30%，加上地方所得税3%，共33%，略低于东南亚多数国家和地区。另一个问题是外商投资比例问题，起初参照印度等国的做法，拟限定外商对一个项目的投资比例最多不超过49%。后来在反复讨论中，荣毅仁提出我国的问题是要鼓励外商投资，不宜限定外商投资的最高比例，相反应当规定最低投资比例要求。大家认为有道理，后来确立了现行中外合资经营企业法中关于外商投资不得低于25%的规定。

1979年7月1日，五届全国人大二次会议通过《中华人民共和国中外合资经营企业法》，7月8日颁布施行。吸收外国客商、海外侨商、港澳台同胞在我国大陆投资办企业，从此肇始。从当年7月到年底，全国总共批准了6个合资项目，协议外商投资金额810万美元。如果从现在一年批准几万个项目来看，当年的数量似乎太可怜了，但它却是以后不断发展开拓局面的第一步。尽管1979年中外合资项目很少，但其他形式的利用外商投资有相当可观的进展。比如签订中小型补偿贸易项目140多项、来料加工装配项目2000多项；与英、法、美等国签订的海上石油合作勘探开发风险合同付诸实施，等等。在当年吸收外资的实践中，还出现了中外合作这种契约式经营企业方式。外商独资经营企业是在1981年才出现的。①

加入世贸组织是我国改革开放进程中一个重要的里程碑。入世

---

① 谷牧：《我国对外开放国策的酝酿和起点》，《党的文献》2009年第1期。

前后，我国建立和完善了符合国际惯例的法律法规体系，不断保持对外贸易的稳定发展，不断提高贸易和投资自由便利的程度，不断扩大农业、制造业、服务业市场准入，不断降低进口产品关税税率，大幅降低外资准入条件，积极履行加入世贸组织承诺。至 2010 年服务贸易开放部门已达到 100 个，接近发达国家水平；大规模开展法律法规清理修订工作，中央政府共清理法律法规和部门规章 2300 多件，地方政府共清理地方性政策和法规 19 万多件，我国对外开放的法律法规和政策的稳定性、透明度、可预见性不断提高；我国平均关税从 2001 年的 15.8% 降到 2010 年的 9.8%，关税总水平在发展中国家中最低；开放领域从制造业进一步向服务业扩展，开放区域从经济特区到沿海开放再到内地开放，已形成了与开放型经济相适应的开放格局。我国 1979—2011 年实际使用外资额反映了我国利用外资迅速增长的态势（详见表 1）。

  由于逐步放宽了对外资企业的股权、市场、技术等方面的限制，外商投资快速增长。2001—2010 年，我国利用外商直接投资从 468 亿美元增加到 1057 亿美元，已连续 9 年居发展中国家首位；我国已成为跨国公司全球投资战略布局的重要区域，在华投资的 500 强企业超过 480 家。经贸合作日益成为双边关系中最具活力的部分，已与全世界 150 多个国家和经济体建立了双边经贸关系，在国际经济中的地位和影响力不断提高。2001—2010 年，我国出口规模增长 4.9 倍，进口规模增长 4.7 倍。2010 年我国进出口总额达到 2.97 万亿美元，占世界贸易的比重从 4.3% 提高到 10%，成为世界第一大出口国和第二大进口国，出口产品结构不断优化。出口产品从来料加工到组装加工，从低档消费品到制造业产品，2001—2010 年，机电产品出口增长了近 8 倍；2010 年高新技术产品出口占我国全部出口产品总额的 31.2%。[①]

  伴随中国申请和加入国际贸易组织（WTO），外国对华直接投

---

① 李保民等：《经济全球化与深化改革开放》，《经济研究参考》2012 年第 31 期。

资不仅数量呈现快速增长态势,管理也呈现多方面变化:从合资经营到独资经营;从参股到控股、并购;由数量扩张型向质量效益型努力;我国各地从优惠引资到反对"超国民待遇"以及"选资";愈来愈重视外商投资企业环保问题;金融业开放和金融安全等产业安全问题提上日程。

至2003年,中国超过美国成为吸引外资最多的东道国,此后,中国在该项统计中一直处在世界前三的位置。与总量变化相对应,跨国直接投资(FDI)及其累积形成的关联经济——跨国企业集群,已经整体性地越过中国经济的"入门"规范,经过技术与供应链管理的本土性适应过程,进入了市场拓展的"二次成长阶段"。①

表1　　　　　　　　1979—2011年我国实际使用外资额　　单位:亿美元,%

年份	总计	对外借款	外商直接投资	外商其他投资	外商直接投资相当于国内生产总值的比重
1979—2010	12504.3	1471.5	10483.8	549.0	
1979—1982	130.6	106.9	17.7	6.0	
1983	22.7	10.7	9.2	2.8	0.3
1984	28.7	12.9	14.2	1.6	0.5
1985	47.7	25.1	19.6	3.0	0.6
"七五"时期	466.6	301.3	146.3	19.0	
1986	76.2	50.1	22.4	3.7	0.8
1987	84.5	58.1	23.1	3.3	0.7
1988	102.3	64.9	31.9	5.5	0.8
1989	100.6	62.9	33.9	3.8	0.8
1990	102.9	65.3	34.9	2.7	0.9
"八五"时期	1610.5	455.8	1141.7	13.0	
1991	115.6	68.9	43.7	3.0	1.1

① 曹和平、杨光明:《FDI及其研究的新亮点》,《光明日报》2008年3月1日。

续表

年份	总计	对外借款	外商直接投资	外商其他投资	外商直接投资相当于国内生产总值的比重
1992	192.0	79.1	110.1	2.8	2.3
1993	389.6	111.9	275.1	2.6	4.5
1994	432.1	92.6	337.7	1.8	6.0
1995	481.4	103.3	375.2	2.9	5.2
"九五"时期	2897.9	559.0	2134.9	204.0	
1996	548.1	126.7	417.3	4.1	4.9
1997	644.1	120.2	452.6	71.3	4.8
1998	585.5	110.0	454.6	20.9	4.5
1999	526.6	102.1	403.2	21.3	3.7
2000	593.6	100.0	407.2	86.4	3.4
"十五"时期	2887.0		2740.8	146.2	
2001	496.7		468.8	27.9	3.5
2002	550.1		527.4	22.7	3.6
2003	561.5		535.1	26.4	3.3
2004	640.7		606.3	34.4	3.1
2005	638.1		603.3	34.8	2.7
"十一五"时期	4412.9		4259.5	153.4	
2006	670.8		630.2	40.6	2.4
2007	783.4		747.7	35.7	2.3
2008	952.5		924.0	28.6	2.1
2009	918.0		900.3	17.7	1.8
2010	1088.2		1057.3	30.9	1.8
"十二五"时期					
2011	1177.0		1160.1	16.9	

注：因四舍五入，分项之和与总计略有出入。

资料来源：《中国统计摘要（2011）》，中国统计出版社 2011 年版，第 72 页；《中国统计摘要（2012）》，中国统计出版社 2012 年版，第 62 页。

三 "走出去"
——中国对海外投资的变迁

一般来说，大国的发展，需要在参与全球经济大循环中开拓和分享大市场的机遇，获取分工收益，以增加国民收入，转化为对国内最终消费的带动作用，形成良性循环，实现结构转型。我国实现工业化所倚重的资源和环境也无法仅靠自身承载，必须通过国际交换解决资源、能源短缺等经济发展中的制约因素。这决定了我国离不开外部市场的支撑。

改革开放之前，我国在海外开展过一些小型的援助合作活动。如1954年至1978年，我国先后向朝鲜、越南、阿尔巴尼亚、柬埔寨、也门、坦桑尼亚等近70个国家提供了援助，承担项目达1298项，建成884个大中小型项目，其中投资1亿元以上的项目10个，投资1000万元以上的项目96个[①]。这些对外投资活动是由政府间协议确定的，而且项目的全部费用是由中国政府通过无息贷款甚至无偿援助提供的。这些活动并不属于企业对外直接投资范畴，但是这些援助活动为后来企业对外直接投资奠定了一定的基础。

中国企业海外投资矿产，始于20世纪70年代末80年代初。1979年8月13日，在国务院提出的15项经济改革措施中，包括了"要出国办企业"。这一政策标志着中国企业开始了对外直接投资的探索之路。为了贯彻执行这项政策，1981年对外贸易部颁发了《关于在国外开设合营企业的暂行规定》及《关于在国外开设非贸易性企业的暂行规定》。时任中国国际信托投资公司副总经理的经叔平于1983年陪同国务院负责人访问澳大利亚，对西澳大利亚的铁矿资源有深刻印象。回国后，经叔平向国务院建议，中国应该在

---

① 石林：《当代中国的对外经济技术合作》，中国社会科学出版社1989年版，第34页。

资源领域做一些海外投资。1984年8月20日，陈云在听取国家计划委员会主任宋平关于钢铁工业建设问题汇报时指出："对外开放不一定都是人家到我们这里来，我们也可以到人家那里去。"① 一些长期从事进出口业务的专业外贸公司和具有对外经济合作经验的企业，首先开启对外直接投资活动，开设海外代表处或海外贸易公司。

20世纪我国对外投资有两个重要特征，一是规模很小。同我国吸收的国外投资相比，我国的对外投资几乎可以忽略不计。二是年增长速度很快。1993—2002年十年间，对外投资年平均增长76.8%。截至2003年10月底，经我国商贸部批准和备案设立的境外非金融类中资企业7360家，中方协议投资额110亿美元。表2的数据反映了1993—2001年我国对外投资的这两个特点。

表2　1993—2001年外国对我国直接投资和我国对外直接投资

单位：亿美元；%

年份	外国对我国直接投资	中方对外直接投资	中方对外投资年增长率
1993	275.2	1.28	
1994	337.7	0.96	-25.00
1995	375.2	1.5	56.25
1996	417.3	3.05	103.33
1997	452.6	3.32	8.85
1998	454.6	2.67	-19.58
1999	403.2	6.19	131.84
2000	407.1	6.22	0.48
2001	468.8	7.90	27.01

资料来源：根据国家统计局《中国统计摘要（2003）》；商务部网站《我国对外经济合作业务简明统计（2002）》和外经贸部《2001年中国对外经济贸易白皮书》有关资料整理，转引自任淮秀、雷日赣《我国对外投资的战略选择》，《教学与研究》2004年第8期。

---

① 《陈云文集》第三卷，中央文献出版社2005年版，第537页。

2001年中国加入世贸组织后,中国对外直接投资增长的速度加快。2000年,中共十五届五中全会首次明确提出实施"走出去"战略,2001年"走出去"战略被正式列入国家第十一个五年发展规划。这标志着中国"走出去"战略正式起步。在"走出去"战略政策法规的支持下,对外直接投资迅速增长。2002年中国建立《对外直接投资统计制度》,对外投资的流量与存量有了各年份的统计数据。数据表明,在2002—2010年不到十年的时间中,我国对外直接投资的流量由27亿美元增长至688.1亿美元,增长了24倍多,存量由299亿美元增长至3172.1亿美元,增长了9倍多(见表3)。

表3　　2002—2010年中国对外直接投资　　单位:亿美元

年份	流量	存量
2002	27.0	299.0
2003	28.5	332.0
2004	55.0	448.0
2005	122.6	572.0
2006	211.6	906.3
2007	265.1	1179.1
2008	559.1	1839.7
2009	565.3	2457.5
2010	688.1	3172.1

注:2002—2005年数据为中国非金融类对外直接投资数据,2006—2010年为全行业对外直接投资数据。

资料来源:商务部、国家统计局、国家外汇管理局联合发布的《2010年度中国对外直接投资统计公报》。

随着中国加入WTO和对外直接投资政策法规体系逐渐完善,中国对外直接投资进入高速增长的成长阶段。2001—2010年,我国对外非金融类直接投资年均增速超过40%,从不足10亿美元增加到 590 亿美元，居世界第五位；投资领域不断拓宽，向跨国并购、股权投资等多种方式扩展；2010 年华商投资设立的境外企业超过 1.5 万家，对外投资覆盖 170 多个国家和地区，2010 年我国有 54 家企业进入世界 225 家国际承包商行列，在世界工程建设领域的地位进一步提升；境外资源开发取得了积极进展，2011 年年底，我国海外铁矿石权益产能达 1.5 亿吨，权益铜资源储量超过 8000 万吨，权益铅锌储量超过 3000 万吨。我国企业在海外已拥有多个油气产区，预计 2015 年产量将达 1.5 亿吨以上，2020 年左右将有望超过国内石油产量；海外资源开发权益进一步提高。①

我国对世界经济增长的贡献率超过了 50%，成为带动全球经济增长的强劲引擎。2010 年，中国对外直接投资净额（简称流量）688.1 亿美元，较上年增长 21.7%。其中：新增股本投资 206.4 亿美元，占 30%；当期利润再投资 240.1 亿美元，占 34.9%；其他投资 241.6 亿美元，占 35.1%。2012 年中国对外直接投资占全球当年流量的 5.2%，位居全球第 5，首次超过日本（562.6 亿美元）、英国（110.2 亿美元）等传统对外投资大国。截至 2010 年年底，中国对外直接投资累计净额（存量）达 3172.1 亿美元，位居全球第 17 位。2010 年中国对外直接投资流量创历史新高，其中并购占四成，领域主要涉及采矿业、制造业等，当期利润再投资较上年增长 48.9%，所占比重提高 6.4 个百分点，九成的投资流向商务服务业、金融业、批发和零售业、采矿业、交通运输业和制造业。

中共十七届五中全会通过的《中共中央关于制定国民经济和社会发展第十二个五年规划的建议》提出："逐步发展我国大型跨国公司和跨国金融机构，提高国际化经营水平。"2011 年 4 月 28 至 29 日，国资委召开"中央企业'走出去'工作会议"，明确把着力打造具有国际竞争力的跨国企业集团、着力提升国际化经营水

---

① 李保民等：《经济全球化与深化改革开放》，《经济研究参考》2012 年第 31 期。

平和着力增强全球资源配置能力确立为"十二五"期间中央企业"走出去"实施国际化经营的三项主要任务。

四 跨国投资的效益、问题与前瞻

至 2011 年年底,国内"走出去"企业超过 1.3 万家,来华投资的世界 500 强企业超过 480 家,在华外资企业已超过 73 万家。2011 年中国出国留学生达到 35 万名,在华留学生超过 23 万名。2011 年中国内地进出口商品贸易总额达到 3.6 万亿美元,相当于 GDP 的 51%。2010 年中国出口总额和进口总额占世界货物出口和进口的比重分别提高到 10.4% 和 9.1%,连续两年成为世界货物贸易第一出口大国和第二进口大国。2010 年中国的对外直接投资达到 688 亿美元,4 年间增长了 2 倍,排名全球第 5 位。

(一) 跨国投资推动中国经济的积极作用

引进外资对我国经济增长起到了积极作用。国外资本、技术、市场与我国劳动力优势相结合,释放出巨大的生产制造能力,有效地提高了我国在全球分工格局中的地位,拉动了经济增长,缓解了国内就业压力。

外资已成为我国资本积累的重要来源之一;大量的外资为我国丰富的劳动力资源提供了与资本要素相结合并发挥有效作用的机会,推动了农村剩余劳动力向城镇转移;外国对华投资企业带来的先进管理经验、技术转移和技术溢出效应以及参与国际合作与竞争的经验,对我国经济全要素生产率的提高做出了贡献;目前我国出口中有一半以上是由外商直接投资企业完成的,对我国的出口做出了重大贡献[1]。正如党的十七大报告指出的:"当代中国同世界的关系发生了历史性变化,中国的前途命运日益紧密地同世界的前途

---

[1] 黄蔚:《美国对华直接投资发展的实证研究及趋势分析》,《市长参考》2006 年第 11 期。

命运联系在一起。""中国发展离不开世界,世界繁荣稳定也离不开中国。"

国家大力推动企业"走出去",出台了一系列鼓励企业"走出去"的政策措施,显现了积极的政策效应。2005—2010 年,约 100 家中央企业在境外(含港澳地区)设立了子企业或管理机构 4248 户,对外直接投资由 96 亿美元增加到 499 亿美元,年均增长 39%,约占全国非金融类企业对外直接投资总额的 84%。2009 年有 67 户中央企业实施了海外并购,并购的企业达 771 户①。2012 年我国对海外投资迅速发展,投资结构有所变化。从投资行业分布来看,对外投资大多流向四个领域:商务服务业、采矿业、批发零售业、制造业。其中流向商务服务业的比重最高,占 56.8%;采矿业为第二位,占对外投资额的 15% 左右,批发零售业占 10%,制造业只占 7.8%。从市场角度来看,往往是在全球经济出现调整的状况下,中国企业"走出去"步伐会加快;从技术层面分析,2012 年 1—7 月对拉丁美洲、亚洲和北美洲的投资高速度增长,其中对拉丁美洲增长 67.7%,对亚洲增长 63.1%,对北美洲增长 56.5%②。

"走出去"战略的实施,也给我国积累了相当大的战略资产。自 2003 年起,中国领导人连续参加"南北领导人非正式对话",2008 年起连续参加 G20 峰会;根据 2011 年 3 月生效的 IMF2008 年改革方案,中国在 IMF 特别提款权中的份额占 3.72%,投票权占 3.55%,位居第 6。在"区域一体化"方面,我国积极构建了一些战略平台,如东盟 10 + N、上合组织、东亚一体化、欧亚峰会、中非部长会议论坛等。这些都为我国建构了史无前例、相当可观的经济外交战略资产③。

---

① 尚雅楠:《国企改革走进"黄金时代"》,http://www.cmhk.com/n6/n593/c20804/content.html,2012 年 9 月 13 日。
② 张斌:《商务部:中国对外投资集中流向商贸服务业》,《经济观察报》2012 年 8 月 17 日。
③ 张曙光:《中国经济外交战略考察》,《文汇报》2012 年 8 月 20 日。

(二) 跨国投资与我国经济的矛盾及已付出的代价

跨国投资在取得重大成效的同时也面临着许多矛盾和问题，主要体现在市场和资源方面对外依存度较高，产业在国际经济分工体系中层次偏低，产业结构优化升级缺乏内生的技术来源，企业的国际竞争力不强、国际化经营能力不足等，这些问题与我国发展阶段相关。原因在于体制机制不健全、改革不到位、政策不落实等。

目前，我国对外技术依存度高达50%，美国、日本仅为5%左右；我国的设备投资有60%以上要靠进口，而涉及战略需求的核心技术，花多少钱也买不到。例如"神舟六号"的逃逸塔，被称为航天员的生命之塔，美国对此实行全面技术封锁，俄罗斯要价2500万美元，而且只卖产品，不给技术[1]。部分产业、行业存在主权丧失、经济依附等令人不安的现象；中国人在海外常遇"坐地起价"；往往是对外投资风险小的地方，投资壁垒很高；投资风险大的地方，投资壁垒虽低，却相伴着周而复始的政治周期带来的威胁和风险[2]。我国经济面临的贫富差距、地区差距拉大，环境问题加剧均与跨国投资所付出的代价相关联。

另外，跨国投资实质为资本在完成地区和国家垄断之后推行的国际扩张和垄断。我国是经济全球化的后来参与者，有着特殊的历史文化和现实国情，在一些方面与目前的国际经济环境存在利益和理念矛盾。受国内外环境的影响，中国在未来几年跨国投资遇到的国际挑战将趋于严峻。我国需要总结历史经验教训，研究新问题，使跨国投资得以可持续发展。

(三) 应对跨国投资的风险要有清醒认识和科学对策

经济、环境全球化是世界发展的大趋势，实施改革开放、发展跨国投资是顺应时代潮流之举。跨国投资要求我们必须树立世界眼光，具备战略视野，统筹国内国际两个大局。面对"引进来"与

---

[1] 冯之浚：《经济粗放增长难保国家安全》，《群言》2007年第12期。
[2] 魏莱：《中国人在海外常遇"坐地起价"》，《环球时报》2012年8月21日。

"走出去"的跨国投资，关键在于清醒的认识与科学的应对。包括以下对策：①"引进来"与"走出去"相结合，建立中国自主的国际生产体系。培养研发人员与技术工人，掌握核心技术，利用跨国公司的品牌与影响力扩大市场的份额。②协调发挥各类智库的作用，从维护和发展国家根本利益的战略高度出发，统筹经济、政治、外交、军事等政策，做好开放型经济的顶层设计。③建立与发挥行业组织的协调与服务作用，支持企业"走出去"。④加强对海外投资的立法，规范企业行为，加快培养国际化人才。⑤做强做优实体经济，培育大型跨国企业，促进多元经济体实施"走出去"战略。

（原载《经济学研究》2013年第1期）

由"拨改贷"到"债转股"

——经济转型中的企业投融资方式变迁(1978—2015年)

20世纪70年代末以来,我国的经济体制由计划经济向市场经济转型,随着经济转型的阶段性发展与国内外经济环境变化,企业投融资方式多次变迁。总的趋势是在社会主义市场经济的总目标下,尊重企业作为投融资主体的权益与责任,调动企业的能动性,提高国有资本运行效率。

一 历史回溯与20世纪后期的变化(1978—2000年)

中华人民共和国的国营(国有)企业是在继承1949年之前解放区的军工企业,之后没收官僚资本、对资本主义工商业的社会主义改造、特别是共和国各个经济建设时期国家财政投资的基础上建立起来的。国有企业控制或主导着关系国民经济命脉的重要行业和关键领域,是国民经济的支柱和主导,在社会经济生活中有举足轻重的作用。计划经济时期,在高度统一集中管理的经济体制、统收统支的财政体制、一切信用集中于国家银行的金融体制下,投资体制的特征体现为国家充当投资主体、直接由国家筹措资金和分配资金。由于我国处在大规模工业化建设的历史阶段,以及对经济管理认识上的局限，企业除了"四项费用"①外全部由国家基本建设计划（"一五"计划实施之后改为固定资产投资计划）决定。这种体制在微观上束缚了企业的生产，在宏观上受高指标、高速度、高积累的影响导致"投资饥渴症"、结构和布局非均衡的问题。1978年改革开放以来，这种状况逐步发生变化。

（一）"拨改贷"扼制"投资饥渴症"，拉开了投资体制改革的序幕

国有企业改革是整个经济体制改革的核心内容，对投资体制的改革主要是围绕国有企业改革进行的。

1978年年底中共十一届三中全会开启了改革开放画卷。邓小平在全会之前召开的中共中央工作会议闭幕式上指出："现在，各地的企业事业单位中，党和国家的各级机关中，一个很大的问题就是无人负责。名曰集体负责，实际上等于无人负责……所以急需建立严格的责任制。"②并强调："当前最迫切的是扩大厂矿企业和生产队的自主权，使每一个工厂和生产队能够千方百计地发挥主动创造精神。"③中共十一届三中全会公报指出："现在我国经济管理体制的一个严重缺点是权力过于集中，应该有领导地大胆下放，让地方和工农业企业在国家统一计划的指导下有更多的经营管理自主权"④。此后，国有企业改革以调动企业和职工生产经营积极性为出发点，从扩大企业自主权逐步展开。

1979年8月，国务院批准建设银行从财政部独立出来；8月23日国务院批准了国家计委、国家建委、财政部《关于基本建设投资试行贷款办法的报告》，并批准了《基本建设贷款试行条例》，拉开了投资信贷体制改革的序幕。这一改革举措简称"拨改贷"。

---

① 企业的"四项费用"：技术组织措施费、新产品试制费、劳动案例保护措施费和零星基本建设费（后改称为"零星固定资产购置费"）。
② 《邓小平文选》第二卷，人民出版社1994年版，第150—151页。
③ 同上书，第146页。
④ 《三中全会以来重要文献选编》（上），人民版社1982年版，第6页。

实施"拨改贷"的初衷是：与无偿拨款不同，获得贷款的企业要还本付息，从而促使企业精打细算，先用自有资金建设，缩短工期，提高效率，把加速资金周转和提高经济效益提上企业的议事日程。

但是由于基本建设管理体制改革不配套，此后5年"拨改贷"进展不快。直到1985年，所有国家投资项目，才全面实行拨改贷。另外，同期银行贷款进入投资领域却进展很快。过去国家对银行管得很死，如邓小平所言：银行成为财政的"出纳"。改革以后银行可以对技术改造贷款了。银行首先向资金周转快、利润高的轻纺工业投入设备改造贷款；同时凡是可以取得收入的领域，包括科技业等都能贷款。信贷进入投资领域，资金使用不再无偿，企业必须考虑资金利息的机会成本，于是信托投资公司兴起。逐渐出现了投资主体多元化、资金来源多元化、投资方式多样化和投资决策多层次化的局面。企业成为重要的投资主体。

"拨改贷"最大的功绩是实现了观念的突破和转变，在投资领域破除了"大锅饭"，开始树立商品经济观念。

（二）"贷改投"，将"拨改贷"资金转为国家资本金

实行"拨改贷"后，一些国有企业资本金不足、难以还款付息。特别是新建企业只有借款、没有资本，短期内无法还贷，企业负债成为普遍问题；随着时间推移，赢利困难的企业无法还本付息，甚至资不抵债。面对新出现的问题，1995年国务院批转国家计委、财政部、国家经贸委《关于将部分企业"拨改贷"资金本息余额转为国家资本金意见的通知》，将一些未还的贷款作为国家投入企业的资本金，即"贷改投"。这成为"拨改贷"改革调整与深化的重要路径。

1997年9月，党的十五大确定了社会主义初级阶段的基本路线和基本纲领，要按照"产权清晰，权责明确，政企分开，管理科学"的要求，对国有大中型企业实行规范的公司制改革，使企业成为适应市场的法人实体和竞争主体；从战略上调整国有经济布

局,着眼于搞好整个国有经济,抓好大的,放活小的,对国有企业实施战略性改组,并明确提出力争到20世纪末大多数国有大中型骨干企业初步建立现代企业制度。

为保证国有企业的生产经营稳定,1998年国家计委、财政部根据国务院有关文件精神颁布《关于中央级基本建设经营性基金本息余额转为国家资本金的实施办法》,进一步规范了"拨改贷"向"贷改投"转变的相关程序和措施。《办法》中对多个投资主体的地方企业规定了"企业中既有中央级'拨改贷'资金,又有地方财政安排的地方级'拨改贷'资金,原则上中央级'拨改贷'资金转国家资本金时,地方级'拨改贷'资金也应同时转为地方对企业的投资",以使国家、地方、企业三者的利益都得到兼顾。

(三)"债转股"为股份制开路

如前所述,1984年国家出台拨款改贷款政策后,意味着1984年以后新成立的国企,一出生就是100%的负债率。

1992年党的十四大确立社会主义市场经济体制为改革目标,1993年11月召开的中共十四届三中全会通过了《中共中央关于建设社会主义市场经济体制若干问题的决议》。1993年12月28日,国家颁布了作为我国现代企业制度主要法律依据的公司法。公司法是不允许新企业没有资本金的,没有资本金不能设立企业。

《中共中央关于建设社会主义市场经济体制若干问题的决议》是20世纪90年代进行经济体制改革的行动纲领。从1994年起,国有企业改革从以往的放权让利、政策调整进入到转换机制、制度创新阶段。企业改革从靠政策调整解决表象问题转向通过制度创新解决深层次矛盾,从偏重于进行企业内部单项改革进入到内外部结合整体推进,从偏重于搞活单个企业进入到着眼于搞活整个国有经济,从偏重于统一形式和办法转向针对不同企业强调分类指导、采取多种形式和办法。

1994年,按照建立国家投资基金制度的要求,国务院发文明确将6个国家专业投资公司并入国家开发银行,于1995年5月组建国有独资政策性投资机构——国家开发投资公司。由该公司根据国家经济发展战略、产业政策和区域规划的要求，对基础产业、支柱产业和高新技术项目进行参股、控股投资。同时，将商业银行原有的不良信贷资产（也就是国有企业的债务）转为金融资产管理公司对企业的股权。以金融资产管理公司作为投资主体，既不是将企业债务转为国家资本金，也不是将企业债务一笔勾销，而是由原来的债权债务关系转变为金融资产管理公司与企业之间的持股与被持股、控股与被控股的关系，由原来的还本付息转变为按股分红。

财政对国有企业直接注入资金从20世纪80年代初实施"拨改贷"就停止了，但此时还有财政对国有困难企业的亏损补贴。这项补贴在1985年曾占到财政收入的20.2%，之后迅速下降，1990年为16.5%，1995年为5%，2000年为2%，2003年完全停止。财政对国有企业的输血渠道切断了。银行本性就不愿给亏损的国有企业贷款，但受到政府尤其是地方政府的干预只能"不得已而为之"。随着中国金融体制改革加快，国有银行独立经营主体的地位日益强化。1998年，为减少地方政府对银行的干预，中国人民银行撤销了31个省级分行，改按大区设置分行，国有银行对困难国有企业的输血渠道也切断了。财政和金融系统停止对国有企业输血，导致长期掩盖着的国有企业问题显现出来并日益激化。

据国家统计局的数据，截至1997年年底，全国31个省（区、市）的国有及国有控股工业企业盈亏相抵之后，有12个省（区、市）为净亏损。纺织、煤炭、有色、军工、建材全行业亏损。国有独立核算工业企业中亏损额达到831亿元，比1987年上升了12倍；亏损面达38.22%，亏损率达66.01%。[①] 面对很多国有大中型企业财务负担沉重的现象，国务院确定了100家大型国有企业作为建立现代企业制度的试点。按照中央的决定，深化投资体制改革，

[①] 邵宁主编：《国有企业改革实录（1998—2008）》，经济科学出版社2014年版，第48页。

要按照项目类型界定政府投资和社会投资的边界，基本原则是竞争性项目投资由企业自主决策，自担风险，所需贷款由商业银行决定，自负盈亏。用项目登记备案制代替现行的行政审批制，把这方面的投融资活动推向市场，国家用产业政策予以引导。基础性项目建设要鼓励和吸引各方投资参与。地方政府负责地区性的基础设施建设。国家重大建设项目按照统一规划，由国家开发银行等政策性银行，通过财政投融资和金融债券等渠道筹资，采取控股、参股和政策性优惠贷款等多种形式进行；企业法人对筹划、筹资、建设直至生产经营、归还贷款本息以及资产保值增值全过程负责。社会公益性项目建设，要广泛吸收社会各界资金，根据中央和地方事权划分，由政府通过财政统筹安排。

1998年国务院总理朱镕基全面实施"债转股"，将其作为实现国企三年脱困的重要手段。按照国家经贸委和中国人民银行联合下发的《关于实施债权转股权若干问题的意见》的有关规定和操作程序，国家经贸委向有关银行和金融资产管理公司首批推荐了601户实施债转股的企业，拟转股金额达4596亿元。这些企业大多是产品有市场、技术水平高、管理基础好、领导班子强，通过降低资产负债率即可改善企业经营状况，较快摆脱困境。至2005年6月底，不计军工改革脱困企业，经国务院批准债转股方案和协议的企业共有561户，转股额3769亿元。其中，完成工商登记注册组建新公司的444户，占国务院已批准企业的79%；涉及转股额2547亿元，涉及职工400多万人。债转股的实施，使一批国有大中型企业的资产负债率由70%以上降至50%以下，平均每月减轻利息负担37.23亿元。债转股还促进了国有企业加快建立现代企业制度、剥离非经营性资产，使大多数实施债转股的企业生产经营状况迅速好转。据不完全统计，到2000年，80%以上的债转股企业实现了扭亏为盈。如中国铝业公司西南铝加工厂实施债转股后，资产负债率由102%降到44%，实施债转股当年就结束了连续9年的亏损局面,由亏损 3718 万元转为实现盈利 152 万元。①

"债转股"的改革开拓了国有企业直接融资渠道,社会资金进入国企,为我国企业股份制改革奠定了基础。全社会固定资产投资资金来源构成发生了巨大变化(见表1)

表1　　　　全社会固定资产投资资金来源构成比重　　　单位:%

年份	国家预算内资金	国内贷款	利用外资	自筹和其他资金
1992	4.3	27.4	5.8	62.5
1993	3.7	23.5	7.3	65.5
1994	3.0	22.4	9.9	64.7
1995	3.0	20.5	11.2	65.3
1996	2.7	19.6	11.8	66.0
1997	2.8	18.9	10.6	67.7
1998	4.2	19.3	9.1	67.4
1999	6.2	19.2	6.7	67.8
2000	6.4	20.3	5.1	68.2
2001	6.7	19.1	4.6	69.6
2002	7.0	19.7	4.6	68.7
1992—2002年比重变化百分点	2.7	-7.7	-1.2	6.2

资料来源:《中国统计年鉴(2006)》,中国统计出版社 2006 年版,表 6-4。

表1反映了改革开放以来,计划经济时期单一的固定资产投资来源已呈现多元化,可划分为国家预算内资金、国内贷款、利用外资、企业自筹和其他资金四个部分。其中国家预算内投资已降到10%以下,企业自筹和其他资金已达60%以上。企业已成为投资主体,在投融资中的作用逐渐加强。

---

① 邵宁主编:《国有企业改革实录(1998—2008)》,经济科学出版社 2014 年版,第76页。

二 21世纪初投融资体制改革的新进展(2000—2012年)

进入21世纪,企业投融资改革新的进展在于,在党和国家正式文献中明确提出了资本金的理念;推行"引进来"和"走出去"并行的投融资战略。

(一) 由管资产、管资金向管资本过渡

2003年,中共十六届三中全会通过的《中共中央关于完善社会主义市场经济体制若干问题的决定》进一步确立企业的投资主体地位,实行谁投资、谁决策、谁收益、谁承担风险。按照改革的基本思想,国务院于2004年7月16日颁布了《国务院关于投资体制改革的决定》,随之国家有关部门制定配套文件。其中确立企业投资主体地位的措施有7个要点:①改革项目审批制度,落实企业投资自主权。②规范政府核准制。③健全备案制。④扩大大型企业的投资决策权。⑤鼓励社会投资。⑥进一步拓宽企业投资项目的融资渠道。⑦规范企业投资行为。[①] 到2007年上半年,《企业投资核准暂行办法》、《外商投资项目核准暂行管理办法》、《境外投资项目核准暂行管理办法》、《国家发展改革委核报国务院核准或审批的固定资产投资项目目录》、《改革和完善报请国务院审批或核准的投资项目管理办法》等多项具体实施办法发布,初步形成企业投资项目核准制的基本框架。

《中共中央关于完善社会主义市场经济体制若干问题的决定》提出"建立健全国有资产管理和监督体制",要求"建立国有资本经营预算制度"。这是中央文件第一次明确"国有资本经营预算"的提法,取代了之前一直沿用的"国有资产经营预算"、"国有资本金预算"等多种提法,正式将其作为国有资产收益制度改革的

[①] 国家发改委就《国务院关于投资体制改革的决定》答记者问时,将其内容概括为"四项新政、五项意义"。详见新华网,2004年7月26日。

方向。2005年10月,中共十六届五中全会通过的《中共中央关于制定国民经济和社会发展第十一个五年规划的建议》再次提出,"坚持和完善基本经济制度,加快建立国有资本经营预算制度,建立健全金融资产、非经营性资产、自然资源资产等监督体制"。这些规定为国有资产收益纳入国家预算管理提供了政策依据,为建立国有资本经营预算制度奠定了基础。2007年9月8日,国务院发布《关于试行国有资本经营预算的意见》,酝酿已久的国有资本经营预算进入实施阶段。国有资本经营预算制度的初步建立,标志着国家以所有者身份依法正式向国有企业收取国有资本收益。这对于增强政府的宏观调控能力,完善国有企业收入分配制度,推进国有经济布局和结构的战略性调整等具有重要意义。

(二)推行"引进来"与"走出去"并行的跨国投资战略

21世纪初我国加入世界贸易组织(WTO),之后,对外开放要实现更高层次、更多维度、更多联动的开放新格局:从有限范围、有限领域的市场开放,转变为全方位的市场开放;从单方面为主的自我开放,转变为中国与WTO成员之间的双向开放;从以试点为主的政策性开放,转变为在法律框架下的制度性开放。无论积极"引进来"还是主动"走出去",都对企业投融资提出了新的要求,也取得了新的进展。

2003年以来,为了贯彻落实党的十六大提出的"通过市场和政策引导,发展具有国际竞争力的大企业和企业集团",按照国务院提出的"改制后不增加企业负担"的原则,中央财政对石油、石化、煤炭、冶金、有色、电力、电信、民航、航运等基础产业领域的重要国有企业给予了重点支持。这些重要国有企业的重组改制步伐明显加快。与此同时,中石油、中石化、中海油、中国铝业、鞍钢集团、神华集团、中国移动、中国网通、中国联通、中国电信等一大批国有企业在海外上市。

2008年以来,为应对国际金融危机的冲击,国家先后出台了"四万亿投资计划""十大产业"振兴规划、《关于加快培育和发展战略性新兴产业的决定》、"新非公36条"等一系列扩大内需、促进经济增长的政策措施，同时予以相应的财政金融政策支持，推动了投资的较快增长。特别是2009年，在国有及国有控股投资的强力拉动下，全社会固定资产投资增长达30%。

2012年，党的十八大要求全面提高开放型经济水平。其中"提高利用外资综合优势和总体效益，推动引资、引技、引智有机结合。加快走出去步伐，增强企业国际化经营能力，培育一批世界水平的跨国公司"是重要内容。2013年《中共中央关于全面深化改革若干重大问题的决定》做出了构建开放型经济新体制的重要部署。《决定》用"三个允许"——允许发挥自身优势到境外开展投资合作，允许自担风险到各国各地区自由承揽工程和劳务合作项目，以及允许创新方式走出去开展投资，来"确立企业及个人对外投资主体地位"。根据《2014年度中国对外直接投资统计公报》，2014年，发达经济体经济运行分化加剧，发展中经济体增长放缓，全球外国直接投资下降16%。在这个背景下，我国对外直接投资逆势上扬。自2003年我国发布年度对外直接投资统计数据以来，连续12年增长，2014年流量是2002年的45.6倍，2002年至2014年的年均增长速度高达37.5%。[①]

经过30余年的企业改革，我国规模以上工业企业的单位总数经历了20世纪后20年的逐步收缩阶段，21世纪初的稳步提升阶段。资产总额不断上升，其中1980—2000年增长28.8倍，绝对额增长121978亿元；2001—2013年增长5.43倍，绝对额增长735348亿元。详见表2。主营业务收入、利润总额和税金总额反映了类似的趋势，但比例要小些。另外，反映效益的资产利润率则由1980年的16.3%下降至2000年的3.48%，2013年有所回升至7.85%，2014年下降至6.99%；税金资产比由1980年的8.66%下降至2000年的4.06%，2013年回升至5.66%，2014年下降至5.23%。

---

① 《我国对外直投创历史新高 双向投资首次接近平衡》，新华网，2015年9月17日。

表 2　　　1978—2014 年规模以上工业企业主要经济指标

单位：万个；亿元

年份	企业单位数	资产总计	主营业务收入	利润总额	税金总额
1978	34.8	4525			
1980	37.7	4233	4459	692	367
1985	46.3	6972	7899	929	727
1990	50.4	15953	16793	560	1386
1995	59.2	79234	52936	1635	3415
1996	57.9	90016	57970	1490	3657
1997	53.4	103400	63451	1703	4037
1998	16.5	108822	64149	1458	4064
1999	16.2	116969	69852	2288	4414
2000	16.3	126211	84152	4393	5119
2001	17.1	135403	93733	4733	5572
2002	18.2	146218	109486	5784	6238
2003	19.6	168808	143172	8337	7537
2004	27.6	215358	198909	11929	9529
2005	27.2	244784	248544	14803	11518
2006	30.2	291215	313592	19504	14454
2007	33.7	353037	399717	27155	18422
2008	42.6	431306	500020	30562	23968
2009	43.4	675797	542522	34542	26486
2010	45.3	493693	697744	53049	33656
2011	32.6	592882	841830	61396	38972
2012	34.4	768421	929292	61910	44029
2013	37.0	870751	1038659	68379	49296
2014	36.1	925245	1094647	64715	48402

注：1.1997 年及以前为乡及乡以上独立核算工业企业数据；1998—2006 年为全部国有及年主营收入在 500 万元以上非国有工业企业数据；2007—2010 年为年主营业务收入在 500 万元以上工业企业；2011 年及以后年份为主营业务收入在 2000 万元及以上工业企业数据。

2.2014 年为快报数据，之前年份为年报数据。

资料来源：国家统计局编：《中国统计摘要 2014》，中国统计出版社 2014 年版，第 110 页；《中国统计摘要 2015》，中国统计出版社 2015 年版，第 109 页。

表2反映了21世纪以来，随着改革开放的逐步深入，我国工业企业的发展总体呈上升趋势，同时也存在着投资增长率和利润增长率下降等新的问题。这些问题至第一个十年过后进一步凸现。2014年，在企业资产总额与主营业务收入双上涨的情况下，利润与税金总额均下降了。

受国内外经济形势影响，部分制造业资产投资增长率于2012年以来呈下降趋势。2013年1—5月和2014年上半年的制造业固定资产投资增长率分别是17.8%和14.8%，与2011年的37.7%和2012年的24.5%相比已呈巨大落差。2014年后投资增长率的下跌速度明显加快。2014年上半年，化学工业投资增长率只有9.2%，计算机与电子工业增长率也仅为9.4%；钢铁工业2014年上半年是负增长；连一向投资高增长的汽车制造业的增长率也下跌到12.0%；机械工业的投资增长率也大幅度下降。2014年下半年制造业投资增长率继续下降，1—11月的增长率是13.5%，低于上半年的14.8%；其中汽车和通用设备制造业的固定资产投资增长率分别下跌为10.2%和15.9%。在导致下降的原因中，总需求不足的因素要大于银行信贷的约束。详见表3。

表3　　　2011—2014年部分制造业固定资产投资增长率的下行态势　　　单位:%

产业	2011年	2012年1—6月	2013年1—5月	2014年1—6月	2014年1—11月
制造业	37.7	24.5	17.8	14.8	13.5
化学工业	28.2	24.5	17.0	9.2	8.9
制药业	36.4	40.6	36.1	16.4	15.5
钢铁工业	17.9	9.4	4.1	-8.4	-4.70
通用设备	40.7	38.0	20.1	19.9	15.9
专用设备	41.1	47.1	20.3	14.0	14.1
汽车制造	27.1	36.0	13.9	12.0	10.2
电气机械	57.7	8.3	4.3	16.0	13.3
计算机与电子	35.5	12.6	20.3	9.4	9.4
全部固定资产	23.8	20.4	20.4	17.3	15.8

资料来源：根据国家统计局的数据整理。转引自周振华等《走向新常态的战略布局》，格致出版社、上海人民出版社2015年版，第164页。

三　新常态下的走向(2013—2015 年)

经历了 30 多年高强度大规模开发建设后，我国传统产业相对饱和，二三四线城市商品房库存积压，基础设施已具备一定水平，固定资产投资的潜在增长能力下降，制约投资高速增长的因素增多。2014 年的投资增速已经降至 2009 年的一半。产能过剩、资源浪费、环境透支、分配不公等新问题突出，以往的发展方式难以持续。

2012 年党的十八大纠正"以 GDP 论英雄"，提出转型升级、优化结构、提高效率。我国经济呈现中高速增长与中高端发展的新常态，GDP 增速从 2012 年的 7.7% 下降到 2013 年的 7.6%、2014 年的 7.4%[①]，2015 年第三季度为 6.9%。其中进入《财富》世界 500 强的中国国有企业的平均利润率由 2012 年的 5.4% 下滑到 2013 年的 3.9%。[②]

2013 年 11 月，在中共十八届三中全会上通过的《中共中央关于全面深化改革若干重大问题的决定》要求适应经济全球化新形势，提高经济运行质量成为新常态下的共识。为此，必须充分利用社会资金，完善资本市场，发展混合所有制经济。这对企业投融资体制与方式改革提出了新的要求。

（一）拓宽融资渠道，放宽市场准入，降低融资成本

改革开放初期的 1980 年，全民所有制单位投资占全部投资的比重为 81.9%，涉及一二三产业的所有行业。此后，国有经济投

---

① 此数据根据 2015 年 2 月 26 日，国家统计局发布的《2014 年国民经济和社会发展统计公报》；2015 年 9 月 7 日，国家统计局发布《关于 2014 年国内生产总值（GDP）初步核实的公告》，2014 年 GDP 现价总量为 636139 亿元，比初步核算数减少 324 亿元，按不变价格计算的增长速度为 7.3%，比初步核算数降低 0.1 个百分点。国家统计局网站，2015 年 9 月 7 日。

② 庄序莹：《加快推进国有资本混合所有制改革》，《中国社会科学报》2014 年 11 月 25 日。

资更多以参股的方式参与国民经济建设。2013年，国民经济中国有企业的投资仅占全社会投资的24.6%，比1980年下降了57.3个百分点，平均每年下降约1.74个百分点。与此同时，集体、股份制、外资、个体投资增加。集体经济是在改革大潮中通过兴办乡镇企业率先发展壮大的，1980年集体经济投资比重占5%，1993年达到改革开放以来最高点17.7%，20世纪90年代中后期，乡镇企业改制后比重逐渐下降。有限责任公司投资发展较快，占全社会投资的比重由2006年的23.9%稳步提高到2013年的27.2%。2001年我国加入世贸组织后，外商和港澳台商投资占全社会投资的比重，由2000年的7.9%提升到2006年的9.9%，之后逐步回落。个体投资2005年占全社会投资的比重为15.6%，之后萎缩。①

表4反映出随着改革开放与投资的增长，国家预算资金在固定资产投资实际到位资金中的比重明显下降，国内贷款、利用外资、自筹资金与其他资金的比重显著增长，中央项目的比重下降，地方项目的比重明显上升。

表4 固定资产投资实际到位资金及按隶属关系分（不含农户）

单位：亿元

年份	实际到位资金					投资按隶属关系分	
	国家预算资金	国内贷款	利用外资	自筹资金	其他资金	中央项目	地方项目
1995	569.0	3511.9	2114.1	7940.8	2013.7	4274.5	11369.2
2000	1795.0	6245.8	1526.2	11227.5	5620.0	6275.6	19946.2
2005	3637.9	15363.9	3386.4	44154.5	14369.7	9111.0	65984.1
2006	4438.7	18814.8	3811.0	56547.5	18147.0	10856.5	82512.2
2007	5464.1	22136.1	4549.0	74520.9	24073.3	13165.3	104299.2
2008	7377.0	25466.0	4695.8	97846.5	23194.4	17172.5	131565.8

① 胡祖铨：《全社会固定资产投资的历史回顾》，《中国宏观经济信息》2015年第22期。

续表

年份	实际到位资金					投资按隶属关系分	
	国家预算资金	国内贷款	利用外资	自筹资金	其他资金	中央项目	地方项目
2009	11493.6	37634.1	3983.5	127557.7	38117.7	20697.4	173223.0
2010	13104.7	45104.7	4339.6	165752.0	44823.6	22790.6	218640.2
2011	14843.3	460348	50620	220860.2	50094.8	21797.2	280598.8
2012	18958.7	51292.4	4468.8	268560.2	56555.0	23763.8	341090.4
2013	22305.3	59056.3	4319.4	324431.5	70953.3	24658.1	411089.4
2014	26745.4	64512.2	4052.9	369964.7	67449.6	26448.6	474816.2

资料来源：国家统计局编：《中国统计年鉴2015》，中国统计出版社2015年版，表10-4。

在新形势下，调结构、促创新所需要的融资成本远高于资产回报率。不良贷款不断创出历史最高纪录，财务经理在放贷前希望先收回贷款。在这种情况下，拓宽制造业融资渠道、降低融资成本成为改进企业投融资的重要环节。中共十八届三中全会要求充分利用社会资金，完善资本市场，发展混合所有制经济。成功案例如：重庆年产1亿台电脑，需要大量的液晶面板，有强烈的市场需求；京东方有技术，它有1万多个专利已经被世界认可，但是搞一条8.5代生产线需要330亿元，资金紧缺。后来由京东方增发100亿股股票，股票市场市值2.1元一股，重庆六七个企业用210亿元认购了100亿股。京东方拿到210亿元以后，再向银行借120亿元，实现330亿元融资后，新的生产线于2014年3月开工，2015年4月全面完工。重庆因此有了330亿元年产值的液晶面板企业，很大程度满足了重庆电子产业零部件本地化的需求，同时京东方的股价大幅提高。可见利用资本市场对战略新兴产业融资的重要意义。①

2015年，发改委推出重点发展的七大工程包（粮食水利、交通、生态环保、健康养老等）和信息消费、绿色消费、住房消费、旅游消费、适应中国老龄化需求等六大消费工程。但中央预算内资

---

① 2015年6月3日重庆市长黄奇帆讲了一个通过投融资支持战略性新兴产业和实体经济发展的案例，载《第一财经日报》（上海）2015年6月17日。

金仅能投 4776 亿元。① 只有放宽市场准入，撬动社会和民间投资，才能解决巨额的投资来源问题。政府力图通过购买服务、股权合作、共同投资来加强与社会资本的合作；把一些现金流比较充裕又有稳定回报预期的项目让社会资本、民间资本参与；并与政策性金融机构、基金、社保、保险、信贷、社会上的各种投资基金和投资公司加强合作，共同扩大投资。2015 年 6 月底取消了对银行的存贷比要求，以释放信贷空间。7 月 4 日，公开发布《国务院关于积极推进"互联网＋"行动的指导意见》，促进互联网金融健康发展，支持金融机构和互联网企业依法合规开展网络借贷、网络证券、网络保险、互联网基金销售等四大业务，发挥保险业在防范互联网金融风险中的作用。

2015 年 8 月 24 日，中共中央、国务院颁发《关于深化国有企业改革的指导意见》对国有企业的投融资改革向股份制迈进提出了新的方案。进一步明确：根据不同企业的功能定位，逐步调整国有股权比例，形成股权结构多元、股东行为规范、内部约束有效、运行高效灵活的经营机制。

（二）"引进"投资向纵深发展

引进外资、技术与管理经验，仍是我国发展的重要推力。至 2015 年，中国 15% 的核电设备、30% 的高铁设备采购自发达国家。② 面对发生着史无前例变革的中国农业，有意向中国投资的以色列农业企业越来越多。③ 中国对外资有巨大需求。2015 年 5 月 5 日，中共中央国务院发布《关于构建开放型经济新体制的若干意见》，创新外商投资管理体制。9 月，中央全面深化改革领导小组审议通过了《关于实行市场准入负面清单制度的意见》，适用于各

---

① 姚景源：《确保国民经济平稳增长靠什么》，《北京日报》2015 年 7 月 20 日。
② 李克强：《携手开创中欧关系新局面——在中欧工商峰会上的主旨演讲》，《人民日报》2015 年 6 月 30 日。
③ 以色列发展高效益精细农业，在土地稀缺的恶劣环境下，一个以色列农民可养活 113 人，而中国一个农民只养活 4 人。详见种昂《种田原来是我们的弱项 以色列农业巨头来到中国》，《经济观察报》2015 年 7 月 6 日。

类市场主体基于自愿的初始投资、扩大投资、并购投资等投资经营行为及其他市场进入行为。① 2015 年 6 月 24 日,联合国贸易和发展组织(UNCTAD)发布的 2015 年《世界投资报告》显示,2014 年,中国已成为最大的对外直接投资(FDI)接受国。中国继续在全球十大最具吸引力的投资目的地中名列首位,28% 的跨国企业将中国作为首选投资目的地。②

2015 年我国吸收外资规模再创新高。全国设立外商投资企业 26575 家,同比增长 11.8%;实际使用外资金额 7813.5 亿元人民币,同比增长 6.4%。截至 2015 年 12 月底,全国非金融领域累计设立外商投资企业 836404 家,实际使用外资金额 16423 亿美元。外资平均投资强度进一步提高,单个新设外商投资企业平均投资总额 1530 万美元,比 2014 年增长 5.1%。外资产业结构进一步优化,服务业实际使用外资 4770.5 亿元,同比增长 17.3%。制造业实际使用外资 2452.3 亿元,与上年基本持平。并购在实际使用外资中所占比重由 2014 年的 6.3% 上升到 2015 年的 14.1%。③

表 5 反映了外商直接投资在我国实际使用外资中迅速增长的状况。从第十个五年计划即 21 世纪初开始,我国利用外资中已无政府借款,全部为外商投资。

表 5　　　　　1979—2014 年我国实际使用外资额　　单位:亿美元;%

年份	总计	对外借款	外商直接投资	外商其他投资	外商直接投资占国内生产总值的比重
1979—1982	130.6	106.9	17.7	6.0	
1983	22.6	10.7	9.2	2.8	0.3

① 冯蕾:《我国将实行市场准入负面清单制度》,《光明日报》2015 年 9 月 22 日。
② 张翼:《中国首次成为全球最大外资流入国》,《光明日报》2015 年 6 月 25 日。
③ 郝少颖:《我国吸收外资规模稳步增长　去年使用外资增 6.4%》,《京华时报》2016 年 1 月 15 日。

续表

年份	总计	对外借款	外商直接投资	外商其他投资	外商直接投资占国内生产总值的比重
1984	28.7	12.9	14.2	1.6	0.5
1985	47.6	25.1	19.6	3.0	0.6
"七五"时期	466.5	301.3	146.3	19.0	
1986	76.3	50.1	22.4	3.7	0.8
1987	84.5	58.1	23.1	3.3	0.7
1988	102.3	64.9	31.9	5.5	0.8
1989	100.6	62.9	33.9	3.8	0.8
1990	102.9	65.3	34.9	2.7	0.9
"八五"时期	1610.5	455.8	1141.7	13.0	
1991	115.5	68.9	43.7	3.0	1.1
1992	192.0	79.1	110.1	2.8	2.3
1993	389.6	111.9	275.1	2.6	4.5
1994	432.1	92.6	337.7	1.8	6.0
1995	481.3	103.3	375.2	2.9	5.2
"九五"时期	2897.9	559.0	2134.9	204.0	
1996	548.0	126.7	417.3	4.1	4.9
1997	644.1	120.2	452.6	71.3	4.8
1998	585.6	110.0	454.6	20.9	4.5
1999	526.6	102.1	403.2	21.3	3.7
2000	593.6	100.0	407.2	86.4	3.4
"十五"时期	2887.0		2740.8	146.2	
2001	496.7		468.8	27.9	3.5
2002	550.1		527.4	22.7	3.6
2003	561.4		535.1	26.4	3.3
2004	640.7		606.3	34.4	3.1
2005	638.1		603.3	34.8	2.7
"十一五"时期	4413.0		4259.5	153.4	
2006	670.8		630.2	40.6	2.4

续表

年份	总计	对外借款	外商直接投资	外商其他投资	外商直接投资占国内生产总值的比重
2007	783.4		747.7	35.7	2.3
2008	952.5		924.0	28.6	2.1
2009	918.0		900.3	17.7	1.8
2010	1088.2		1057.3	30.9	1.8
"十二五"时期					
2011	1177.0		1160.1	16.9	1.6
2012	1132.9		1117.2	15.8	1.4
2013	1187.2		1175.9	11.3	1.3
2014	1197.1		1195.6	1.4	1.2

注：因四舍五入，分项之和与总计略有出入。

资料来源：国家统计局编：《中国统计摘要 2015》，中国统计出版社 2015 年版，第 96 页。

（三）"走出去"开拓投融资新领域

面对经济下行压力和产能过剩的"新常态"，我国加强对外投资立法，强化制造业企业走出去的法律保障，规范企业境外经营行为，维护企业合法权益，探索利用产业基金、国有资本收益等渠道支持高铁、电力装备、汽车、工程施工等装备和优势产能走出去。推出央企改革、装备出海、"一带一路"、"中国制造 2025"、"互联网＋"等新政。现在世界上几乎每一个看得到中国商品的大陆都能找到中国园区的身影。截至 2014 年年底，商务部重点统计的 16 家规模相对较大的园区，完成投资总额超过 100 亿元人民币，入驻企业超过 400 家，为当地创造就业岗位超过 4 万人。[①] 2014

[①] 张延龙、曾建中、沈念祖：《中国近 100 家工业园区海外圈地 成产能输出重要载体》，《经济观察报》2015 年 6 月 28 日。

年，中国对外直接投资与中国吸引外资仅差53.8亿美元，双向投资首次接近平衡。① 2015年1—11月，中国境内投资者共对全球153个国家和地区的5985家境外企业进行了非金融类直接投资，累计实现对外投资1041.3亿美元，同比增长16%。② "亚投行"与"一带一路"倡议标志我国对未来长期起作用的战略正在起步。

（四）提高管理层与决策层投融资能力

在投资日趋国际化的情况下，所有投资者的利益都与国家经济发展紧密相关，维系着国家利益，也关系到就业和收入。在市场经济体制下，市场需要企业家不断探索和发现。因此，高效的投融资仅靠政府或仅靠企业自身完善都远远不够。一方面，良好的外部投资环境是投资体制顺畅运行的必要条件；另一方面，在现实生活中，由于决策、管理落后造成的重复建设、豆腐渣工程、安全事故、假冒伪劣产品以及内外因素交叉导致的证券市场风浪屡见不鲜，无疑降低了企业投融资的效益。企业层面、政府层面以及企业与政府之间均存在管理层与决策层改善的机遇和挑战。决策与管理的改进缺一不可，在投融资领域尤其要相辅相成。

2015年6月5日，中央全面深化改革领导小组通过了两个国企改革先导性文件，强调国企需通过改革"做强做优做大""优化企业管理"，防止国有资产流失。③ 此后，8月24日，《中共中央、国务院关于深化国有企业改革的指导意见》正式发布；9月1日，投融资体制改革公布两大政策：设立600亿元中小企业发展投资基金，调整固定资产投资资本金比例。这些体制和管理方面的变化，都对企业投融资改革提出了更高要求。

---

① 商务部国际贸易谈判副代表张向晨、国家统计局副局长贾楠介绍《2014年度中国对外直接投资统计公报》有关情况，新华网，2015年9月17日；《光明日报》2015年9月18日。

② 商务部：《2015年中国对外投资合作保持平稳较快增长》，中国新闻网，2016年1月7日。

③ 《习近平主持召开中央全面深化改革领导小组第十三次会议》，中央政府门户网站，www.gov.cn，2015年6月5日。

《中共中央关于全面深化改革若干重大问题的决定》指出：实践发展永无止境，解放思想永无止境，改革开放永无止境。我国企业投融资必然面临新的变迁与发展，不仅必要，而且可能。

（原载《中国经济史研究》2016年第3期）

从应对封锁禁运到建设"一带一路"

——历史启示与现实实践

2013年9月,习近平主席访问哈萨克斯坦时提出共同建设"丝绸之路经济带"的倡议;同年10月,在访问东盟国家时提出共同建设"21世纪海上丝绸之路"的构想。"一带一路"倡议由此公布于世。它既有引进来的客观需要,也有走出去的现实条件。并且是构建中国主导、多方共赢的新经济秩序的重要途径。在新形势下,回顾半个多世纪之前我国应对封锁禁运,开辟洲际货运、建立中波轮船公司、开办铁路国际联运的历程,可以得到丰富的启示。

一 远洋运输业的创建

运输是内外交流的基本条件之一。在西方,航运业是最早形成产业资本萌芽的重要行业。我国航海事业早在明代曾有郑和远洋航行的壮举,明后期以来受海禁政策影响致多曲折。康熙中叶,上海的沙船业成为最大的民间海运业。晚清时有了历史最长规模最大的轮船公司轮船招商局和新崛起的民生轮船公司,但是远洋航运仍很缺乏,基本被外国公司控制。

中华人民共和国成立时,微弱的对外运输基本处于瘫痪状态。在全国航运中心上海,公私船舶总吨位仅6.9万吨,不足原有船舶的1/14,占世界比重不足0.3%;而且船型单一、吨位小、技术落后。

为了改变这种状况,1950年3月,政务院发布《关于1950年航务工作的决定》,规定了海洋和内河航务工作的方针、政策和中心任务,成立全国航务机构。然而,由于东南沿海各出海口都不同程度受到美国的封锁和军事威胁,东北部、苏联东部的海域也不安全。美国政府千方百计割断中华人民共和国与世界的联系。当其得知来往中国的远洋船队多数轮船挂的是巴拿马旗,即令巴拿马船只不准驶往中国。这给我国的远洋运输带来极大困难。我国必须开辟新的海运线。

(一) 接管香港招商局,开展远洋外贸运输业务

香港招商局最早是设在上海的轮船招商局在香港的分支机构,始建于19世纪70年代清朝的洋务运动。轮船招商局于1932年定为国营。1949年5月上海市解放后,人民政府接管并改组轮船招商局,其分布在各地的分支机构和财产也相应归属中华人民共和国所有。

1949年10月24日,招商局的"海辽"轮在由香港赴汕头的途中宣布脱离国民党政府,驶抵大连港。"海辽"轮船长方枕流和全体船员50多人,向毛泽东主席发致敬电,毛主席当即复电慰勉。1950年1月15日,香港招商局经理汤传篪、陈天骏率全体职工和在港的13艘船舶宣布起义。先后将13艘轮船开回祖国,为中华人民共和国海洋运输业发挥了奠基作用。从此香港招商局成为交通部驻香港的代表机构和航运企业。它不仅承担中国轮船进出香港的代理业务;还配合远洋运输业的发展,为中国远洋运输总公司代购和租用船舶;并且与外资航运公司广泛合作,开展中转业务。

(二) 租用外籍商船,建立外轮代理总公司、中外合资海运公司、外轮理货公司

国际海洋运输代理业务包括船舶代理、货运代理、揽货订舱、客运代理、集装箱运输代理、国际联运等,是发展外贸运输不可缺少的环节。

20世纪50年代,我国远洋运输主要是利用外国船舶进行的。

1950年9月，交通部、贸易部联合在天津建立中国国外运输公司，租用外籍商船开展对外贸易运输。1951年5月31日，陈云复信交通部：为统一掌握海外运输计划并及时办理对外租船事宜，原则同意由该部与港委会代表共同组成管理委员会，下设中国海外运输公司。

20世纪50年代初期，我国的国际海洋运输代理业务经历了由分散到集中的过程。起初在天津、上海、广州等对外开放港口都有规模不等的外轮代理机构和私营的船舶代理行。还有外国商人经营的船务公司或代理行。随着中国沿海运输的侨商船舶增多，逐渐加强了外轮代理机构的统一经营和领导。如在大连，1950年由大连轮船公司营业部兼办代理业务，并于当年10月成立海运服务部，专门受理外轮代理业务。1952年9月，公司迁至北京，翌年更名为中国海外运输公司，不久改称中国外贸运输公司（又称中国租船公司），由对外贸易部领导。该公司通过驻香港代理华夏公司积极开展活动，利用它们同国际租船市场的关系去租船或合作租船。此外，中国还向芬兰、瑞典等国外轮和一些华侨船东租船。1953年1月1日，根据政务院财政经济委员会的指示，交通部将各对外开放港口中独立经营的外轮代理机构归并，成立各港务局领导的外轮代理分公司，并在交通部海运管理总局内设立远洋运输科（对外称中国外轮代理总公司）。大连的海运服务部先后归大连港务局和交通部北洋区海运管理局领导。1956年，中国外轮代理总公司建制完善，成为主管海洋运输代理业务的全国性机构。1953—1956年，各私营船舶代理行经改造归并到各地的外轮代理机构，其在国外开设的洋行或船务公司因业务萧条纷纷歇业或由中国折价购买。1957年5月，大连外轮代理公司接管了苏联来华船舶的代理业务。

在机构调整的同时，1955年，中国外轮代理总公司颁布了《中国外轮代理公司业务章程》，推动外轮代理业务规章和管理办法逐步完善。中国外贸运输部门采取了长期期租的方式，将租船的租期订为一二年或更长时间。为了避免运输中的意外和经济损失，在租约条款中争取纳入一些保护性条款,以提高船、货的安全度。

在中国外轮代理总公司成立的 1953 年,其代理船舶 1702 次。此后 30 年,该公司已发展成为世界最大的航运代理企业之一。外轮理货是外贸运输中不可缺少的环节,它对承托运双方履行运输契约、买卖双方履行贸易合同和船方保质保量地完成运输任务,都起着重要的作用。中华人民共和国成立后,在中国海员工会领导下,成立了"上海外轮理货委员会"和"青岛理货服务处"等不同形式的理货机构。在 1953 年的民主改革中,理货机构清除了封建把持制度,各港将理货业务设于装卸作业区。1957 年,根据形势发展的需要,外轮代理公司设立理货科,将理货业务独立出来,对外使用外轮理货公司名义。1961 年,交通部召开第一次全国外轮理货工作会议,决定成立中国外轮理货总公司,各对外开放港口均成立外轮理货公司,成为具有法人性质的独立的理货业务单位。

(三)组建中波轮船股份公司

为了突破国际封锁,1950 年 9 月 21 日,周恩来总理在中南海接见波兰驻华大使布尔金,商谈中波贸易、中波合营轮船公司、中波邮电协定等问题。11 月 2 日,中华人民共和国中央人民政府代表团和波兰人民共和国政府代表团在北京就两国政府合资组建中波轮船股份公司举行会谈。11 月 17 日,陈云同薄一波、马寅初、李富春签发中财委复交通部函,同意波兰代表团提议的在《中波轮船公司协定》上加上一条:"公司应将前五年所得盈利全部用于购买船只和充实公司基金",以保证轮船公司的发展。

1951 年 1 月 29 日,两国政府代表在北京签署了《关于组织中波轮船股份公司协定》。6 月 15 日,中国和波兰两国政府本着平等、互利、合作的原则合营组建了中波轮船股份有限公司(当时称中波海运公司)。公司股金双方各半,共拥有 10 艘、近 10 万载重吨的远洋运输船舶。总公司设于天津,分公司设于波兰格丁尼亚。中、波两国国家领导人支持和关怀公司的建立。毛泽东主席指示"好好办",周恩来总理批准创建并视察了中波公司。1952年6月18日,中央人民政府财政经济委员会主任陈云为公司签发营业执照。从1951年起,公司船舶航行在中国至欧洲长达1.25万海里的航线上,航程大约需要50天。

中波轮船股份公司为突破封锁发挥了重大作用。仅在1952年,公司有船10艘,载重近10万吨,另在中波航线代理船32艘。通过海运进口的重要物资计有:钢铁、铜、铝、橡胶、肥田粉、烧碱与纯碱等。出口物资主要包括:花生仁、大豆、煤、桐油、菜籽、芝麻、豆油等。穿越东半球的海运线成为连接中华人民共和国与西方世界的纽带。该公司未成立前,我国进口物资主要靠租用它国船只运输,曾发生战略物资被劫情形;自中波公司成立后所运进口物中80%为战略物资,从未发生事故,成为保证对外贸易的主要而可靠的运输力量。在通过海洋运输实现的贸易活动中,西方世界禁运的联合阵线被逐步瓦解。而中、波两国船员,为恢复中国与印度洋和波罗的海沿岸一些国家的外贸远洋运输作出了巨大的贡献,一些年轻的船员甚至献出了生命。

中波轮船股份公司是中华人民共和国第一家中外合资航运企业。1978年,该公司股东会议决定,如一方不主动提出解散,公司将长期存在下去。2010年,中波公司共拥有22艘现代化船舶,总运力近500000载重吨,经营航线遍及亚、欧、美、非四大洲。其在波兰设有分公司,在美国休斯敦设有全资子公司,在鹿特丹和新加坡拥有合资代理公司,在各个挂靠港口和许多重要地区都建立了具有一流水平的代理网络。该公司还先后承运过如山西神头电厂、葛洲坝、宝钢等国家重点工程的大型成套设备,近年独家承运了上海地铁、广州地铁的设备与车厢。

迄今它已成为中华人民共和国成立以来中外合资企业中历史最长的企业。

抚今追昔,中波轮船股份公司60余年的历史是我国连接亚欧,开展区域合作,开放与包容的历史;是公元前200年秦汉之际兴起的海上丝绸之路的延伸与拓展,它开拓了一条交通贸易的黄金路线。可以说,中波轮船股份公司对于以周边外交和互联互通为依托的"一带一路"倡议,具有开先河的历史意义。

(四)在波兰设置专管远洋运输的办公室

波兰具有独特的地理区位优势。朝鲜战争爆发后,苏联和十几个国家组成的社会主义阵营,其出口到中国的物资,大多集中到波兰转运;中国出口苏联和东欧各国的物资,也运往波兰后再转运。我国出口物资主要是粮食和农副产品,曾将干蛋黄运到西德;进口主要是钢铁。为了打破"封锁",解决较重要的战略物资和大量进口货物的接货转运问题,1952年年底,对外贸易部决定在波兰的格丁尼亚成立专管远洋运输的办公室,负责安排进口到货的转运。即各国货物到达格丁尼亚港后便验收付款办理进口中国的手续,然后将中国出口物资通过国际铁路联运回国。

(五)与捷克斯洛伐克海运合作

1953年6月11日,中国还与捷克斯洛伐克签订了《中捷发展航运议定书》,并决定将中国的货船"尤利乌斯·伏契克"号、"利吉柴"号委托捷方经营。1959年,两国政府决定成立"捷克斯洛伐克国际海运股份公司",船舶所有权仍归投船方,实行分船核算,自负盈亏。此时,中方已投船7艘,约8万载重吨。1967年,该公司根据捷方的要求解散。

二 沿海港口的恢复与新建

早在19世纪末,中国就开始建设近代港口,至1949年建成海港泊位300个,其中万吨以上泊位60个,但是布局杂乱,设施简陋,多数没有装卸机械。中华人民共和国成立后,人民政府采取积极措施,克服重重困难,及时修整了部分沿海港口,打捞和修复了一部分沉没和破旧船只,并添置了一些新船。1950年8月恢复了长江口以北的沿海运输。1951年9月恢复了华南沿海航线。

20世纪50年代，中国在医治战争创伤的同时，为了发展内外交流，分别对各港口的布局进行了规划和调整，并开始添设部分小型装卸机械。重点修复了天津新港，兴建了湛江商港，迈出了依靠自己力量建设大型港口的第一步。此后，在上海、天津、秦皇岛、黄埔、湛江等港兴建了一批万吨级泊位，形成了第一次港口建设高潮（见表1）。在1949年年底到1962年的短暂的12年中，建成海港泊位82个，相当于以往半个多世纪的1/4以上，其中1万吨级以上泊位35个，相当于以往半个多世纪的1/2以上。①

表1　　　1949—1962年沿海大型港口码头建设成果　　　单位：个

港名	1949—1957年泊位数	1958—1962年泊位数
秦皇岛	2（2）	2（2）
天津	5	6（5）
烟台	9	
青岛	20（10）	5（2）
连云港	3	2
上海	7	9（6）
宁波		2
福州		1
厦门	2	
黄浦	1	3（3）
湛江	5（2）	1（1）
八所	1（1）	3（1）

注：括号内数字是1万吨级以上的泊位数。

封锁禁运缓和之后，为发挥港口的多种功能，陈云对港口建设提出了新建议。1957年8月31日，他将上海锦江饭店经理兼旅行

---

① 详见《1949—1952 中华人民共和国经济档案资料选编·交通通讯卷》第三部分，中国物资出版社1996年版，第904页。

社经理宣铎的报告批送罗瑞卿、齐燕铭。并在附信中指出：外国货轮到上海装卸，少则 3 天，多则 7 天，现在规定船员下船半夜 12 点必须回船。如果允许他们下船住高级旅馆和到杭州、苏州等地游玩，我国统统可得外汇，仅上海一地一年可得 200 万美元。如全国各港口都这样搞，而且允许一些外国自费旅行者到开放城市旅游，还可以赚取外汇。

中华人民共和国成立初期组建远洋运输业和实施港口建设使中国的对外贸易运输没有中断，海上航线保持畅通，保证了国家内外交流的物资源源不断地输入输出。

三　国际铁路联运的开办

1949 年以前，中国大陆的铁路共计 2.69 万公里（营业里程 2.18 万公里），不仅数量少，而且制式不一。对外贸易运输主要依靠海运。中华人民共和国成立以后，为了冲破帝国主义的"封锁"、"禁运"，为了发展同苏联和其他人民民主国家的贸易，中国在大力发展海洋运输的同时，大力修复和新建铁路，并着手办理国际铁路联运。

首先是恢复广九铁路（即广州到香港、九龙的铁路）通车。1950 年，陈云对广九铁路恢复通车提出如下意见：（一）目前恢复广九通车，似对我有利。你们可在适当时机以我方铁路部门出面与英方铁路部门谈判，商谈地点以广州为宜。（二）通车办法有多种：甲、广九直达；乙、以深圳为界全部换车；丙、只换员工不换车；丁、只换旅客车不换货物车。我们认为既可通车，则似以广九直达为好，但请你们斟酌利害，电告我们。（三）谈判中不应接触英在九龙的地位，也不应涉及广九路过去的条约与债权，声明这些问题我铁路方面无权商谈。（四）通车后出入口之外人（这里指境外的人，既包括外国人，也包括香港人），应采取何种出入境手续，深圳我站之税收、公安检察机关如何布置，请研究电告。

新建的国际铁路联运，最早开办的是中苏铁路联运。1951年3月14日，以铁道部副部长吕正操为首的中国铁道部代表团与苏联交通部代表团在北京签署了《中苏铁路货物联运协定》，当年4月1日开始实行。1951年11月1日，苏联和东欧各国签订铁路国际旅客联运协定和国际铁路货物联运协定开始实行。我国首先通过东北满洲里实现中苏铁路联运。

1952年8月20日，陈云参加中国政府代表团与斯大林举行第一次会谈。双方就中蒙铁路修建问题等交换意见。在此基础上，1953年7月2日至31日，国际客协和货协代表大会在莫斯科举行。以铁道部部长滕代远为首的中国铁路代表团参加了大会，签署了联运议定书。1954年1月25日，中朝国境铁路协定在北京签订。1954年10月12日，中、蒙、苏三国政府发表关于修建集宁—乌兰巴托铁路和组织联运的联合公报。1954年12月11日，集二铁路铺轨至中蒙边境，当时轨距为1524毫米的宽轨（1965年改为1435毫米标准轨），所运送的大部分是中苏间进出口货物，苏联铁路车辆经二连浩特到集宁换装。1955年10月17日，中、蒙、苏三国铁路代表在乌兰巴托签署了中、蒙、苏铁路联运问题的议定书。1956年1月4日，三国政府宣布集宁—乌兰巴托铁路建成和开办国际联运。

1955年5月25日，中越铁路联运协定在北京签订，同年8月1日开办了中越铁路联运。

至此，中国同欧亚两洲的11个国家（即朝鲜、越南、蒙古、苏联、罗马尼亚、保加利亚、匈牙利、捷克斯洛伐克、波兰、民主德国、阿尔巴尼亚）的铁路办理了国际联运，营业里程共达26万公里。同时与欧洲其他各国铁路也可通过国际货协（《国际铁路货物联运协定》的简称）参加国办理转发送，进行货物联运。

通过联运业务，双方国度发站铁路承运的货物，凭一张联运运单即可直达终点；实现了"一票直达"，简化了运输手续，缩短了运输时间。

开展国际铁路联运的最初几年，由于经办单位缺乏经验，业务知识不足，错发错运现象时有发生。外贸运输部门及时总结经验教训，把好口岸关，严格按合同核放货物，加强票货、票票核对，力争把错运消灭在口岸；对于没有合同的货物，运输部门主动同有关外贸专业公司取得密切联系，采取口岸核查与内地查找相结合的办法，建立了进口回执单制度。各进口公司将中国对外签订的交货共同条件中的运输条款加以具体化，订明到站收货人和代号。通过国内外各方面共同努力，在第一个五年计划期间，错发错运问题基本上得到解决，保证了工业建设的大批进口设备物资安全抵达目的地。

在20世纪50年代，国际铁路运量在中国对外贸易进出口总运量的比例逐渐上升至近半。[①]

四 历史启示与现实实践

（一）当代"一带一路"与古代"丝绸之路"、新中国开辟洲际货运渠道，一脉相承，从古至今的历史表明了对"一带一路"的弥久需求

中华人民共和国开辟洲际货运渠道是基于反对封锁禁运，建立开放、自由、安全和海洋、陆地资源互利互补的新秩序。与古代丝绸之路比较，中华人民共和国开辟的洲际货运相似之处在于都不是一条简单的路，而是一个道路系统，是由海上、陆路不同路线所组成、基本走向相似的道路体系。与当代相比较，"一带一路"面对拥有广泛多样性的世界，更加需要互联互通，以促进相关国家之间交往的便利化和流动性，全方位、宽领域、多层次的格局正在步入成熟期。从应对封锁禁运到建设"一带一路"，历史表明中国致力

---

① 中国社会科学院、中央档案馆编：《1949—1952 中华人民共和国经济档案资料选编·交通通讯卷》第三部分，中国物资出版社1987年版。

于开放、和平与发展是一贯的。中国建设"一带一路"是以周边外交和互联互通为依托，连接亚欧，是一个经济、政治、外交、文化等全方位的新型区域合作概念。对外开放、洲际互通是由中国的和平与发展的需求所决定的，也符合各国和平与发展的需求。"一带一路"沿线各国的有效对接，犹如为中国与沿线各国的合作装载了"超级引擎"，不仅拓宽了沿线国家的企业投资之路、贸易之路，也拓宽了中国与中东欧国家的战略对接、合作共赢之路。

（二）建设洲际道路系统必须依靠国际合作，合作必须互利、各自发挥比较优势、互通有无

当年洲际货运的开辟涉及政府合作、企业合作、地域合作。这种合作仍然是建设"一带一路"所必需。只有合作，才能互通共赢。

历史上中国没有主动地利用丝绸之路，也很少从丝绸之路贸易中获得利益，在这条路上经商的主要是今天的中亚、波斯和阿拉伯商人。60多年前中华人民共和国开辟洲际货运开始了互利合作之路。今天我们要建设"一带一路"，要坚持互通互补互利、实现共赢。"一带一路"能不能建成，关键是能不能形成利益共同体。如果最终能形成命运共同体，那么它才是真正巩固的。"一带一路"倡议将使沿线国家从基础设施互联互通中获益，缩小各国间的发展差距。

半个多世纪前中国在租用外籍商船、建立外轮代理公司、中外合资海运公司、外轮理货公司等举措中，均遵循世界市场通行的一般规则，有着良好的信誉。中波轮船公司等中外合资企业得以长期生存，不断发展即是突出例证。波兰当年与中国创建中波轮船公司，允许中国在格丁尼亚成立专管远洋运输的办公室；今日支持"一带一路"倡议，在中东欧地区率先加入亚洲基础设施投资银行，积极致力于欧亚合作，体现了中波友谊的源远流长。

今日中方在提出"一带一路"倡议，并非强求他方呼应，而是将中方战略同相关国家已有的发展规划衔接起来。这种关系网络

与运行规则的平等性和共生性,符合合作共赢的潮流,是将经贸合作作为主攻方向,携手推动中欧贸易和投资机制建设,提高贸易和投资自由化便利化水平,整合欧洲先进技术优势、中国产能优势、合作国的区位和人才优势,打造新的贸易中心和经济增长极。为了建设"一带一路",确保本国商品最快捷地运抵西方消费者手中,2015年10月,澳大利亚宣布,中国的岚桥集团以5.06亿澳元(约23.78亿元人民币)获得北部地区达尔文港99年的租赁权。它是该国北海岸上的大型港口,亦被称作"通往亚洲之门"。2016年4月8日,中国远洋海运集团有限公司(中远海运集团)和希腊共和国发展基金(HRADF或基金)正式签署了比雷埃夫斯港口管理局(比港管理局)股权的转让协议和股东协议。此举标志着中远海运集团收购比雷埃夫斯港(比港)67%股权项目取得了重要进展。它将打造为吞吐从亚洲输往欧洲货物的大型国际转运枢纽,与中国欲在阿尔及利亚的舍尔沙勒兴建并运营港口的计划可谓相得益彰。后者理当成为地中海最大的海上运输中心。北京已与阿尔及利亚政府签署了总额33亿美元的协议。早在2007年,我国就投资近2.5亿美元,在巴基斯坦建成了瓜达尔港。承揽基建工程的中国交通建设股份有限公司也将自2019年起,于加拿大东海岸的悉尼港兴建集装箱终端,项目价值同样高达数十亿美元。目前,全球货运吞吐量排名前十的港口中,有6个地处中国。在此背景下,中国控制海运线路另一端口的意愿是合乎情理的。投资港口令中国能够提升本国物流的确定性,降低这一交易环节的成本。此外,掌握相关的货运信息不仅有助于中国对物流领域的情况作出预期,也能顺道摸清港口所在地区的经济进程。

(三)开辟与建设洲际互通渠道需要多方协商投资

中华人民共和国成立初期为开辟洲际货运通道,创建远洋运输业、恢复和建设沿海港口、开办与发展国际铁路联运,均与相关国家各方共同协商投资,才取得了预期的效果。当时中国主要通过国家财政投资。今日以基础设施建设为核心的"一带一路"建设需要大量资金投入，单个国家很难完成，需要更加普遍的国际金融运作。2014年成立的亚洲基础设施投资银行（简称"亚投行"）和"一带一路"是孪生兄弟，以基础设施建设为核心的"一带一路"需要亚投行推动。目前，亚投行共有57个成员。2016年下半年还将有20个意向国家加入亚投行，届时将会有约90个成员。亚投行近期交出的首份周年报告显示：亚投行董事会已经批准了该行首批四个项目、总计5.09亿美元的贷款，涉及孟加拉国、印度尼西亚、巴基斯坦和塔吉克斯坦的能源、交通和城市发展等领域。这些项目具备三个最基本要求，即必须在金融上具有可持续性、环保，在社会上得到广泛接受。[①] 为了优化投资机制，使地方政府、企业和其他民间机构形成合力，仍要加强对"一带一路"建设方案和路径的研究，在规划对接、政策协调、机制设计上做好政府的参谋和助手，在理念传播、政策解读、民意通达上做好桥梁和纽带。

（四）发展中国家的合作发展是当代世界的突出特征

当代世界一批新兴经济体崛起、更多的发展中国家步入起飞门槛。为发展中国家创建可持续发展的环境是时代的要求。但是一些国家的基础设施不足极大地制约了当地经济发展特别是贸易往来。如大部分中亚国家的基础设施建于苏联时期，统一使用苏联标准，无法满足各个国家自身的需求。在塔吉克斯坦，情况糟糕到居民每天只能获得不到12小时的电力供应。监管效率低下以及寻租腐败问题严重制约了中亚区域性贸易的发展。根据世界银行对全球189个经济体的经商容易度的排名，中亚国家跨境贸易便利指数的平均排名为第127位。世界经济论坛发布的《全球贸易促进报告》也指出中亚地区海关行政管理的低效。中国在制定"一带一路"倡议行动计划时并没有忽视上述问题。国家发改委曾表示，"一带一路"倡议旨在促进中国与邻国之间更多的监管

[①] 金立群：《亚投行也支持非"一带一路"国家》，《新京报》2016年6月30日。

协调，鼓励投资目的地国家的"对外开放"。同时，"一带一路"倡议还强调主权的重要性，中国必须在不干预中亚国家内政的原则下推动它们的改革，否则"一带一路"倡议不太可能取得成功。

中国是世界经济大国，但仍然是一个发展中国家。从应对封锁禁运到建设"一带一路"体现着中国从本身的发展需要出发，并把中国经济的发展与其他国家的发展结合起来，动员各方的积极性，打造新的发展空间，创建新的发展引擎。

人类历史上对世界有所贡献的大国，必定在思想和理论上不步别人后尘。回顾从应对封锁禁运到建设"一带一路"的历史进程，有助于我们开阔视野，深入认识自己与世界。

（原载《毛泽东邓小平理论研究》2016 年第 12 期）

毛泽东与新中国独立完整工业体系的
建立及中国的现代化

在过去300年里，全球发达国家的比例不到20%。现代世界发展中国家升级为发达国家的可能性仅为5%。① 这样有限的机遇使得发展中国家的工业化、现代化受到普遍关注。从1949年至今，中国能够从一个积贫积弱的落后的农业国成为初步工业化、现代化国家，是由于从中华人民共和国成立之初，毛泽东及其战友就十分清楚：中国必须建立独立自主的国民经济体系。这正是毛泽东及其领导下的党和国家在经济领域耕耘成果的集中体现——初步建立起独立完整的工业体系和国民经济体系。其中的成功与失误具有鲜明的时代特征，充满着矛盾，留给后人大量思索空间。

1949年，中华人民共和国的工业水平正如毛泽东所言："一架飞机、一辆坦克、一辆汽车、一辆拖拉机都不能造，许多机器不能造"②，能源、原材料等基础工业十分落后。革命成功后的中国志士未忘落后挨打的屈辱历史，将工业化作为经济建设的首要战略目标。在人口众多、基础薄弱等内部条件极差的背景下，面对西方发达大国对华封锁、禁运的恶劣外部环境，如何跨越贫困陷阱，在资本要素稀缺程度近乎零的基础上，追赶世界现代化步伐？以毛泽东为首的中华人民共和国领导人带领共和国走过了艰难曲折的道路；于中华人民共和国诞生后30余年，初步建立起独立完整的工业体

---

① 何传启主编：《中国现代化报告2011》，北京大学出版社2011年版。该书对发达国家和发展中国家之间转换的判断，转引自《中国社会科学报》2011年1月20日。
② 《毛泽东著作专题摘编》（上），中央文献出版社2003年版，第820页。

系和国民经济体系。这在中国史无前例,在世界也罕见,值得后人铭记。

以下从八个方面简要回顾其间的几个关键点:

一　废除封建土地制度,为中国工业化开拓通途

在长期的革命战争中,毛泽东形成了经济与政治密切相关的思想。如他起草的《中共中央关于土地改革中各社会阶级的划分及其待遇的规定》(草案)的第一章《中国的社会经济形态、阶级关系和人民民主革命》和第二章《中国目前的阶级关系和人民民主革命》。他认为,中国的社会经济形态,还在一百多年以前(1840年中英鸦片战争时期),就开始由古代的独立的封建的社会经济形态,逐步地改变为半殖民地半封建的社会经济形态,即是说半独立的半资本主义的社会经济形态。在中国土地制度改革以前,农民都受地主和其他剥削阶级直接或间接的剥削;只有在新民主主义国家实现土地制度的改革以后方才免除。中国人民如果要消灭帝国主义的、封建的和买办的生产关系,完成民族独立,实行土地改革,没收官僚资本,建立新民主主义的生产关系,借以发展中国的生产力,他们就必须推翻帝国主义、本国地主阶级、官僚资产阶级及旧式富农所结合在一起的反动的腐朽的国家权力。因此,他创造性地将解决农民的土地问题作为中国新民主主义革命的基本内容,领导了近30年的农民土地革命,在中国废除了封建土地制度,将地主阶级清除出历史舞台,从而为工业实业发展筹集资金、技术、人才创造了条件,扫清了中国生产力发展的最大障碍。这场斗争深入到穷乡僻壤,奠定了工业化的国民动员基础,将传统村社的社会资源转化为工业化的社会资本。在土地改革的基础上,我国基本实现了耕者有其田。这既满足了农民的土地需求,又降低了工业建设成本,并使农民在工业化、城市化、市场化的转化过程中有了凭借,保障了国家工业化进程未中断和共和国政权相对稳定的社会局面。

二 坚定不移地推进工业化,勇敢地建立独立自主工业体系

毛泽东牢记"落后挨打"的历史教训。他认为:如果不在今后几十年内,争取彻底改变我国经济和技术远远落后于帝国主义国家的状态,挨打是不可避免的。因此,工业化速度也是一个很尖锐的问题。一国的工业化道路必须符合本国的具体国情。近代历史上有作为的后发国家大部分通过强有力的政府去引导投资,走重工业与轻工业协调发展的道路。汲取这些国家的经验,我国将相对处于劣势的重工业作为发展重点①。毛泽东创造性地提出,"工业化道路的问题,主要是指重工业、轻工业和农业的发展关系问题。我国的经济建设是以重工业为中心,这一点必须肯定。但是同时必须充分注意发展农业和轻工业。"② 后来,他又提出"要重工业,又要人民","发展工业必须和发展农业同时并举","以农业为基础,以工业为主导"的思想。他还形象地说:国民经济有两个"拳头",一个"屁股":基础工业是一个"拳头",国防工业是一个"拳头",农业是"屁股"。

在建立独立自主的工业体系方面,中国同苏联有过争论,苏联及东欧一些国家曾要求中国不要搞完整的工业体系,而是通过社会主义阵营内的国际分工解决问题。毛泽东不能同意这种受制于人的主张。面对中国这样的大国经济,他认为,革命和建设都要靠自己。毛泽东将工业体系的建立作为工业化的标准之一。他说:我们八大一次会议曾说:要在第二个五年计划建立社会主义工业化的巩

---

① 至1952年国民经济恢复时,东北工业已达1943年产量的110%。全国已达历史最高年产126%(35种重要产品),其中超过最多的是轻工业,重工业则恢复较慢,不得不靠进口。进口的机器钢材从38万吨(1950)增加到42万吨(1951)、50万吨(1952)。轻工业因能源、原材料不足尚有闲置的设备能力,火柴产能仅用30%,卷烟仅用39%,面粉仅用51%。转引自《薛暮桥笔记》中1952年年底关于工商业情况的笔记。

② 《毛泽东著作选读》(下),人民出版社1986年版,第796页。

固基础；又说：要在十五年或者更多的时间内建成完整工业体系。这两个说法有点矛盾，没有完备的工业体系怎么能说有了社会主义工业化的巩固基础呢？根据毛泽东的思想，我国在十分艰难的条件下勇敢地走上了建立独立自主工业体系的道路。

转移农村劳动力是工业化面临的一个重大问题。若采用传统的依靠现代产业部门逐步吸纳破产农民的方法，既是一个漫长的过程，也会造成农民痛苦与社会不安定，拖延工业化的进程。毛泽东试图找出一条费时少、见效快、痛苦小的道路。这就是兴办农村工业。合作化和人民公社化的最初目的，是为了发展农村生产力以及便于国家控制农业剩余以较低的转移成本和畅通的渠道流向非农业部门；也是为了减少工业化过程中的不安定因素。毛泽东对发展地方工业、农村工业倾注了极大的精力。1958年，他指出"公社要工业化"，要有自己的高等学校，培养自己所需要的高级知识分子。1958年12月，中共中央《关于人民公社若干问题的决议》，提出了国家工业化、公社工业化的任务。此后，在国家给予政策、技术、人员的扶持下，社队企业迅速发展。人民公社在工业化初期，对于建立乡镇工业、兴修水利、合作医疗、普及义务教育，创造一个有利于工业化的社会环境是有贡献的，也为改革开放之后乡镇企业的崛起开了先河。

在毛泽东领导下，尽管建立的独立国民经济体系相当粗糙，建设的过程极为痛苦和艰难，建设的代价相当高昂，但是，千年古国毕竟迈开了由农业国转向工业国的步伐，为改革开放以后的腾飞奠定了基础。

三 坚持学习引进与自主研发相结合的科技方针

毛泽东十分重视科学技术的作用。他指出："资本主义各国，苏联，都是靠采用最先进的技术，来赶上最先进的国家，我国也要这样。"① 1950 年 2 月，毛泽东、周恩来等到莫斯科同斯大林签订条约，由苏联政府派出专家、技术人员来中国，通过对等贸易的方式引进技术和设备。1952 年，周恩来、陈云等进一步与苏联协商，确立了苏联全面支持中国建立工业体系的计划，毛泽东抓住了这一难得的历史机遇，建立计划经济体制，保证了"一五计划"期间为建立工业体系打下初步基础。在引进制备与技术的过程中，毛泽东强调："引进新技术不是一味摹仿，照抄照搬。学习外国必须同独创精神结合起来。引进技术必须同自己钻研结合起来。对于进口的技术装备，必须加以研究，一般从仿制做起，进而结合我国的具体情况加以改进和提高。"②

汲取历史教训，毛泽东在关于经济建设的讲话中强调："自力更生为主，争取外援为辅，破除迷信，独立自主地干工业、干农业、干技术革命和文化革命，打倒奴隶思想，埋葬教条主义。"③ 1960 年 7 月 18 日，毛泽东在得知苏联政府撤走专家的照会后，下决心搞尖端技术。他在 1963 年 9 月 3 日对印度尼西亚共产党代表团的谈话中说："苏联把专家撤走，撕毁了合同，这对我们有好处。我们没办法，就靠自己，靠自己两只手。后来苏联又后悔了，想再派专家来，要同我们做生意，我们不干。他们再派专家来，有朝一日他们又要撤走专家，撕毁合同。他们已经失去了我们的信任。……离开了先生，学生就自己学。有先生有好处，也有坏处。不要先生，自己读书，自己写字，自己想问题。这是一条真理。"④ 此后我国在较短时间里建立了独立的比较完整的工业体系，迅速研制和爆炸了原子弹、氢弹，发射了导弹、人造卫星，为国防工业、航天事业等尖端科技的发展打下了基础。

毛泽东将大力发展科学技术视为国家的重要职能。他指出：

---

① 《毛泽东文集》第八卷，人民出版社 1999 年版，第 126 页。
② 《建国以来重要文献选编》第十九册，中央文献出版社 1998 年版，第 492—493 页。
③ 《毛泽东文集》第七卷，人民出版社 1999 年版，第 380 页。
④ 《毛泽东文集》第八卷，人民出版社 1999 年版，第 338 页。

"科学技术这一仗，一定要打，而且必须打好。过去我们打的是上层建筑的仗，是建立人民政权、人民军队。建立这些上层建筑干什么呢？就是要搞生产。搞上层建筑、搞生产关系的目的就是解放生产力。现在生产关系是改变了，就要提高生产力。不搞科学技术，生产力无法提高。"① 在发展中国家，我国率先进行高技术开发。1951年我国即重视新兴产业，发展了航空工业。1955年做出了发展核技术和核工业的决定。1956年在第一个长期科技发展规划《1956—1967年科学技术发展远景规划纲要》中，确定了计算机技术、半导体技术、自动化技术、无线电技术、核技术、喷气技术等高技术领域的57项重点任务和616个中心问题，均为我国最急需的科技领域，并提出了"重点发展，迎头赶上"的方针。1949年以来的30年中，我国累计向高技术领域的投资超过1000亿元，约占国家全部建设投资的6.3%。到20世纪80年代末已拥有一支300多万人的高技术产业队伍，初步形成了一定的产业规模。1987年，我国高技术产业的产值估算已达到740多亿元，约占国民生产总值的6.8%。②

诸多具有国际水平或重大影响的案例，从一个侧面反映了毛泽东领导下中华人民共和国头30年科学技术发展的成功业绩。为加强对原子能工业和尖端武器的研究试验工作的领导，毛泽东专门批示："要大力协作，做好这件工作。" 1962年11月，中央成立了以周恩来为首的15人专门委员会，加强对原子能工业的领导和原子弹的研制攻关。从第一颗原子弹爆炸到第一颗氢弹爆炸，我国仅用了两年零8个月。③ 1965年中国核动力研究设计院成立，当年毛泽东发出"核潜艇一万年也要搞出来"的豪迈誓言。结果不到十年

---

① 《毛泽东文集》第八卷，人民出版社1999年版，第351页。
② 邓寿鹏、于维栋：《加速我国高技术产业化的历史进程》，《人民日报》1989年1月2日。
③ 参见艾素珍《新中国科学技术重大成就》，《中国科技史料》1999年第4期。

就成功地研制出我国第一艘核潜艇。① 科技在各项民用事业中也得到了发扬。在石油开发方面,"中国贫油论""东北贫油论"的悲观论调曾经很有影响。1953年年底,毛泽东征询李四光对中国石油资源前景的看法。之后在李四光大地构造等理论的基础上,建成了大庆油田。② 在三线钢铁基地建设中,从矿山、炼铁、炼钢到轧制钢材,都成套地采用先进技术。③ 在基础理论方面,中国最早把数学理论研究和生产实践紧密结合的科学家华罗庚,于1964年向毛泽东建议在生产实践中推广优选法和统筹法,毛泽东回信称赞他的想法"壮志凌云,可喜可贺"。

四 分析"十大关系",探索适合国情的发展道路

"一五"时期,经济建设资金高度集中于中央政府,对于保证重点项目的建设起了重要作用,同时带来了集中过多、缺乏灵活性、对国营企业和地方财政管得过死的弊病。1956年社会主义改造完成,国营经济比重迅速提高以后,问题更加突出了。毛泽东突破了斯大林关于社会主义社会中生产关系和生产力、上层建筑和经济基础完全适应的观点。他认为,在社会生产关系中,基本矛盾仍然是生产关系和生产力之间的矛盾,还要调整生产关系,以适应生产力的发展;调整上层建筑,以适应经济基础的要求。但是如何调整,却没有现成的答案。

从1956年2月起,毛泽东进行了系统的调查研究。4月,他在中央政治局扩大会议上讲了《论十大关系》。其中阐述的十个问题"都是围绕着一个基本方针,就是要把国内外一切积极因素调

---

① 龙巧玲、陈英华、赵华:《走自主创新的核动力之路》,《人物》2005年12月9日。
② 顾功叙:《一段值得回忆的历史》,《石油物探信息报》1989年10月1日。另见赵文津:《李四光与中国石油大发现》,《科技日报》2005年4月29日。
③ 参见苏拉密《成昆铁路:宏伟深远的战略决策,卓绝壮烈的英雄史诗》,《华岳论坛》2006年5月20日。

动起来，为社会主义事业服务。"① 为此，毛泽东提出了一系列具体主张：在中央和地方的关系上要发挥两个积极性。"扩大一点地方的权力，给地方更多的独立性，让地方办更多的事情。"② 在国家、生产单位和生产者个人的关系上要兼顾三者的利益，企业应当有半独立性，公开的、合法的"半独立性"。③ 还要照顾生产者个人的利益，"工人的劳动生产率提高了，他们的劳动条件和集体福利就需要逐步有所改进"。同样，也要处理好国家、合作社和农民的关系，"国家要积累，合作社也要积累，但是都不能过多。我们要尽可能使农民能够在正常年景下，从增加生产中逐年增加个人收入"。④ 这些思想闪烁着辩证法的火花，时至今日仍是大政方针决策的重要方式。

五 试图调动地方与企业的积极性，探索管理体制的变革

受国际环境制约，我国重工业建设所需的大量资金主要来自内部积累。为了集中资源要素，并借鉴苏联经验，1953年制定的过渡时期总路线确立了"一化三改"方针。政府通过低成本获取农产品与劳动力实现了初期积累，解决了工业化最困难的资本匮乏问题，保证了工业化方针的实施。由此也带来了权力集中过多的弊病。毛泽东对此指出："中央有些部门，把地方办的事业不当作自己的，只把直属的企业看成自己的，这种看法妨碍了充分发挥地方的积极性。中央和地方都要注意发挥企业的积极性。去年有些基本建设单位实行了投资包干制，就大大发挥了这些单位的积极性。"⑤他于1958年和"文化大革命"期间曾大幅度下放企业管理权限，

---

① 《毛泽东文集》第七卷，人民出版社1999年版，第23页。
② 同上书，第31页。
③ 同上书，第53页。
④ 同上书，第221页。
⑤ 《毛泽东文集》第八卷，人民出版社1999年版，第126—127页。

但由于背离了经济运行的规律，未能解决"一统就死，一放就乱"的怪圈，效果不好。

在工业企业的微观管理方面，"鞍钢宪法"是毛泽东试图跳出苏联企业管理模式的探索。① 鞍钢是中华人民共和国成立后最早恢复和建设的特大型钢铁联合企业，在国营企业中较早建立比较完整的规章制度，使企业走上专业化管理的轨道。"大跃进"，特别是庐山会议的"反右倾"使国民经济陷入困境。严峻的现实迫使毛泽东重新思索建设道路和企业的经营管理问题。1959年12月至1960年2月，他在读苏联《政治经济学教科书》时，探讨了社会主义公有制建立后的企业管理问题。他认为，"所有制问题基本解决以后，最重要的问题是管理问题，……就是人与人的关系问题。"② "鞍钢宪法"试图解决：如何让工人参加企业管理问题；企业的干部以普通劳动者的姿态出现；企业实行民主管理。被概括为"两参一改三结合"的这种管理方针与现代企业管理中的人本观念、全员参与和权变管理等有相通之处。③ 在此基础上，毛泽东曾提出"工业学大庆"，进一步探索资本原始积累过程中的工业企业管理问题。这些探索均只是提出了问题，并未实现他的目标。

六 应对高指标、浮夸风与"共产风"对生产力的破坏

与世界其他国家比较，我国底子薄、人口多、人均资源短缺。在被封锁的环境中，这样的农业大国仅靠人力日夜苦干，短时间摘掉贫穷落后的帽子是不可能的。但是，在20世纪50年代后期，毛

---

① 戴茂林：《鞍钢宪法：毛泽东探索中国社会主义建设道路的重要一环》，《教学与研究》1998年第9期。
② 《毛泽东文集》第八卷，人民出版社1999年版，第134页。
③ "两参一改三结合"的管理思想得到了国内外管理学家们的重视。日本出版的《管理大百科全书》的第一章第一节第一条，就是中国鞍山钢铁公司的"两参一改三结合"。参见戴茂林《鞍钢宪法：毛泽东探索中国社会主义建设道路的重要一环》，《教学与研究》1998年第9期。

泽东对于经济建设的艰巨性、复杂性和客观规律缺乏认识。将头七年经济工作成就简单地归结于发挥人的主观能动性；错误批判了实事求是"反冒进"的同志；加之中共党内缺少科学化决策和民主化建设的机制，经济建设中出现了严重错误。1958 年发动"大跃进"运动，主张计划工作搞"两本账"，以高指标、强迫命令、浮夸风和"共产风"为主要标志的"左"倾错误泛滥开来。"大跃进"发动之后不久毛泽东就发现了问题。他说："现在有股风，是十级台风，也不要公开去挡，要在内部讲清楚，把空气压缩一下。要去掉虚报、浮夸，不要争名，而要务实。有些指标高，没有措施，那就不好。"① 1959 年 3 月，毛泽东在郑州开会期间，对洛阳地委书记纪登奎说："我去年在北戴河会议上说办人民公社，没说叫刮'共产风'。……吃食堂饭，实践证明不行，要搞人民公社，必须去掉食堂。"1959 年 5 月，中共中央发出指示说："粮食分配到户，个人自愿参加（食堂），口粮依人定量，节余全部归己。"还指示将自留地发还社员，允许社员私养家畜家禽。但是为了维持"大跃进"的决策，在实施"计划两本账""拔白旗""反右倾"等运动性措施下，浮夸等邪风在"大跃进"的三年中愈演愈烈。1959 年 6 月以后，随着国民经济比例失衡引发负向连锁反应，国民经济深层次的问题迅速暴露，毛泽东对按比例发展和综合平衡问题认识有了深化、提高，他在反省既往的教训时说：搞建设，我们没有经验。有计划按比例发展的问题，我不甚了解，要研究，现在我们似乎开始接触这个问题了。讲了多少年有计划按比例发展，就是不注意，就是不讲综合平衡。1956 年的错误是不应该公开反"冒进"。"现在看来，陈云同志的意见是对的。"② 而且高度评价陈云坚持综合平衡、反对公布"大跃进"高指标的意见，列举陈云多次提出正确意见未被采纳的实例，"一月上旬我召集的那个会，

---

① 转引自罗平汉《"大跃进"的发动》，人民出版社 2009 年版，第 123 页。
② 《毛泽东文集》第八卷，人民出版社 1999 年版，第 78 页。

陈云讲了，他估计完不成（指一九五九年钢产量一千八百万吨的计划指标——引者注）。这种话应该听。那个时候有人说陈云是右倾机会主义，并非马克思主义，而自己认为是十足的马克思主义。其实，陈云的话是很正确的。""在武昌发表一九五九年粮、棉、钢、煤的数字问题上，正确的就是陈云一个人。一月上旬，也是他正确，不是别个同志正确，别个同志不善谋。"① 1960年11月，毛泽东要求"必须在几个月内下决心彻底纠正十分错误的'共产风'、浮夸风、命令风、干部特殊风和对生产瞎指挥风，而以纠正'共产风'为重点，带动其余四项歪风的纠正。"② 但是由于理论和实践上的失误与偏离；在城市与企业，一味批判所谓"物质刺激""利润挂帅"，在农村，鼓吹"穷过渡""割资本主义尾巴"等，破坏了生产力，造成经济倒退，使中国经济出现了严重困难。邓小平于改革开放后指出："总的说来，我们还是经验不够，自然也有胜利之后不谨慎。当然，毛泽东同志要负主要责任，这一点，他曾经作了自我批评，承担了责任。"③

毛泽东在1958年第一次郑州会议之后的9个月中，不断地调整政策和生产指标，使它们尽量符合实际，使经济混乱的情况有所改变。④ 为了纠正错误，他通过学习指出：只要存在两种所有制，商品生产和商品交换就是极其必要、极其有用的。现在要利用商品生产、商品交换和价值法则，作为有用的工具，为社会主义服务。"商品生产，要看它是同什么经济制度相联系，同资本主义制度相联系就是资本主义的商品生产，同社会主义制度相联系就是社会主义的商品生产。"⑤ 1961年他倡导搞调查研究年、实事求是年。

---

① 逄先知、金冲及编：《毛泽东传（1949—1976）》下，中央文献出版社2003年版，第939—940页。
② 《毛泽东文集》第八卷，人民出版社1999年版，第220页。
③ 《邓小平文选》第二卷，人民出版社1999年版，第302页。
④ 张素华：《1958—1959年毛泽东纠"左"的努力》，《党史文汇》2013年第5期第5—11页。
⑤ 《毛泽东文集》第七卷，人民出版社1999年版，第439页。

七 重视与推动中西部与少数民族区域经济发展

中国的独立与统一离不开完整的国民经济体系，建立完整的国民经济体系离不开中西部和少数民族区域的发展。抗战结束之后，西藏已经被英国和美国渗透得非常厉害。① 毛泽东十分重视这个问题，首先要发展西部与内地的交通联系。早在1951年，毛泽东就要求建设西藏与内地的公路。1952年，他为康藏公路开工题词："为了帮助各兄弟民族，不怕困难，努力筑路！"② 经过中国人民解放军与各民族民工的共同努力，克服了重重困难，在第一个五年计划期间，就在世界屋脊上修通了康藏、青藏、新藏公路。从此改变了进藏物资只能从印度转运的历史。这对维护国家的独立与统一发挥了重要作用。

在毛泽东领导下，对西部地区进行了两次大规模开发。第一次是"一五"时期以"156项"建设为核心的建设中，我国政府把苏联援建的156项工程和其他限额以上项目中的相当大的一部分摆在了工业基础相对薄弱的内地。考虑到资源等因素，将钢铁企业、有色金属冶炼企业、化工企业等，选在矿产资源比较丰富及能源供应充足的中西部地区；将机械加工企业，布局于原材料生产基地附近。在实际施工的150个项目中，106个民用企业除50个布置在东北地区外，大多数布置在中西部地区；44个国防企业，除有些造船厂必须摆在海边外，布置在中部地区和西部地区的有35个。150个项目实际完成投资196.1亿元，其中东北占实际投资额的44.3%，其余大多数资金都投到了中西部地区。其中中部地区占32.9%；西部地区占20%。③ 这样的投资布局初步改变了西部地区

---

① 王伟：《看懂世界格局的第一本书之蓝色战略》，世界图书出版公司2013年版。
② 《毛泽东西藏工作文选》，中央文献出版社、中国藏学出版社2001年版，第87页。
③ 参见董志凯、吴江《新中国工业的奠基石——156项建设研究》，广东经济出版社2004年版，第413—416页。

的落后面貌。

第二次是"三五""四五"时期以"三线"建设为核心而进行的开发。根据国际形势的变化与推测,毛泽东汲取第二次世界大战期间苏联后方没有战略基地而受到希特勒攻击的教训,做出备战备荒、建设"三线"的决策。他认为,这是"解决一个长远的战略性的大问题"。① 他及时批复同意李富春、周恩来关于建设攀枝花的报告;反复审阅并同意赵尔陆关于三线建设动力问题的报告。

"三五"期间,"三线"建设投资额占全国基本建设投资的比重高达52.7%,"四五"期间仍达41.1%。② 尽管单纯从投入产出看,三线建设的经济效益比东部低,但对西部内地经济发展所发挥的作用是巨大的。

八 工业化建设与人民基本生活兼顾

优先发展重工业需要大量投资和比较长的建设周期。由此产生的一大难题是如何稳妥地处理积累与消费的关系及经济建设与人民生活的关系。

党的八大前后,毛泽东、周恩来、刘少奇等中央领导人都强调不能采取像苏联那种把农民挖得太苦的政策,而是必须"又要重工业,又要人民"③,"兼顾国家和农民的利益"。④ 在《论十大关系》中,毛泽东谈的第一个关系,就是重工业和轻工业、农业的关系。"农业、轻工业投资的比例要加重一点。""加重的结果,一可以更好地供给人民生活的需要,二可以更快地增加资金的积累,因而可以更多更好地发展重工业。""我们现在发展重工业可以有

---

① 赵尔陆时任国家经委副主任、中央军委国防工业委员会副主任、国务院国防工办常务副主任。
② 马泉山:《新中国工业经济史》,经济管理出版社1998年版,第249—254页。
③ 《周恩来经济文选》,中央文献出版社1999年版,第336页。
④ 《毛泽东文集》第七卷,人民出版社1999年版,第30页。

两种办法，一种是少发展一些农业、轻工业，一种是多发展一些农业、轻工业。从长远观点来看，前一种办法会使重工业发展得少些和慢些，至少基础不那么稳固，几十年后算总账是划不来的。后一种办法会使重工业发展得多些和快些，而且由于保障了人民生活的需要，会使它发展的基础更加稳固。"①

在物资匮乏的时代，毛泽东指出："世间一切事物中，人是第一个可宝贵的。"② 为了应对工业化初期比较紧张的平衡，在遭受封锁、禁运的国际环境中，国家采取了"统购统销"、凭票供应基本生活资料、缩小收入差距等措施，以维持人们最低生活与消费水平下的社会再生产。同时，毛泽东倡导教育、医疗卫生事业的普及式发展。在人均收入水平很低的条件下，普及了基础教育。1949年之后的30年，中国实行了学校"向工农开门"的方针。大众教育取得了极为显著的成就。1965年，中国的小学入学率为89%，中学入学率为51.8%，20世纪70年代末80年代初，中国城市的文盲率为16.4%、农村的文盲率为34.7%。③ 中国的大众教育明显走在后发国家尤其是后发大国中的前列。同时建立了基层医疗卫生系统，提高了人民的卫生状况，在很短的时间内，人口死亡原因已由旧中国的以传染病、寄生虫病为主，转为以心脏病、脑血管病、癌症为主，人均寿命比1949年明显延长。1998年诺贝尔经济学奖获得者阿玛蒂亚·森认为印度不如中国的地方，一是没有很好的基础教育系统，二是没有基层医疗卫生系统。而中国这两大系统是在毛泽东时代建立的，否则改革开放以来的30年中国经济不可能有这么大的飞跃。④

对于工业化与城市化的关系，毛泽东主张提高农村的生活水平，而不是增加城市人口。他认为："在社会主义工业化过程中，

---

① 《毛泽东文集》第七卷，人民出版社1999年版，第24—25页。
② 《毛泽东选集》第四卷，人民出版社1991年版，第1512页。
③ 国家统计局：《中国统计年鉴1984》，中国统计出版社1984年版，第484—487页。
④ 参见《哈佛教授裴宜理对中国革命的观察》，《南方人物周刊》2010年第6期。

随着农业机械化的发展,农业人口会减少。如果让减少下来的农业人口,都拥到城市里来,使城市人口过分膨胀,那就不好。从现在起,我们就要注意这个问题。要防止这一点,就要使农村的生活水平和城市的生活水平大致一样,或者还好一些。"① 这些思想体现了他的理想。在今天实行新型城镇化中应该能够有所启迪。

综上所述,毛泽东始终不停顿地探索中国发展道路。他勇于进取、敢于担当、不断探索的精神成为国家和民族的精神财富。他带领下建立的独立完整的工业体系和国民经济体系为改革开放奠定了物质和人才技术基础。他探索中的弯路虽使我们付出了一定的代价,但也获得了难得的改革动力。所以 1978 年中共十一届三中全会转变思想路线和工作中心,举国上下才有可能万众一心地走向改革开放。毛泽东以哲人的深邃目光和"三个世界"理论逐渐改变了中国在世界的位置,推动中美交往与中国重返联合国,为日后中国走向世界奠定了基础。毛泽东领导下的中国共产党以高超的政治军事韬略维护了中国的独立与统一,使中国自立于世界之林,从而为中国经济发展、工业化建设赢得了机遇;在毛泽东的领导下,中国共产党遵循"为人民服务"的崇高理想和调动一切积极因素建设社会主义的方针,全党上下廉政、勤政,团结了全党和全国各族人民,形成了最大限度的资源动员能力。毛泽东的思想培育了数代干部、党员,以勇于牺牲的奉献精神战胜了工业化征程中的重重险阻,从而为工业化减少了摩擦、降低了成本。受历史局限,毛泽东没有持续地探索经济规律,"大跃进"与"文化大革命"两个时期的错误延误了工业化的进程。其中的经验教训,尤其是科学决策与民主建设方面的教训值得我们深刻反思。这些伟大的成就和巨大的代价都应该客观、准确地载入历史长卷,以实现中华民族的伟大梦想。

(原载《马克思主义研究》2014 年第 8 期)

---

① 《毛泽东文集》第八卷,人民出版社 1999 年版,第 128 页。

三治通胀

——陈云在共和国经济的关键时刻

中外经济史一再表明，通货膨胀对经济正常运行与社会政治稳定有重大危害。中华人民共和国成立以来，曾经出现三次严重的通货膨胀，关乎经济发展、社会稳定与民心向背。在共和国经济的关键时刻，陈云从国情出发，在促使供给与需求、货币与实体、积累与消费等方面，创造性地实施治理整顿的"组合拳"，取得了平抑物价、稳定社会、发展经济的历史性成就。

一 国民经济恢复时期的平抑物价与统一财经

通货膨胀是一种货币现象，造成通货膨胀的直接原因是货币发行量超过经济增长的需要。通俗地讲，就是太多的货币追逐较少的商品。1949年前后爆发了四次大的物价上涨：1949年4月、7月、10—11月连续三次；第四次发生在1950年2月，春节前后。

（一）准确判断通胀源头

一般谈这次通货膨胀的原因，多从物资供给不足，商人囤积、哄抬物价探寻；治理通胀经验主要归纳为城乡交流，物资调运，打击投机行为；而对金融货币政策涉及较少。陈云则实事求是地从财政金融角度深刻分析通货膨胀的缘由。1949年11月18日，陈云于政务院第六次政务会议上的报告中明确指出：通货膨胀"主要原因是财政赤字数目太大，钞票发行太多。七月份只有上海、汉口物价上涨，现在发行的钞票比那时数目多了五倍"。① 货币过度发行所导致的通货膨胀，虽然出于解放战争的需要，并且只是暂时现象，但是存在负面影响很大，其中显而易见的是妨碍经济恢复，威胁政权稳固。新解放地区人民币的信用比不上光洋。抗战以来民国纸币滥发，是人民币诞生时大面值低币值发行的根源。从 1937 年全面抗战爆发到 1949 年国民党撤到台湾，国统区因连年战争和经济凋敝，国民政府财政入不敷出，滥发货币，以至物价狂涨。当时纸币一千元只值抗战前的大洋七分，还不到一角钱，这种钞票连印刷成本也划不来。一万元一张的纸币只值大洋七角。1949 年刘伯承在西南数次来电催运钞票。按照他所要求的数目，一千元面额的票子要用二百多架飞机才能运去。

由于恶性通货膨胀的持续，金融业成为市场投机的中心，金融市场与商业投机相互作用，造成社会经济秩序的混乱。

（二）对症下药

以陈云为首的中财委于 1949 年至 1950 年年初采取"组合拳"式的系列措施迅速稳定金融、平抑物价。

1. 调动物资、增加供给

人民政府在极短时间内迅速增大供给，在投机资本活跃的特大城市，适时抛售粮食、纱布等紧俏物资，把因供不应求而抬高的物价压下来。

2. 统一财经，压缩需求，减少货币发行

1950 年 2 月，中央人民政府召开全国财政会议决定统一财经。② 3 月 3 日，中央人民政府政务院第 22 次会议通过了《关于统一国家财政经济工作的决定》。其中在金融方面最主要的措施是统一现金管理。4 月 7 日，政务院颁布《关于实行国家机关现金管理的决定》，指定中国人民银行为国家现金调度的总机构。国家银行

---

① 《陈云文集》第二卷，中央文献出版社 2005 年版，第 25 页。
② 中国社会科学院、中央档案馆编：《1949—1952 中华人民共和国经济档案资料选编·财政卷》，经济管理出版社 1995 年版，第 227 页。

代理国库，外汇牌价与外汇调度由人民银行管理，各公营企业、国家机关以及合作社的现金，除规定准予保留的限额外一律存入中国人民银行；各公营企业、机关、合作社之间的交易往来和货币收付，除小额零星者外，一律不用现金，须用转账支票通过中国人民银行结算。责成中国人民银行逐步编制综合的现金收支计划，使现金流转能够依照计划进行。并且尽量扩大人民币的流通范围，吸收定期存款。如果单靠上述办法还有危险时，最后一着就是把军政经费迟发半月二十天，同时限制一切机关、国营企业及合作社在银行存款的提取数量，短期冻结大部存款。到1950年5月，在中国持续了12年的恶性通货膨胀被遏制，全国经济趋于稳定，人民币信誉建立。

1950年抗美援朝开始后，庞大的军费开支增加了财政压力。陈云指出："我们所用的方法是求得收支平衡，削减以至消灭赤字，而不是用多发钞票弥补赤字。"[①] 当时除了进口物资比较紧张、价格上涨较快外，左右市场物价的商品，仍然是粮食和纱布。由于1950年、1951年粮食连获丰收，以及国家加紧公粮征收和收购，国营公司存粮充足，保证了市场供应，但棉纱不足的情况非常突出，价格趋涨。中财委于1951年1月4日公布了"统购棉纱的决定"，国营公司根据照顾自纺自织、代纺代织的原则制订了统购价格，并适当提高棉纺工缴，价格也得到了控制。由于财政收支平衡；加强汇率、贸易管制，加强现金管理，打击囤积居奇，在抗美援朝期间保证了物价基本稳定。

3. 突破封锁，进口稀缺物资

在以美国为首的西方国家对华封锁最猖獗的1951年，国家发展对苏联及东欧国家的贸易，并争取同其他各国互通往来，外贸总额达19.55亿美元，超过了中华人民共和国成立前最高的15.53亿美元（1928年），逐渐将近代以来的长期入超转变为进出口大体平

---

① 《陈云文选》第二卷，人民出版社1995年版，第114页。

衡的局面，缓解了市场压力，也保证了工业化对引进设备、钢材、技术的迫切需求。①

通过以上举措，中华人民共和国的金融市场稳定，银行存款增加，以1950年3月为100，6月达575，9月底的存款总额为市场流通货币的300%②。由于币值趋稳，投机资本不得不吐出一部分以高息借款囤积的物资，市场物价下降，市价低于牌价。中华人民共和国成立前后的治理通货膨胀取得全面胜利。此后又通过调整工商业抑制紧缩政策带来的负面影响，促使私营工商业繁荣。

二 "大跃进"后的平抑物价与经济调整

20世纪50年代末开始的三年"大跃进"期间，由于否定客观经济规律，商业上搞大购大销，要求"生产什么，就收购什么"；银行不研究商品流通和货币发行的正常比例，要求贷款"什么时候要，就什么时候贷，要多少，就贷多少"，实际上取消了对货币发行的控制，社会购买力连年大幅度增加，而有效供给不足，市场供需矛盾突出。货币流通量从1957年的52.8亿元猛增到1961年的125.7亿元，上升1.4倍。农业生产从1959年起大幅度下降，1960年轻工业生产随之下降，1961年重工业生产也猛烈下降，市场商品供应紧张，社会购买力和商品供应量出现了极大的差额，导致物价猛涨，使得市场物价失去稳定的基础。③

在市场物价猛涨的情况下，物价方面要解决的问题主要有两个：一是如何保持市场上基本生活消费品价格稳定，使大多数居民能顺利渡过经济困难时期；二是如何吸收市场上过多的货币，使货

---

① 详见董志凯《应对封锁禁运——新中国历史一幕》，社会科学文献出版社2014年版。
② 中国社会科学院、中央档案馆编：《1949—1952 中华人民共和国经济档案资料选编·金融卷》，中国物资出版社1996年版，第227—228页。
③ 《李先念传（1949—1992）》上，中央文献出版社2009年版，第497—498页。

币流通量与商品可供量保持一个适当的比例。陈云主持研讨后指出，只是承认通货膨胀的现实，把市场物价普遍提高20%—30%，不能保证人民特别是城市居民基本生活的稳定，会影响社会安定，不利于迅速克服严重的经济困难。正确的办法是，一手抓生产，一手抓生活，大力缩短基建战线，压缩社会集团购买力，以减少社会需求。政府要注意发展生产，提高商品质量，组织农村集市贸易，增加商品供应。经过深入研究，产生了保住重点（以后在实践中形成了保18类商品价格稳定），其他放开的思想，并制定了相应的政策：对生活最必需的商品实行定量供应，定量供应商品价格不提高；定量以外出售几种高价商品回笼货币和调剂人民需要。具体措施如下：

1. 稳定18种必需品的供应价格

1962年10月6日，中共中央、国务院发出《关于当前城乡工作的若干指示》明确规定："对于城市职工的主要生活必需品的价格和房租水电的收费标准（即十八类商品）应当基本不动，继续保持稳定。"采取这个措施的必要性，还在于当时职工实际所得的基本工资已降低很多。1957年全民所有制各部门职工平均工资为637元，1961年为537元，扣除物价上涨因素，为454.3元，比1957年下降29%。而且，当时每个职工负担的家庭人口达到3人以上[①]。按此计算，平均每人每月的收入只有12元。因此，重要商品定量以内的部分必须保持价格稳定。

当时规定稳定价格的18类商品是：定量供应的各种粮食，凭票券供应的各种棉布，凭票券供应的各种针棉织品，布鞋，定量供应的絮棉，民用食盐、酱、酱油、醋，定量供应的肉、鱼，定量供应的食油，定量供应的食糖、糕点、糖果，大宗粗菜，火柴，民用煤、劈柴、煤气、灯用煤油，文具、纸张、课本，主要西药，搪瓷、铝、橡胶等由国家提供原料的日用工业品，房租、水电、交

---

① 据国家统计局调查，1957年每一劳动者负担3.29人，1964年为3.35人。

通、邮电、医疗、学费等费用。18 类商品都属于人民基本生活必需品。当时测算，定量供应部分的开支占职工家庭生活开支的 60%—70%。保证这些商品价格稳定，就保证了大多数职工家庭基本生活的稳定。

为控制这些商品的需求，确保 18 类商品价格的稳定，一是大力精减城镇非农业人口；二是实行低水平的定量供应，当时除原已实行统购统销的粮食、食油和棉布外，对 18 类商品中其他主要品种都先后实行了定量供应，使为数不多的生活必需品能够分配得比较均匀；三是严格保持定量供应部分商品的价格稳定。据当时调查，职工家庭每人每月购买的商品中，84.6% 靠国营商店供应，其中又有 70% 是定量供应的。定量供应部分的价格稳定，对稳定市场、安定人民生活有重大意义。

2. 进口粮食、食糖等增加市场供应

由于农业严重减产，1960 年下半年出现了全国粮食供应极端困难的局面，京、津、沪、沈等大城市告急。国务院副总理陈云提出："稳定市场，关键是进口一些粮食。进口粮食，就要下定决心拿出东西来出口，先国外，后国内。把粮食拿进来，这是关系全局的一个重大问题。进来粮食，就可以向农民少拿粮食，稳定农民的生产情绪，提高农民的生产积极性。用两三年的时间把农业生产发展起来，国内市场问题也就可以得到解决。农民手头的粮食宽裕了，就可以多养鸡、鸭、猪，多生产经济作物和各种农副产品，增加出口。"[①] 中共中央和国务院采纳陈云的建议，决定调整进口结构，把粮食列在急需物资进口的首位，依次安排化肥、农药、油脂、工业原料、设备等进口。为了保证国内粮食供应，周恩来总理、陈云副总理和对外贸易部部长叶季壮等，夜以继日地抓粮食进口，全面研究安排粮食进口的来源、运输、外汇等问题，了解粮食

---

① 《做好外贸工作》，《陈云文选》（一九五六至一九八五年），人民出版社 1986 年版，第 147 页。

订购和到货情况。经过努力，1961—1965 年每年进口小麦 500 万—600 万吨，保证了重灾区和大城市的粮食供应。①

3. 出售高价商品，回笼货币

1960 年，商品可供量同购买力之间有巨大的差额。人民群众普遍营养不良。为了增加热量，安定人心，回笼货币，1961 年 1 月，中共中央采纳陈云的意见，决定在全国各地逐步敞开出售高价糖果、糕点等消费品，2 月开始在大中城市、重要工矿区开设高价饭高价商品的范围，由中央统一规定，利润集中上缴国库。

1961 年年初起，先后实行高价的品种有：高价糖果、高价糕点（1961 年 1 月），高价饭馆（2 月），高价钟表（4 月），高价名酒，粮食白酒，啤酒（4 月），高价针织品（4 月），高价砂糖（5 月），高价自行车（1962 年 3 月），高价卷烟（1963 年 9 月）等。随着国民经济的恢复和好转，从 1962 年 7 月起，高价商品逐步降低价格以至退出市场。

从 1961 年到 1964 年，高价商品持续了三年多时间，收到三大效果：第一，回笼了大量货币。从货币发行状况看，1960 年国家净投放 20.78 亿元，1961 年净投放 29.77 亿元，两年合计 50.55 亿元。而 1961 年、1962 年两年实现的高价利润，就占到前两年净投放的 92.58%。第二，促使市场物价趋于稳定。出售高价商品使过多的购买力找到出路，不仅对平抑集市贸易价格起了很大作用，对平衡整个市场供求，使价格水平在新的基础上重新达到稳定，也起了重要作用。第三，减少了市场供应的压力。"高到卖得掉，低到不脱销"。这一原则一共实行了 3 年，减少了货币流通量（1961 年货币流通量为 125.7 亿元，1964 年年末减至 80 亿元）。

4. 增加生产，保障供给

在 1961—1962 年，政府动员了约 2000 万 "大跃进" 时期从农

---

① 陈云同志在中央工作会议上的讲话：《安排市场要网开一面》，一九六一年一月十九日，载《陈云文选》第三卷，人民出版社 1995 年版，第 141—142 页。

村招收的职工返回农村，以缩减职工工资总额，减少货币投放；并加强农业生产第一线，促进农业的恢复。在农村改变"一大二公"的人民公社体制，实行包工到户、定田到户、包产单位越小越好等"包产到户"方法，调整工农业产品比价，提高农产品价格，调动了农民生产积极性。

5. 压缩基本建设投资，力促财政收支平衡

此次稳定物价更重要的还是压缩基本建设规模，以此来保持财政收支的平衡。基本建设投资，1957年是143亿元，1960年猛增到389亿元，1961年猛压到127亿元，1962年更压到71亿元，这是1961年开始的大调整的重要措施。

由于采取了上述多方措施，加上农业生产逐渐恢复，物价逐步趋向稳定。以1950年物价指数为100，1957年为112，1961年为149.6，1962年为155.3，1963年为115.26，1964年降到113.83，基本上恢复至1957年的水平，1978年为144.7。① 在近三十年的时间里居民消费价格指数增长不到45%，平均每年增长不到1.5个百分点。不能不说与陈云的经济思想密切相关。

三 "物价闯关"前后的平抑物价与治理整顿

20世纪70年代末我国实施改革开放，陈云长期主张利用市场机制的思想得以在实践中发挥作用。1979—1984年，虽然财政上有赤字，货币投放多了一点，但因工农业特别是农业生产迅速发展，市场消费品的供应愈来愈充足，市场物价基本稳定、略有上升。1979年、1980年两年物价每年平均提高4%上下，此后几年平均每年上升2%—2.5%。1984年同1978年相比，零售物价总指数上升17.5%，职工生活费价格指数上升19.9%，全国城镇居民

---

① 国家统计局国民经济综合统计司编：《新中国五十年统计资料汇编》，中国统计出版社1999年版，第20页。

每人每年可用于生活费的收入增加 92.4%，农村居民人均纯收入增加 164.9%。①

在新的形势下，陈云抑制通胀、稳定物价的思想面对新的挑战。

（一）经济体制与价格机制必须改革

1979 年 3 月，陈云写了一个题为《计划与市场》的讲话提纲，其中写道："六十年来无论苏联或中国的计划工作制度中出现的主要缺点：只有'有计划按比例'这一条，没有在社会主义制度下还必须有市场调节这一条。所谓市场调节，就是按价值规律调节，也就是经济生活中的某些方面可以用'无政府'、'盲目'生产的办法来加以调节。""整个社会主义时期经济必须有两种经济：（1）计划经济部分（有计划按比例的部分）；（2）市场调节部分（即不作计划，只根据市场供求的变化进行生产，即带有盲目性调节的部分）。""第一部分是基本的主要的；第二部分是从属的次要的，但又是必需的。"② 这一提纲，在很大程度上成为中国进行价格管理体制探索性改革的理论依据。1979—1984 年的价格改革效果较好，就是因为当时比较重视改革的宏观经济环境，切实采取了一系列调整措施。

（二）价格改革与宏观环境存在辩证关系

陈云长期主张改革计划体制，发挥市场机制的作用，物价遵循价值规律；但因为问题复杂，他主张改革的步子要稳，不能要求过急。针对有人提出有一点赤字和通货膨胀"也不可怕"的看法，陈云说："如果说，今年搞生产，下半年、明年就见效，这不可怕。问题是基本建设的投资是长期的投资，大量的投资搞赤字，我是有点怕就是了。""由于生产量的增长，生产资料的增加，这样增加的货币，是正常的增加，否则就是通货膨胀。通货膨胀，如果

---

① 薛暮桥：《我国物价和货币问题研究》，红旗出版社 1986 年版，第 67 页。
② 《陈云文选》第三卷，人民出版社 1995 年版，第 244—245 页。

数量不大，我不怕；数量很大了，我害怕。"① 反映了他对改革过程中可能出现通货膨胀的警惕。

1987年党的十三大以后陈云退居二线，仍关注着经济形势中的物价动向，并就经济发展中的一些问题同主持经济工作的领导交换意见。其中，对价格、工资改革以及其他同群众生活密切相关的问题，陈云给予了更多关注。

1988年年初在经济学界流传着通货膨胀近期对中国构不成重大威胁的论调。主持中央工作的领导对形势的认识发生变化，急着推进价格改革。1988年2月6日，中共中央政治局第四次会议讨论经济形势时，时任中共中央总书记赵紫阳认为去年经济工作唯独物价情况不好。3月15日召开的中共十三届二中全会上，他重申了上述观点。但当时看法并不一致。经济学家刘国光在会上指出：当前我国物价上涨，不仅仅是个别产品（如食品）的供求问题，也不单纯是调整价格结构带来的，它首先是由于货币供应量过多，从而币值下降所引起的持续性的物价上涨，而且已持续三年。国际经验表明，这种物价上涨，从短期看对经济发展可能有某些作用，但从长期看一定会损伤整个经济的机体。所以必须首先积极对通货膨胀进行治理。此后薛暮桥、吴敬琏等专家也提出了类似意见，但未引起重视，1988年物价逐月上涨：2月为11.2%；3—5月分别为11.6%、12.6%和14.7%。在物价持续高位运行的情况下，原来实行"双轨制"价格的生产资料成为非法牟利的来源。供求紧张的水泥、钢筋、木材及玻璃等生产资料，只要有批文，转手倒卖后就有巨额收益。"一等官倒卖批文，二等官倒搞材料，三等官倒倒彩电，四等才搞洗衣机"。这样大规模的倒卖，使得物价尚未放开就混乱无序。老百姓怕涨价，惶恐地抢布、米、盐等生活资料；到银行提款……物价指数陡升。

为了抑制提款，银行大幅度提高存款利率，给彩电、冰箱大件

---

① 《陈云文集》第三卷，中央文献出版社2005年版，第464—465页。

消费品加消费税。长期的存款利率年息能达到 24% 以上。因为国家控制着贷款利率的过度提高，于是出现了深度负利率，出现了银行的惜贷；谁能从银行贷出钱，谁就可以坐地赚得 10% 以上的利润。

在通货膨胀下，物价不仅总水平上涨幅度居高不下，而且结构性矛盾突出。一是在生产资料价格总水平迅速提高的情况下，一些基本工业产品特别是一次能源产品的比价跌入谷底，全行业发生亏损。二是主要农业生产资料在其他产品涨价的推动下，价格上涨幅度超过农副产品、特别是粮食收购价格的提高。这种工农业产品比价、基础工业品与加工工业品比价扭曲的状况，对经济产生深刻影响。首先是广大职工强烈要求增加收入，迫使国家增加补贴，并从多种渠道使国民收入进一步向消费倾斜。农民要求提高农副产品价格，并使收购工作越来越困难。其次，价格信号的扭曲，使一些基础产品的供给状况趋于恶化，助长了企业的涨价冲动。随着补贴政策的变化和价格管理的放松，农产品、工业品相互影响，生产资料、生活资料循环涨价，既不断推动价格水平的上涨，又为深化改革和产业结构的调整，形成新的障碍。

当时对通货膨胀条件下能否进行价格的结构性调整存有争议。大多数人认为价格改革必须有比较宽松的环境，否则风险太大。1987 年年底的计划会议和经济体制改革会议都主张把稳定经济放在第一位。1988 年改革计划中没有安排价格改革，并得到国务院全体会议的肯定。是继续维持现状还是下决心进行生产资料改革，有计划有步骤地减少"双轨制"价格？邓小平在接见外宾时说："我们每走一步，都兢兢业业，大胆细心，及时总结经验，发现问题就做些调整，使之符合实际情况。但是物价改革非搞不可，要迎着风险、迎着困难上。"[①] 于是 5 月 30 日政治局扩大会议决定进行价格改革。

---

① 《邓小平文选》第三卷，人民出版社 1993 年版，第 263 页。

根据这次会议的意见,从 1988 年 6 月 2 日起,中央责成专门机构组织有关部门,反复研究今后五年特别是 1989 年的价格改革方案和配套措施问题。8 月 5—9 日,国务院总理李鹏主持召开国务院常务会议,对修改后的方案进行了讨论,最后形成了准备提交中共中央政治局讨论通过的方案。8 月 15—17 日,中共中央政治局在北戴河召开全体会议,讨论并通过了上述的《关于价格工资改革的初步方案》。这个方案设想,从 1989 年开始,每年价格上涨 10%,连涨 5 年。每年人均收入增加 11%、12%、13%、14%,初步理顺物价。这是一个牵动整个国计民生大局的问题。对此陈云表示怀疑:"物价每年上涨百分之十,连涨五年,我打个很大问号。每年物价上涨百分之十,办不到。我是算账派,脑子里有数目字。理顺价格在你们有生之年理不顺,财政补贴取消不了。"①

事实表明,物价改革尽管必要,但时机不当,又过于集中、幅度过大,措施集中出台后,物价加速上升。1988 年 6 月达到 16.5%,7 月上升到 19.3%,越来越多的城镇居民不仅担心政府是否有稳定物价的手段和能力,甚至怀疑政府稳定经济、稳定物价的诚意和决心。当 8 月 17 日中共中央政治局会议讨论并原则通过《关于价格工资改革初步方案》的消息在报纸上公布时,尽管会议强调要采取强有力的措施,综合治理通货膨胀,群众却以为新一轮大幅度涨价即将开始,触发了突击提取存款、大量抢购的全国性风潮。8 月全国商品零售额比 1987 年同期增长了 38.63%,比 1988 年 7 月增长了 7.5%。商品抢购伴随着挤兑银行储蓄存款,8 月城乡储蓄不仅没有增加,反而减少 26.8 亿元(历史上 8 月出现储蓄绝对额下降的只有 1960 年、1961 年、1962 年、1967 年四个年份)。1988 年第三季度财政收支恶化,通货膨胀剧烈。1988 年上涨率逐月加快,6、7 月达到 16.5% 和 19.3% 后,8、9 月竟高达 23.2%。由于物价特别是生产资料价格大幅度上涨,在一半左右商

---

① 《陈云传》下,中央文献出版社 2005 年版,第 1791—1792 页。

品的价格已放开,大批新的竞争者涌入市场的情况下,由于未能建立相应的市场组织,缺乏完善的市场规则和监督管理体系,流通秩序更加混乱。多头插手生产资料经营,中间环节越来越多。不少单位不顾国家有关规定,违法经营,钻计划内外、国内外价差的空子,利用行政权力、垄断地位或其他特权倒卖紧俏商品乃至计划指标、批文,牟取私利、层层加价、层层抽头,有的甚至物资原地不动,发货票转来转去,牟取暴利,不仅搞乱了流通,而且在人民群众中造成了极坏的影响。

针对上述因价格改革引发的抢购风潮和经济秩序混乱局面,国务院于1988年8月30日发出《关于做好当前物价工作和稳定市场的紧急通知》,要求各地坚决执行国务院关于1988年下半年不出台新的涨价措施的决定。9月15日至21日,中共中央政治局召开中央工作会议,正式作出治理经济环境、整顿经济秩序、全面深化改革的决定。9月26日至30日,中共十三届三中全会召开,会议批准了政治局提出的治理整顿和全面深化改革的指导方针和政策措施。强调指出,当前存在不少困难和问题,突出的是经济生活中出现了明显的通货膨胀,物价上涨幅度过大。造成这种情况的根本原因是经济过热,社会总需求超过总供给。

经国务院批准,1988年12月中央银行在压缩其他资金运用的情况下,对专业银行增拨再贷款289亿元,使专业银行在中央银行的存款回升到1985—1987年水平,支付能力逐步改善。但是货币投放因此继续大幅度增加。1—11月,已投放货币575亿元,超过计划175亿元,比上年多投放31亿元;12月又增加投放100多亿元,全年达680亿元,超过计划70%,比上年增长1.8倍。这种状况,加剧了通货膨胀的程度。

价格改革"欲速则不达"。严重通货膨胀始终是价格改革的障碍,也是建立社会主义市场经济体制的"绊脚石"。只有排除或弱化通货膨胀的干扰,价格改革才可能比较顺利地推进。

（三）提出治理整顿的八点意见

1988年，已82岁高龄的陈云针对国家面临的经济问题进行了认真的思考，和中央领导全面谈了对经济工作的8点意见。其中特别提醒要稳定市场物价。他说："如果不从根本上采取稳定市场物价措施，提款抢购风潮还会再起"。"目前财政经济遇到一些困难，在克服这些困难的过程中，必须加强和依靠党的领导，特别是党中央的核心领导作用"。[①]

陈云为了准备这次谈话，作了较长时间的考虑，并写好讲话提纲。在谈的时候，他一边念稿子，一边讲解。这在过去是很少有的，可见他对当时经济形势的焦虑和对这次谈话的极端重视；体现了他长期经济工作中积累的关于计划市场、财政金融、积累消费等一系列基本理念，其中治胀仍是重要环节。

四 几点启示

（一）明确反对通胀、准确判断源头是治理通货膨胀的基础

早在的1950年3月，陈云就指出，力争现金收支平衡、避免通货膨胀是财经工作的基本任务[②]。两个30年过去了，这一说法并未过时。目前，我国面临复合式通胀。形成通货膨胀的因素大体有三种，输入性通胀、成本推动性通胀和流动性通胀。通胀问题仍是我国经济发展面对的重要问题，

（二）货币资本与商品实物平衡是治理通货膨胀的要领

通胀问题说到底就是货币现象。40多年前，美国在国际金融市场上改变了传统货币体系，以与黄金脱钩的纸币美元作为世界货币，从此改变了银行的信用。当仅仅凭借霸权就可以印刷钞票来换取真实的商品和劳动时，钱就难以摆脱越来越"毛"的命运，通

---

① 《陈云文选》第三卷，人民出版社1995年版，第367页。
② 《陈云文集》第二卷，中央文献出版社2005年版，第103页。

货膨胀成为必然。历史经验证明，物价普遍上涨的根本原因是通货膨胀，如果发生严重的通货膨胀，物价必然要普遍上升。因此，稳定物价的根本办法，是制止通货膨胀而不是单纯加强价格管理。

（三）政府是有效治理通货通货膨胀的核心力量，计划市场手段缺一不可

有效治理通货膨胀需要两个条件或手段：一方面，需要加强宏观经济管理，加强中央权威，政府要加强在市场失灵的领域诸如市场监管和提供公共产品等方面的职能，实现整顿经济秩序、治理经济环境、严控货币发行；另一方面，需要建设统一开放、竞争有序的市场体系。这两方面是我国实现价格改革，使市场在资源配置中发挥决定性作用的基础。二者相辅相成、缺一不可。上述三次治理通货膨胀的历史，都深刻地昭示了这个经验教训。

21世纪以来，中国经济越来越深入地进入全球化经济体系，人民币正在成为越来越多国家的结算货币，容纳的"池子"越来越大，金融资本的形式也越来越多。在新的形势下，人民币发行与实体经济的比重，与市场供求的关系均在与时俱进地发生变化。即使如此，历史上陈云治理通货膨胀的基本经验与理念，仍能给予后人启迪。

（原载《中共宁波市委党校学报》2015年第5期）

陈云对待资本与资本市场的思想实践探析

资本与资本市场作为经济范畴,是商品与市场经济存在的社会环境中既不可或缺也回避不了的。马克思是全面研究资本运动规律的伟大先驱,他肯定了资本的力量,也发现了资本的痼疾。我国民主革命的先驱和领袖孙中山曾就中国国情下如何对待资本和资本市场做了重大开拓。在老一辈无产阶级革命家中,陈云是正面论及学习和利用资本、资本主义和资本市场最多的一个。尽管他曾经因此受到不公正的批评[①],但这些指责并未打消他利用国家资本主义和国际资本市场搞工业化、为国家积累资本、为百姓摆脱经济困境的努力。2006年的"两会"上,温家宝总理在《政府工作报告》中谈到"十一五"时期的经济建设时,号召进行金融创新,大力建设资本市场。在新的形势下,考察现代中国资本和资本市场的演变,从历史中观察吸取有益的经验教训,仍有积极意义。本文从三个方面论及陈云对待资本和资本市场的思想与实践特点。期望对市场经济和全球化浪潮中的经济作为能够有所启迪和裨益。

一 中国工业化和经济发展离不开资本运作

资本,特别是物化形态的生产资料,能够与劳动结合带来新的

[①] 如1966年8月13日康生在中共中央工作会议华东小组会上攻击陈云,胡说:"陈云同志的思想也是长期与主席对立的。他以经济专家自居,自以为他的经济学在主席之上。看看他一九六二年的报告,就懂得他的经济学是什么货色。他只讲经济,不讲政治,他讲的经济政策,据我看,只是资本主义的商人经济而已。"见《陈云年谱》下卷,中央文献出版社2000年版,第140页。

财富,因此它们是现代社会不可或缺,甚至是社会经济发展的标志。资本的生产是社会经济发展不可逾越的阶段。陈云在新民主主义经济实践中,明确地指出:私营资本"不可缺少",并制定与实施了相应的方针政策。

(一)制定与实施"公私兼顾""劳资两利"的具体政策

"公私兼顾"、"劳资两利"是中国共产党创造的新民主主义经济政策的要义。由于这一要义中的"公私""劳资"是在对立中求统一,其间必然充满着矛盾、斗争与复杂的博弈。需要经济工作的领导者站在全局的高度,在不同的经济环境下对于对立的双方侧重点不同。陈云创造性地参与制定实施新民主主义经济政策。1949年8月,陈云兼任中华全国总工会主席。他在上海市总工会筹备委员会扩大会议上的讲话中指出:"私营资本是中国新民主主义经济的不可缺少的部分。在私营工厂中的工人,应该提高生产效率,增加生产。这不是帮资本家赚钱吗?是的。但是从整个国家来讲,生产的东西是多好,还是少好呢?当然是多生产东西好。工人不能单从个人来看,要看整体利益。在私营工厂中的工人,有权利要求实行劳资两利,要求资本家尊重工人的民主权利,遵守人民政府的法令。但也有义务,这就是:完成生产计划,遵守劳资双方订立的契约,遵守政府保护私营企业的法令。我们不但要让工人充分享受自己的权利,同时也一定要教育工人尽自己应尽的义务。教育工人尽义务,要比教育工人享受权利困难,但我们一定要这样做。"[1]

1949—1952年的国民经济恢复时期,在多种经济成分并存的情况下,私人投资和资金市场受到国家政策的鼓励和保护。陈云作为主管经济工作的国家领导人,担任政务院财政经济委员会(以下简称中财委)主任,对私人投资制定了一系列政策。政务院于1950年12月30日颁布了《私营企业暂行条例》。1951年3月30日中财委又颁布了《私营企业暂行条例施行办法》。这两个文件规

---

[1] 《陈云文选》第二卷,人民出版社1995年版,第22页。

定：（一）鼓励和保护私人投资。在法律上允诺了新民主主义经济体制下资金市场的设置。（二）对新创设的企业实施审核登记制度，努力使私人投资配合计划生产。（三）确定利润分配的原则和大致比例。（四）私人投资需遵守"公私兼顾、劳资两利"的原则。

中华人民共和国成立初期，侨汇是重要的外汇来源。1955 年 2 月 10 日，中共中央批转华侨事务委员会党组和中国人民银行党组《关于侨汇问题的报告》。指出：侨汇业具有国家资本主义性质，国家的政策是长期保护和利用，……在国家经营的投资公司的华侨股金，到社会主义建成时，仍按个人股金处理，股息八厘，阶级成分不因投资关系而转变。①

对待私人资本，陈云不仅从经济上考虑，而且从政治的长治久安着眼，从执政党提高执政能力的角度看问题。他说，"同志们怕同资本家接触，一怕右倾，二怕麻烦。怕麻烦，说明我们本领不如他们，怕他们调皮，驾驭不住。这证明资本家有相当经验"。②"听话要听四个方面的话：一是业务部门，二是工人，三是党委，四是资本家。四个方面的话都听了，大体上不会错。大家可以试一试。从今年起，每个大问题开四个方面的会。这是有点麻烦，如果要减少这种麻烦，麻烦会更多。过去，我们搞经济的人员之所以眼光短浅，就是因为没有长上这四个眼睛，不能把自己的工作提高到全国工作水平上考虑。"③ 陈云的思想表明，在实践中学习和正确对待资本、资本家，是共产党提高执政能力的一门必修课。

（二）开辟私人投资的途径

1950 年和 1952 年两次调整工商业后，私营工商业有了剩余资金和闲置资金。为了引导其投入有利于国计民生的经济事业中，防止游资冲击扰乱市场，中财委采取的办法是：在国家银行信用为主

---

① 《陈云年谱》中卷，中央文献出版社 2000 年版，第 237 页。
② 《陈云文集》第三卷，中央文献出版社 2005 年版，第 51 页。
③ 同上书，第 53 页。

导的前提下,通过发展多种信用形式,包括投资公司集资、证券发行和买卖、银行办理长期性存放款等,组织长期资金市场,吸收私人资本转化作长期生产资本。

在1952年5—6月召开的全国财政会议上,陈云指出:有关国家经济命脉的建设应由国家掌握,其他有利于国计民生的建设可由私人经营,对国家和私人的投资方向做了大体分工。投资途径有三:

首先,银行为投资者提供便利。发挥中国人民银行的信用主导作用,吸收私人游资,鼓励私人投资;积极开展储蓄业务,吸收社会游资;交通银行办理长期存款,重点吸收各企业的公积金和折旧准备金;采取贷款和说服它们采用专款专用的方式扩大再生产,交通银行收存的款项,于当日以保本保值存款送存人民银行。从1951年起,银行普遍开展私人业务。主要做法是同私营企业分别订立各种业务合同,并通过私营企业与国营企业的往来,争取私营企业的大部分收支通过中国人民银行办理,以便调节私人资金活动,保证市场稳定与活跃。扩大对私营企业的贷款,使私营工商业者加强经营信心,提高投资热情。1950年年初,私营工商业一度经营困难,中国人民银行一方面贷款给国营贸易部门,支持其扩大加工订货,统购包销,解决私营工商业的原材料供应和产品销售困难;同时增加对私营工厂的贷款。如上海市分行对申新纱厂等重要工业企业发行期限较长、金额较大的设备改造性生产贷款,并同企业订立业务合同,促进企业加强财务管理,坚定其经营信心。1950年5月至9月,银行对私营工商业的贷款增加了一倍多。

其次,领导组织投资公司。在北京、上海等大城市试办了一批中国人民银行领导下的公私合营性质的投资公司。以吸收社会游资,向工业企业直接投资。国民经济恢复时期的投资公司是国家资本主义的金融企业,通过国家资金带动私人资本、扶植管理工商业。京津两市的投资公司开始时均以30%左右的国家资金带动70%左右的私人资本,再由投资公司合理投放出去。中华人民共和国第一个公私合营的投资公司为北京市兴业投资公司。该公司于 1950 年 9 月成立，资金来源于募股，股东总额预定为 200 万元人民币，公股占 30%，其余 70% 向私人募集。从 1950 年兴办到 1956 年决算，累计纯收益为 100 余万元。

最后，重新设立证券交易所。1948 年 12 月中国人民银行在石家庄成立并发行人民币以后，人民币地位逐步巩固。天津市于 1949 年 4 月物价已相当稳定。这时游资转向证券黑市交易的日益增多，如启新公司的股票由一千元涨至五六千元，成交数量由数百单位达到三四千单位。天津市军管会为了吸收游资投入生产，于 1949 年 4 月 27 日决定开放证券交易，6 月 1 日正式成立天津市证券交易所。天津开放证券交易后，北平部分资金向天津转移。同年 11 月北京市第二届各界人民代表会议决议，建议政府建立北京市证券交易所。中财委于 1949 年 11 月 26 日经中国人民银行通知北京同意设立证券交易所。北京市证券交易所于 1950 年 2 月 1 日成立，受北京市人民银行领导。证券交易所在中华人民共和国成立初期的经济条件下对于保护和吸收私人投资起到一定积极作用。它使资本家产生安全感，减少了资本外流；并给吸收游资开辟了一条路，有利于稳定和发展；对于反映游资状态，提高股票的地位也有一定作用。①

"三大改造"以后，在利用市场调节机制方面，陈云提出："节制资本在历史上曾经起过积极的作用，但是也存在着副作用。特别是一九五三年以后，对工业实行统购包销，商业自上而下派货，农产品独家收购，市场管理很严格，带来了消极因素。主要是产品品种少，质量下降，这种消极因素过去就有，现在应该取消。过去只有国家市场，没有自由市场，现在要有国家市场，也要有在国家市场领导下的自由市场，如果没有这种自由市场，市场就会变

---

① 详见董志凯《国民经济恢复时期的私人投资》，《中国经济史研究》1992 年第 3 期。

死。"① 陈云的这些思想是对传统计划经济模式的突破,但是由于多种历史原因,国家粮食市场从 1953 年年底开始建立到 1957 年 10 月被关闭,共存在 4 年。1956 年开放了农副产品的自由市场,1957 年 8 月粮食的市场交易被取消。②

(三)利用国家资本主义搞工业化

国家资本主义不是中国的发明。19 世纪中叶到第一次世界大战前夕,德、日等国家为了赶超英、美等先进国家而实行了"赶超式"国家资本主义;两次世界大战之间,由于爆发了世界经济大危机,美、英等主要发达国家实行了"凯恩斯式"的国家资本主义;第二次世界大战之后,世界格局出现重大调整,呈现出多种国家资本主义模式并存的状况。实行"赶超式"国家资本主义的国家主要通过在一些关键性、基础性、支柱性领域进行直接投资建立国有企业,并且通过产业政策、税收政策来引导、鼓励私人企业的投资方向,以期在比较短的时间内迅速实现工业化,达到赶超先进发达国家的目的。社会主义国家的国家资本主义最早出现在苏俄的列宁新经济政策时期。③ 陈云从中国实际出发,认为"在工业落后的中国,在一个时期内,民族资本家发展工业,向工业投资,是带进步性的,是对国家和人民都有利的。虽然中国商业资本在大城市中过于膨胀,但是,中国是散漫的小生产占优势的大国,私商的存在是不可避免的。为着发展商品的交流,国家允许私人资本经营商业,这也是对于国家和人民都有利的。人民政府保护一切有利于国计民生的资本家的利益,但同时反对一切有害于国计民生而从事投机捣乱的人们的行为。国营经济是一切社会经济成分的领导力量。以上这些,是我们今天调整公私经济关系的诸项工作的基本出

---

① 《陈云文集》第三卷,中央文献出版社 2005 年版,第 98—99 页。
② 详见徐建青《50 年代农村国家粮食市场的建立与取消》,《当代农史研究》1998 年第 2 期。
③ 参见胡乐明、刘志明、张建刚《国家资本主义与"中国模式"》,《经济研究》2009 年第 11 期。

发点。"①

1949年12月，上海几个资本家准备投资创办大华民航公司。当时已经确定了航空事业归国营的原则。陈云在与周恩来总理交换意见后给中财委副主任马寅初的电报中指出，"中国航空公司应吸收一部分本国私人的投资。私人投资的方式，不必先由私人筹设新公司后再投入中国航空公司，而可以将资本直接投入。如将来希望投资于民航者很多，则中国航空公司可于一定时间内专作一次征集私股的号召。考虑到航空所需的器材都购之国外，私人投入中国航空公司的股金，也应该是外币。"② 这是他在中华人民共和国成立以后首次提出吸引私人资本入股国营企业的主张。

陈云主张在经济建设中要适当扩大国家资本主义的成分，适当扩大加工订货的范围。即使在政治运动中对资本家也要实事求是。在"五反"运动中，他说："现在我们算资本家的'五毒'帐，是不是算多了一点？是否有点像在农村曾经有过的那种苛刻算法：一只老母鸡下了很多蛋，蛋又孵了鸡，鸡里面又有多少公鸡多少母鸡，母鸡又下了多少蛋，蛋又孵了多少鸡……我看是有的。……我们必须实事求是地把它核减下来，核减到恰当的程度。"③ 国营企业要让私营企业发展。"国营让出任务后，要减少上缴利润，但如果不让出，就要付出救济费，这对国家财政来说是一样的。我们宁可减少上缴利润，少出救济费，因为往往是出了救济费还要挨骂。这种做法，可能会使社会主义工业比重的增长速度在这一两年内慢一些，但我们不能只看这一两年。"④

在"大跃进"后的调整时期，陈云尖锐地批评了工业投资、成本与利润核算中的虚假问题，要求学习资本主义国家的核算办法。他在1961年11月24日—12月17日先后12次主持冶金工业

---

① 《陈云文选》第二卷，人民出版社1995年版，第103页。
② 同上书，第42页。
③ 同上书，第172页。
④ 同上书，第268页。

座谈会,在听取汇报时插话指出:"投资应当是补充矿山能力的钱,而我们把维持生产的钱也算作投资。……巧妇难为无米之炊。我们一方面把应当打入成本的生产维持费当作利润拿出来,另一方面把投资用于维持生产。这样,成本和利润都是虚假的。铁矿、煤矿、林业都有这个问题。这可能是学苏联的算法,资本主义国家是不这么算的。"[①] 陈云这时已经尖锐地指出国营工业企业折旧过低、投入产出核算中的问题。这些问题在 20 世纪 60 年代经济调整中被发现,却没有解决,在二三十年后集中暴露了,成为国有企业改革的一个重要背景。

二 要下力量研究和利用国际资本市场

在"文化大革命"后期及经济改革开放期间,陈云都主张要研究当代资本主义,利用外资为我国经济建设服务。同时,还强调要抓住机遇利用国际资本市场,通过外贸、国际金融市场、期货市场等交易方式,为国家积累发展资金。

(一) 要认真研究国际资本市场

陈云在"文化大革命"后期恢复工作后,主张研究当代资本主义,利用外资为我国经济建设服务。1973 年 5 月 5 日,他在听取外贸部副部长周化民等关于外贸计划和价格问题的汇报时,针对世界市场价格问题指出,资本主义市场价格变化和过去上海交易所一样很灵敏。国际贸易研究所那里多用几个人研究还是值得的。当前资本主义世界工业生产回升,农业遭灾,货币动荡,使价格问题更复杂。这就要求我们要有远见,不仅要注意每天的变化,更要注意长远的趋势。

针对 20 世纪 70 年代布雷顿森林体系瓦解,黄金与美元脱钩,黄金的货币职能也有所减弱的形势,陈云通过研究指出:现在世界

---

① 《陈云年谱》下卷,中央文献出版社 2000 年版,第 101—102 页。

黄金产量每年平均2200万两，价值35亿美元。而世界国民生产总值按每年增长1%算，就是300亿美元。当然，货币还有周转次数。但根据我们货币发行与商品流通1∶8的比例算，目前黄金产量也是跟不上商品增长的，何况黄金还有它的工业用途。因此，"今后金价仍会看涨，美元还要继续'烂'下去。我们外汇储备较多，存银行要吃亏，除进口一部分生产所需物资外，可考虑买进黄金。请人民银行、财政部和外贸部一起开会研究，算算在国外存外汇有多少利息，存黄金要付出多少储存费，看合不合算。"① 此外，他还认为资本主义经济的几次回升和停滞也很值得研究，资本主义经济危机中的各个因素，如次数、周期变化等都要好好研究。②

1973年6月7日上午，陈云请中国人民银行帮助收集有关国际金融和货币十个方面的材料，要求人民银行把在"文化大革命"中撤销的金融研究所搞起来，担负起全面的经济研究任务。当有人讲到现在人民银行可以借到十亿美元甚至更多一些的外汇资金，却担心是否符合自力更生方针和"既无内债又无外债"的精神，是否同现有规矩相矛盾时，陈云指出，这是两个问题：一是方针问题；二是方法问题，要把国内的规矩变动一下，不然就行不通。首先要弄清这样做是不是好事。只要是好事，就可以找出一个变通的办法来让大家讨论。不要把实行自力更生的方针同利用资本主义信贷对立起来。要把大道理讲清楚。凡是存在的东西都有理由。我们做工作不要被那些老框框束缚住。现在形势变了，因此，规章制度也要变动一下。③ 由于有正确的立足点，陈云在"文化大革命"期间仍抓住机遇利用国际资本市场。

（二）利用国际资本市场积累资金和规避风险

陈云一贯重视积累来自资本主义世界的外汇。早在1954年9

---

① 《陈云年谱》下卷，中央文献出版社2000年版，第179页。
② 参见《陈云年谱》下卷，中央文献出版社2000年版，第174页；《陈云文集》第三卷，中央文献出版社2005年版，第416页。
③ 参见《陈云年谱》下卷，中央文献出版社2000年版，第175—177页。

月17日,他致信叶季壮,请他把对苏出口的货单削减一下,把有些货物作为后备力量存起来,一旦有可能,就向资本主义国家出口,以使手内多掌握一些资本主义国家的外汇,如6千万至8千万美元。外贸部根据陈云的指示,1955年对苏出口货单进行了修改,从原定价值25亿卢布的货单中削减了1.1亿卢布(约合2760万美元)。同月27日陈云就此事致信周恩来,说对苏出口减少到23亿卢布,恰够支付来自苏联的进口。我们手内要掌握几千万美元才好办事,有了资本主义国家的外汇,万一对苏卢布不够支付时,苏方也一定会愿意接收资本主义国家的外汇。① 后来的进程证实了这种做法是正确的。

1973年,在对资本主义世界市场做了大量调查研究以后,陈云顶住"四人帮"的政治压力,领导对外贸易做成几项漂亮的交易。其中具有代表性的有以下几项:

第一,在美元贬值的背景下为国家储备黄金。作为国际金融流通中的"硬通货",黄金是保障国家金融秩序的最后一张王牌。在所有的商品中,最具保值功能的,莫过于曾具备货币功能的黄金。虽然重返金本位制度并不现实,但是为应对可能的金融危机,增加黄金储备不失为一种良策。1973年7月14日陈云听取香港五丰行(外贸部领导的香港华润公司所管理的一家贸易公司,中国粮油食品进出口总公司在香港的派出机构)总经理关于通过私商在交易所购买部分原糖情况的汇报。当谈到社会主义国家应如何对待资本主义市场的交易所时指出:利用资本主义交易所是一个政策性的大问题。目前,我国对资本主义国家的贸易大多是通过中间商进行的。不管采取哪种中间商形式,进出口价格有许多要参照交易所的价格来确定。我们可以利用交易所,在大风大浪中学会游泳。过去有时只顾完成任务,价格越涨越买,吃了亏还不知道,这是不行的。利用交易所要十分谨慎,可能有得有失,但必须得多失少。我

---

① 参见《陈云年谱》中卷,中央文献出版社2000年版,第221页。

们外汇的主要来源是靠发展生产。利用交易所仅是保护性的措施，以免受损失。他还指出：今后金价仍会看涨，我们外汇储备较多，除进口一部分生产所需物资外，可考虑买进黄金。美元虽软，但在较长时期内仍会是国际主要货币，没有别的货币能代替它，原因是美国生产力在世界上仍然是最大的。由于看好黄金的升值潜力。1973年鉴于美元已同黄金脱钩，且比价不断下跌，陈云向李先念提出，我们与其把外汇存在瑞士银行遭受风险，不如用这些外汇买点黄金存起来。国务院采纳了这一建议，指示有关部门动用存在外国银行的外汇买入黄金，增加国家的黄金储备。① 从1970年的700万盎司到1974年的1280万盎司②，我国的黄金储备增加了近一倍。在以后的美元狂跌中保证了外汇储备的安全，还为以后的开放提供了可靠的金融支持。1979年和1980年，我国财政出现赤字，就是靠出售这笔黄金一部分才得以填补的。

第二，利用国际期货市场规避风险，进口粮食。为了利用国际市场平衡国内供应，陈云主张放开手脚，利用交易所做期货贸易，由于操作得当，为国家节省了大量外汇。从1961年起，中国一直是粮食进口大国，到20世纪70年代，粮食进口已超过1000万吨。我国与加拿大、澳大利亚虽然签订了长期进口合同，但是远远不够我国所需。美国是小麦生产大国，但当时政府之间没有贸易往来，以致每当加拿大或澳大利亚粮食歉收，我国购粮的细小举动都能刺激国际粮食市场价格飞涨。1973年以后，陈云领导华润公司利用纽约交易所购买粮食，并派人长期住在纽约，以期货保护现货，不必通过第三国作美国粮食的转口贸易。我国购粮人员以商人的身份与美国商人打交道，结交了一批贸易伙伴和朋友，还对推动中美外交做出了贡献。

---

① 参见《陈云年谱》下卷，中央文献出版社2000年版，第188页。
② 《中国金融统计（1952—1996）》，中国财政经济出版社1997年版，第203页。直至2002年，我国黄金储备方突破这一数字，达到1929万盎司，以后长期没有突破，直至2008年依然为1929万盎司。

第三，为弥补我国棉花歉收，利用期货市场定购棉花。1973年10月12日，陈云在广交会了解到进口棉花加工棉布出口的创汇率可以达55%以上。他当即指出：定购棉花要抓紧，现货不好买就买期货。按照陈云的指示，经国务院批准，我国当年进口棉花850万担。

第四，利用期货市场，在大宗原糖进口的同时赚取外汇。1973年4月，我国需要进口47万吨原糖，外贸部给华润公司限定了最高价和最低价，但经过了解国际市场行情，华润判断所定的谈判价偏低。为避免刺激国际市场砂糖价格上涨，华润先在伦敦砂糖交易所购买期货26万吨，平均每吨82英镑，然后向巴西、澳大利亚、英国、泰国、阿根廷等国家购买现货41万吨，平均每吨89英镑。消息传开后，纽约、伦敦砂糖交易市场大幅涨价，达到每吨105英镑，华润遂将期货抛出，从中赚得240万英镑。这件事引起了风波：有些人说这是搞"资本主义"。1973年7月14日，陈云请华润五丰行来京汇报工作，他认为：利用资本主义交易所是一个政策性的大问题。交易所有两重性，一是投机性，二是大宗商品交易场所。过去我们只看到它投机性的一面，忽视了它是大宗交易场所的一面，有片面性。我们不要怕接触交易所，可以利用交易所。

此外，陈云重视调整外贸结构，进口原料、设备，利用国内丰富劳动力生产成品出口。1973年10月12日、16日，陈云在广州听取外贸部负责人关于广交会情况的汇报。当谈到有人认为进口棉花加工棉布出口是依靠外国，不是坚持自力更生时指出：这种看法是不对的。现在国内棉花不够，要做到自给有余可能要用很长时间。我们要利用这段时间，进口棉花，加工棉布出口，不这样做就是傻瓜。美国是产棉大国，英国是靠纺织工业起家的，日本过去也出口不少棉布。但现在他们工人工资高，再搞纺织工业不合算，而我们的工资水平比他们低得多。印度、巴基斯坦、埃及也都生产棉布，但他们的纺织工业水平不及我们。我们有劳动力，可以为国家创造外汇收入。这样做，归根到底是为了加快国家的工业建设。此后，他又提出改进包装，提高质量，用出口大米换进口小麦，用以增加粮食库存，抵御两到三年歉收等"路子"。

三 陈云对待资本和资本市场的几个特点

陈云是中国共产党领导人中利用资本市场的先驱。为此虽然受到过不公正的批评，实践却证明了他的卓识与成就。尽管陈云对于改革开放以后国内在市场经济条件下必然建立的资本市场、证券市场、期货市场等未及探索，但他对待资本和资本市场的指导思想仍然能对我国今天开辟和利用资本市场有所启迪。

（一）洞察资本的自私逐利本性

资本最根本的动机是自身增值，寻求利润最大化。资本作为个体，或者用西方经济学的语言说，作为"经济人"，其经济行为是理性的，以追求利润最大化为唯一目标。然而，因为资本个体的认知理性和行为理性是有限的，它仅仅在其有限的市场信息和有限的认知能力范围内作为，无法将自己的微观行为与宏观态势联系起来，即难以在个体理性的基础上实现整体理性。对于资本天然的自私性，如果没有必要的精神准备和控制能力，在一定条件下，其带来的破坏速度可能比它建设的速度还要快。因此，陈云反复指出：不要对资本主义国家存在盲目崇拜和不切实际的幻想。资本并不会天然选择去依附道德情操高尚的人，甚至在某种特定社会环境下和一定程度上，还会有相反的选择倾向。这种案例在现实生活中并不鲜见。1980年12月16日，陈云在中共中央工作会议开幕会上就经济形势与调整问题讲话时再次指出：必须清醒地看到，外国资本家也是资本家。他们做买卖所得的利润，绝不会低于国际市场的平均利润率。对外国资本家在欢迎之中要警惕。这丝毫没有不要利用外资的意思，利用外资和引进新技术是当前一项重要政策措施。这样说只是敲敲警钟，提醒头脑不很清醒的干部。1984年6月30日，陈云在中共中央对外联络部的内部材料上批示：有经验的外国人也是摸着石头过河,所有外国资本家都是如此。凡属危险项目,他们不搞,宁可吃利息。这是一个千真万确的道理。①

(二) 运作资本与资本市场的目的是为国家谋利

能否正确对待资本,问题的实质在于为谁所用、为谁谋利。货币或资本有一种"脱域"的机制,它可以脱离具体的时间和空间,使得人们跨地域支配和调动资源,并且透支未来。陈云利用资本和资本市场的这些特点,为国家谋利。直至 20 世纪 80 年代,我国的黄金储备,绝大部分是 1973 年、1974 年国际货币动荡时买来的;依然相当于陈云 1974 年购置黄金时的储备额度。2002 年,我国黄金储备方突破这一数字,达到 1929 万盎司,以后长期没有突破,直至 2008 年依然为 1929 万盎司。② 国家资本的性质和作用很大程度上取决于国家政权的性质和作用,陈云为国家谋利,是为了巩固和发展社会主义的政权与经济。正如孙中山所言,中国的国家资本"由国家经营,所得的利益归大家共享,那么全国人民便得享资本的利,不致受资本的害"③。在发展国家资本的过程中,陈云也注意发挥市场与竞争机制的作用。

(三) 充分发挥国家银行的主导作用

在金融已经成为现代经济的命脉之际,国家银行关系国计民生。陈云对待资本和资本市场的一个重要特点是,将国有银行作为在资本和资本市场中体现国家意志的机构,充分发挥国有银行的主渠道作用。他多次强调:银行是消息灵通、反应灵敏的部门,中央银行要垂直领导,要把钞票管理好;严格控制货币发行,坚决纠正违章拆借资金,坚决制止各种乱集资,强化中央银行的金融宏观调控能力;要把外汇管好,要搞双重或多种汇率的办法;除一些经过特许的外汇存到外国银行外,不要私自把钱存到外国银行;要管好

---

① 参见《陈云年谱》下卷,中央文献出版社 2000 年版,第 263—264 页、第 355 页。
② 参见《中国统计摘要 2009》,中国统计出版社 2009 年版,第 86 页。
③ 《孙中山全集》第 9 卷,中华书局 1986 年版,第 393 页。

货币的波动，当好国家的外汇财务经理和金融经理。① 这些思想在经济发展的起步期对于金融稳定、国有资产保值增值、国民经济体系的建立起到了重要作用。

中国作为统一的大国，历史经验表明，关系国计民生的经济事业，即孙中山所说的"大实业"，不能操纵于私人资本之手，必须由国家资本来经营。国家资本主义是国家和政府主导的资本主义。其在不同国家的社会环境下，具有不同的性质与特点。② 陈云关于资本和资本市场的思想和作为，既是对国际上后发国家实施的国家资本思想的继承和实践，也是对中国经济思想史上先哲经济思想的继承与发展。如孙中山的资本思想有三个基本内容，即节制私人资本、发展国家资本和利用外国资本。③ 陈云关于资本的思想就与孙中山关于资本的思想有许多相似之处，也有诸多发展。譬如，节制私人资本的同时要发展和利用有利于国计民生的私人资本；在发展国家资本的同时在大多数市场竞争领域都要反对垄断，遵从市场经济的一般规律；利用外国资本时要趋利避害、维护国家安全等。

当前，全球形成了衍生金融工具主导的虚拟经济。资本和资本市场在经济中的作用越来越突出。金融资产的归属与经营者的价值观念和道德因素息息相关。中国在社会主义市场经济中，在资本和资本市场领域尤其需要精神武器的武装。学习陈云关于资本和资本市场的思想与实践，有助于我们在这方面的努力。

（原载《中共党史研究》2010 年第 8 期）

---

① 参见《陈云文选》第三卷，中央文献出版社 2000 年版，第 201、279、344 页；《陈云年谱》下卷，中央文献出版社 2000 年版，第 179、180、375—376、404 页；《陈云传》下卷，中央文献出版社 2005 年版，第 1807、1829 页。

② 参见胡乐明、刘志明、张建刚《国家资本主义与"中国模式"》，《经济研究》2009 年第 11 期。

③ 参见张忠民《孙中山国家资本思想及其对南京国民政府国有经济政策的影响》，《史林》2007 年第 3 期。

改革为中国现代经济史研究开拓了坦途

中国现代经济史既是一门具有丰富内涵的基础学科,又是一门随着时代脉搏跳动的前沿学科。作为理论经济学研究的基础,中国现代经济史的研究对于中国的社会主义经济学起着基石的作用。然而在1978年以前,研究中国现代经济史,如行古时蜀道,难之又难;是改革开放为这个学科的发展开拓了坦途。

首先,实事求是的指导思想为研究中国现代经济史提供了可能。1981年6月,在邓小平倡导的"实事求是""秉笔直书"的思想指导下,中国共产党中央委员会制定了《关于建国以来党的若干历史问题的决议》,6月27日中国共产党第十一届中央委员会第六次全体会议一致通过了这个决议。决议采取了"坚持真理,修正错误"的辩证唯物主义立场,总结了党在中华人民共和国成立32年以来的经验,对重大历史事件特别是"文化大革命"作出了正确的总结,科学地分析了在这些事件中党的指导思想的正确和错误,分析了产生错误的主观因素和社会原因,实事求是地评价了毛泽东在中国革命中的历史地位。这就为深入研究中国现代经济史中的一系列重大问题奠定了基础。譬如,关于如何认识旧中国的经济遗产,及其与中华人民共和国经济之间革命、继承与发展的辩证关系;如何总结新民主主义经济体制的经验和作用,新民主主义经济形态是怎样转变成单一计划经济的,怎样评价"大跃进"和人民公社运动,如何概括中国经济改革的成就,中国经济改革有哪些教训,等等。可以肯定,如果以"两个'凡是'"或者"只'唯书'、'唯上'"的思想为指导,科学的中国现代经济史研究就不可能存在了。

其次,经济制度创新的改革使历史评价有了准绳,拓宽了经济史研究的对象。

中共十一届三中全会在决定把全党工作重点转到经济建设上来的同时就着重指出，为了实现社会主义现代化，必须对经济体制进行改革。党的十二大明确提出了有系统地进行经济体制改革的任务，指出这是建立充满生机的社会主义经济和坚持社会主义道路、实现社会主义现代化的重要保证。1984年10月20日，中国共产党第十二届中央委员会第三次全体会议通过《中共中央关于经济体制改革的决定》（以下简称《决定》）。这个《决定》提出我国社会主义经济是公有制基础上的有计划商品经济，突破把计划经济同商品经济对立起来的传统观念，是对马克思主义政治经济学的新发展，为全面经济体制改革提供了新的理论指导。《决定》还指出，社会主义制度的优越性在我国还没有得到应有的发挥。其所以如此，除了历史的、政治的、思想的原因之外，就经济方面来说，一个重要的原因，就是在经济体制上形成了一种同社会生产力发展要求不相适应的僵化的模式。这些问题本来在1956年党的八大会议前后已经有所觉察，但是由于长期以来在对社会主义的理解上形成了若干不适合实际情况的凝固观念，特别是由于1957年以后党在指导思想上的"左"倾错误的影响，把搞活企业和发展社会主义商品经济的种种正确措施当成"资本主义"，结果就使经济体制上过度集中统一的问题不仅长期得不到解决，而且发展得越来越突出。其间多次实行权力下放，但都只限于调整中央和地方、条条和块块的管理权限，没有触及赋予企业自主权和由市场配置资源等要害问题，也就不能跳出原有的框框。1987年中共第十三次全国代表大会比较系统地论述了我国社会主义初级阶段的理论，这为此后的一系列理论创新奠定了基础。党的十三大提出社会主义有计划商品经济的体制应该是计划与市场内在统一的体制；中共十三届四中全会后，提出建立适应有计划商品经济发展的计划经济与市场调节相结合的经济体制和运行机制。特别是邓小平于1992年年初的"南方谈话"进一步指出，计划经济不等于社会主义，资本主义也有计划；市场经济不等于资本主义，社会主义也有市场。计划和市场都是经济手段。计划多一点还是市场多一点，不是社会主义与资本主义的本质区别。这个精辟论断，从根本上解除了把计划经济和市场经济看作属于社会基本制度范畴的思想束缚，使我们在计划与市场关系问题上的认识有了新的重大突破。实践的发展和认识的深化，导致1992年10月党的十四大明确提出，我国经济体制改革的目标是建立社会主义市场经济体制。

市场取向的经济体制改革，以至社会主义市场经济体制改革目标的明确，不仅使资本、信用、要素市场、股票、证券、期货、股份制等经济范畴在回避多年之后重新引入了中国现代经济史的研究对象；而且使我们对一系列问题的认识和评价有了更加科学的准则。譬如：如何评价单一公有制和单一计划配置资源的模式的形成；如何认识其与中国经济发展战略的关系；中国发展经济所受的资源环境特征的制约与战略形成的关系；各个历史时期投资效益的评价；工业化、城市化进程的评价，等等。1978年以来更有一系列新的问题进入了中国现代经济史研究的视野。譬如：在体制改革方面的企业改革问题、政府改革问题、发展民营经济问题、金融改革问题、社会保障体制改革问题，等等；在经济发展方面的比较优势、工业化、城市化、劳动力转移、收入差距、地区差距、农村问题，等等；在微观方面的价格机制、资源配置、公司治理结构、企业管理、行业规制、要素市场、反垄断，等等；在宏观方面的通货膨胀、通货紧缩、总需求、总供给、货币政策、财政政策、失业率变动、进口需求、出口需求、增长率波动，等等。由此可以进一步科学地探索中国经济发展的客观规律，从而使中国现代经济史有可能为中国现代经济学奠定基础。

再次，对外开放格局的形成开拓了中国现代经济史研究的眼界。中共十一届三中全会以来，我们把对外开放作为长期的基本国策。将利用国内和国外两种资源，开拓国内和国外两个市场，学会组织国内建设和发展对外经济关系两种本领，作为加快社会主义现代化建设的战略措施。由此中国逐步形成了全方位、多层次的对外开放格局。从而不仅印证了马克思、恩格斯早在《共产党宣言》中就指出：由于资本主义的发展开拓了世界市场，过去那种地方的和民族的自给自足的闭关自守状态已经被各民族的各方面的互相往来所代替，一切国家的生产和消费都已成为世界性的了；而且使其成为中国现实经济生活中理所当然的经常内容。

对外开放格局的形成开拓了中国现代经济史研究的眼界。一方面，经济活动的范围拓宽了，经济史研究的对象相应丰富了；另一方面，对中国经济进行历史评价和鉴别时，不仅要与本国历史比较，而且要与同期世界大国、世界发展中国家的状况作比较。此外，改革开放以来，我国在西方经济学的引进、研究方面采取了积极的态度。与此同时，西方经济学的分析方法也对我国的经济史研究产生了不可低估的影响。中国现代经济史的研究方法也开始借鉴国外经济史研究的一些方法。譬如：制度比较的研究方式、发展经济学的方法，计量方法、实证方法、区域经济学的方法、社会学的方法乃至系统论的方法等，都在选择之列。吴承明先生对此曾指出：只有把各种方法结合起来，才能对经济史上的许多重大问题进行全面和深入的研究。

最后，中国经济史的研究开始走向世界。

在改革开放以前，由于中外学者在研究上彼此隔绝，中外学术交流不畅。改革开放打破了这种相互隔绝的状况。中外学者密切交流，相互了解，在研究方法上的差异逐渐缩小，研究的兴趣和视角也逐渐接近。随着我国经济迅速而持久的发展，国外学界日益重视对中国经济史、特别是中国现代经济史的研究，以寻找中国当前经济发展的历史根源。中国学者也从学术交流中发现了进一步深入研究中国现代经济史需要探索的新问题。

综上所述，没有改革就没有中国现代经济史的科学研究，是中国共产党领导的改革开放为中国现代经济史研究开辟了坦途。

（原载《经济研究》2001 年第 7 期）

如何认识经济史研究中的"史无定法"

——缅怀吴承明先生

20世纪80年代,我国迎来"科学的春天"。在百废待兴、欣欣向荣的社会科学舞台上,经济史得到越来越多经济学者的关注。对于这个经济学与历史学交叉的学科,用何种方法指导研究与写作?不同研究背景、理论背景与学业基础的学者提出了不同的见解,有些甚至相互抵触。在这种情况下,吴承明先生作为具有经济学与历史学双重学业基础、学术功底深厚,通晓东西方经济理论与古今中外历史、学术研究与实践经验兼备的学者,在学科发展的重要时刻重提"史无定法"。它成为改革开放时期经济史学科领域研究方法的著名论断,为经济史学科的发展拓宽了道路,指明了方向。30年来,这一论断被业内外学者反复阐述并身体力行,推动了经济史学园地百花齐放。

一 为扩大眼界、博采众长,重提"史无定法"

"史无定法"之说并非吴老首创,但是吴老在经济史学发展的关键时期重新提出,具有明确目的并加以界定与说明。他说:早有"史无定法"之说,这当然不是说可任意判断,而是说治史可因对象、条件不同而采用不同方法。1984年,在意大利的一次中国经济史国际讨论会上,吴老说:就方法论而言,有新老学派之分,但很难说有高下、优劣之别。中国讲"百花齐放",当包括方法论在内。撰写《中国经济史研究方法杂谈》的目的,就是希望我们的中国经济史研究百花争艳。如一事物用不同方法去研究而能得出同一结论，当更可信。①

吴老提"史无定法"，并非简单重复先人之言，而是基于对方法论的全面认识，是为了博采众长。他指出，认识是思维与存在的统一，方法是思维的工具。② 在经济史的研究中，就方法论来说，应当扩大眼界，博采众家之长。这包括三层意思：根据不同对象和现有条件，采用不同的研究方法；同一问题，用不同方法去求解，以期得到更完备的论证；用某种你最信任的方法，进行多题研究（结果会形成一个学派）。无论采用哪种方式，都要以文献学方法为基础，以历史唯物主义为指导。这些说法明确了他重提"史无定法"的目的和作用。

二 经济史研究的五个层次与历史研究方法的三个层次要有机结合

相比较一般经济问题研究，经济史研究更加深邃、更加宽泛、内容更加丰富。吴老认为，方法与目的密切相关。几乎每种新的研究方法都是随着某种新的理论而来，这种理论和方法就形成一个学派，研究对象决定着运用不同的方法。

他对经济史研究与历史研究方法作了全面剖析后指出，经济史研究有五个层次，即历史条件、经济运行、制度、社会与思想文化。而历史研究的方法可分三个层次：一是世界观意义的方法，是从整体上指导研究的思维工具；二是认识论意义的方法，是解释、求证、推理的思维工具，其中又分逻辑思维和非逻辑思维两种；三是专业和技术研究方法，如社会学方法、经济学方法、计量学方

---

① 吴承明：《中国经济史研究方法杂谈》，载吴承明《经济史：历史观与方法论》，上海财经大学出版社2007年版。

② 吴承明：《方法论与历史实证主义》，载吴承明《经济史：历史观与方法论》，上海财经大学出版社2007年版。

法、比较研究法等。经济史的五个层次与历史学方法的三个层次如何有机结合,运作得当?是经济史研究须臾难以回避的问题。吴老对此作了大量的研究与比较分析。

他指出,经济史首先是史,它在 19 世纪后期从历史中分化出来,但还是历史。一个时代的经济决定于这个时代的历史条件,如战国时期,经济为战争服务;在西方也一样。马克思认为经济是基础,决定上层建筑。吴老提出社会条件决定经济,与马克思不同,但并不反对马克思。研究经济史要有历史观,他赞成中国传统的"究天人之际,通古今之变"的历史观:长期看经济发展不能逆天行事;要辩证地考察历史上的经济兴衰,包括周期性。一切目的论、决定论的思维方式都不足取。

历史学的首要任务是探求历史的真实,史料考证是治史之本,实证主义不可须臾或离。价值判断是中国史学的优良传统。吴老主张应作实证判断和规范判断。实证判断要把所论的事情严格地放在当时的历史条件下,不可以今论古;规范判断是用今人的价值观来评论古人的历史局限性,但要有足够的谦虚,因为今人的价值观也有局限性。

其次,经济史要研究经济层面。经济史是研究各历史时期经济如何运行的,以及它的运行机制与效果。在经济史研究中,一切经济学理论都应视为方法论。任何经济学理论都要假设若干条件或因素可以略去或不变,否则不能抽象出理论来。这种假设与历史相悖,这不能改变,只能补救,即用史学的特长来规范时空和考察范围,使理论在小环境内起到分析方法的作用。

再次,经济史要研究制度层面。任何经济都是在一定制度下运行的,制度有稳定性,也有变迁。制度变迁是不可逆的,表现历史的进步,但也会出现反复和逆流,造成经济衰退。制度经济学认为,先有制度后有经济发展。吴老辩证地指出,制度是由于经济发展引起的。马克思主义注重研究制度问题,马克思在《德意志意识形态》一书中就曾指出:交往扩大了生产。吴老认为:其实什么制度都是诱导出来的。制度有多种形式,如赋役、租佃、雇工制度,这些制度是小制度，变迁到一定程度要引起体制（systemic）的变革，体制的变革进一步发展则引起根本性制度（constitutional）变革，宪法改变，根本法改变。这个转变，在西欧就是从商业革命到工业革命，马克思称之为生产方式的变革；希克斯认为由习俗经济、命令经济向市场经济的转换，用了300年；考虑到还有社会、文化的变迁与转换，布罗代尔、诺斯都说用了400年。在中国，16世纪经济就有向现代化转变的迹象，也有一定的制度变迁，但未能引起体制改革，即告中辍。又如清末开始制度变革，到民国时期才实行修宪。

又次，是社会变革层面。社会变革过去是社会学范畴。年鉴学派认为社会变革是长时阶段的影响因素。如布罗代尔的书分为三卷，第一卷讲日常生活习惯，形成了长期起作用的制度，在吴老看来起制衡作用。一方面不合民族文化传统的制度创新往往不能持久，如果某项制度违背了民族传统则不会成功，坚持不下去，如人民公社制度；另一方面是先导作用，即历史上的启蒙，如欧洲民族国家的兴起经历了启蒙。历史学作为一门学问就是从启蒙时代发展起来的，许多思想家就是史学家。Robinson写了《新史学》。启蒙运动是文化运动引起的社会变迁，这是积极因素，如"五四运动"。后现代主义代表人物福克认为，历史是间断的，前进是跳跃的，他主要是从文化方面进行研究。哈贝马斯也持这样的观点。经济史也不是线性发展的，过去研究经济史用因果关系，被批评为简单的因果关系，实际上关系是复杂的。结构主义代表人物如布罗代尔认为变革是关系的改变。吴老赞同结构主义整体史观。

最后，是文化思想层面。经济发展—制度改革—社会变迁，在最高层次上要受思想文化制衡（conditioned）。文化思想变迁与经济变迁不是如影之随形，因此必须破除经济决定论。如恩格斯所言，思想发展有它自己的规律。[1]

---

[1] 《吴承明先生谈经济史研究方法问题》，2004年6月8日，载吴承明《经济史：历史观与方法论》，上海财经大学出版社2007年版。

三 在经济史研究中一切经济学理论都应视为方法

吴老所言"史无定法",不仅因为方法有层次之分,而且认为要视研究对象采用不同方法,不同的方法在经济史研究中所起的作用不同。他重视经济理论在经济史研究中的方法地位,同时指出:经济史是研究过去的、还不认识或认识不清楚的经济实践,因而它只能以经过考证、认为可信的史料为根据,其余一切理论、原则都应视为方法——思维方法或分析方法。

经济学原理是从历史的和现实的经济实践中抽象出来的原理和原则,但不能从这种抽象中还原出具体的实践。吴老说:就像不能从"义利论"还原出一个君子国一样,历史实践的抽象不同于意识形态(哲学)的抽象。他引用马克思以及近当代著名西方经济学家的认识印证他的观点:如马克思、恩格斯指出,历史实践的抽象还不同于意识形态(哲学)的抽象,"这些抽象本身离开了现实的历史就没有任何价值","它们绝不提供可以适用于各个历史时代的药方和公式","它们只能对整理历史资料提供某些方便,指出历史资料的各个层次间的顺序。"① 吴老认为,这里的"方便"可理解为方法。J. M. 凯恩斯说:"经济学与其说是一种科学,不如说是一种方法,一种思维工具、一种构想技术。"② J. A. 熊彼特极有远见地把他那部空前浩繁而又缜密的经济学说史定名为《经济分析史》,指出:"经济学的内容,实质上是历史长河中一个独特的过程。如果一个人不掌握历史事实,不具备适当的历史感或所谓历史经验,他就不可能指望理解任何时代(包括当前)的经济现象。"③

吴老对这些精辟的论断给予高度评价。这是因为经济学本是一

---

① 《马克思恩格斯选集》第一卷,人民出版社1995年版,第74页。
② 《现代外国经济学论文选》第8辑,商务印书馆1984年版,第4页。该译文过简,兹按凯恩斯原文改译。
③ A. J. 熊彼特:《经济分析史》第1卷,商务印书馆1991年版,第29页。

门历史科学,也因此,任何经济学理论都有它的"历史相对性"。熊彼特在解释这个问题时说,除了经济学家对于他们那个时代的"兴趣和态度"有所不同外,重要的是我们使用的材料不能超过我们占有的材料,因此在进一步发现的前面,我们原有的成果一部或全部也许站不住脚。

吴老以商品定价为例,说明经济范畴与经济理论随着经济历史变化不断演变:有人曾把马克思的价值规律作为一项永恒起作用的市场规律,其实不然。在简单的交易中,人们可凭经验得到劳动等价交换的概念,如"里谚:君有一尺绢,我有五尺布,相与值贸之,粗者不贫,细者不富。"但到交易复杂化后,这种劳动价值调节生产和资源配置的作用就失效了。恩格斯说:"马克思的价值规律,从开始出现把产品转化为商品的那种交换时起,直到公元十五世纪止这个时期内,在经济上是普遍适用的",直到 15 世纪止,它起着"支配作用"。① 16 世纪以后,西欧进入资本主义,市场竞争加剧,人们已无法凭经验取得劳动等价交换的概念,于是,马克思提出"商品价值转化为生产价格的理论",就是说,市场上商品价格的形成不再以劳动价值为基础,而是以成本价格加上平均利润的"生产价格"为基础;在市场上调节生产和资源配置的,不再是原来的劳动价值规律,而是生产价格的规律了。马克思说,所谓生产价格,"实际上这就是亚当·斯密所说的'自然价格',李嘉图所说的'生产价格'、'生产费用'……"② 也就是古典经济学所称"看不见的手"。生产价格理论作为市场机制,适用了 200 多年,市场进一步复杂化了。在市场上不仅是商品交易,还有期货、期权交易,信息和专利权、知识产权交易,以至风险交易。每种交易都要有价格,没有交易的也有影子价格,这些价格多半不能用生产成本来分析。于是,经济学家用新的市场机制的理论,其中比较实用的就是新古

---

① 《资本论》第 3 卷,人民出版社 1975 年版,第 1019 页。
② 同上书,第 221 页。

典经济学的均衡价值理论。均衡价值理论运用了近 100 年，市场又发生新的变化，于是在 20 世纪末又有合理预期和博弈理论出现。显然，这些经济学理论，无论它曾经具有多大权威，都没有永恒性，在经济史学家看来，只能是分析某一时代市场机制的方法。①

经济学理论作为经济史研究的方法，被赋予了更高的价值与地位。这是因为，一项伟大的经济学说，在它产生的环境和条件变动后，往往就会消沉，但它所创的经济分析方法，却能长存。如 20 世纪 30 年代的凯恩斯主义革命，是在 1929 年世界经济危机的条件下产生的，它曾显赫一时。但不过 20 年，凯恩斯学说即为新古典综合派和新剑桥学派所代替，今天更有新的理论出现。但是，作为方法，凯恩斯创立的宏观经济分析，包括国民收入、总需求、总供给、储蓄和投资、国家干预经济的政策等，则不仅为后凯恩斯主义者所继承，也为几乎所有经济学家所取用。因此而兴起的经济增长理论，后发国家的发展经济学理论，也和上述宏观经济分析一样，成为经济史研究的重要课题。②

四　比较不同研究方法的长短

为了经济史学园地百花齐放，吴老对经济学和历史学的理论在经济史研究中的运用，做了大量的例证分析与比较。包括（1）文献学和考据学方法；（2）历史唯物主义；（3）经济计量学方法；（4）发展经济学方法：（5）区域论和周期论：（6）社会学方法；（7）系统论方法，等等。③ 对于不同方法的短长，他都做了实事求是的分析，并指出其作用的最佳方位。这也是他主张"史无定法"

---

① 吴承明：《经济史：历史观与方法论》，上海财经大学出版社 2007 年版。
② 同上。
③ 对此，吴老曾说：所谈或详简，或我所不知而举疑，故曰杂谈。引自吴承明《中国经济史研究方法杂谈》，2002 年 12 月 5 日，载吴承明《经济史：历史观与方法论》，上海财经大学出版社 2007 年版。

的重要依据,即需要多种方法取长补短,才能全面认识与分析经济演变的历史。

吴承明赞成结构主义整体史观,因为经济发展是非线性的。20世纪80年代,诺斯的新制度学派在我国很流行,大约是因为中国进行体制改革的缘故。新制度学派的方法很好,但也有缺点,在研究中国历史时许多方面用不上。诺斯的著作分成两部分,前面是理论部分,讲得很清楚,但后面分析历史时,却不是制度变迁,比如战争、疾病,都是非经济原因。因此,新制度学派需要修正。新制度学派理论已注意到国家作用,加入了国家理论,这一点对分析中国问题是重要的。新制度学派还注意到意识形态作用,认为意识形态是非正式制度。上述三点都不是以经济理论为基础的。

吴承明赞同熊彼特的《经济分析史》中提出的研究经济史要有三个基本功:历史、统计与经济理论,最重要的还是历史,若无史感则不能了解任何时代的经济,包括当代经济。历史感或修养对个人的判断能力影响很深刻。他在20世纪90年代学习西方学者康德、汤因比、哈贝马斯等人的著作,感到虽然很有收获,但这些不是自己的,应用上还不行。研究经济史,必须要掌握古代史、近代史,养成历史观。

长期以来,西方学者把近代早期欧洲民族国家的形成和较早实现工业化归之于西方文化的特殊性和优越性,而认为明清时期的中国是处在停滞状态,鸦片战争以后发生的变化则是西方的冲击引起的,即所谓"西欧中心论"和"冲击—回应"范式。近二三十年,兴起了反对这种观点的思潮,并渐形成巨流。吴老认为,在中西比较史研究中,彭慕兰的《大分流》以新的论证方法提出许多创新性见解;是研究中西比较史最值得通读的一本书,认为其最大贡献正是在方法论的创新上。他对方法论的贡献有两个:一是对中国研究中比较目标的创新,二是比较方法的创新。通常研究者是以生产水平和消费水平作为比较的目标。由于中西文化、习俗和价值观不同,这种比较难得有共同的标准。麦迪森统一用GDP的增速来衡量，而 18 世纪的 GDP，他自己也说只是 guesstimate（俚语"瞎猜"）。这种比较是一个时间点的静态比较，不能反映某个经济体系的实力和前景，并会因双方所处景气周期的相位不同而失衡。彭慕兰则以极大的力量考察了双方阻碍市场发育的因素，诸如政府干预、特权垄断、行会和习俗限制等，并特别重视土地买卖和劳动力市场的自由程度；采取了中国与欧洲双向交互比较的方法和回溯分析与前瞻分析相结合的方法。①

关于文献学和考据学方法，吴老认为，我国史学一向重视文献学的方法，就是绝对尊重史料，言必有征；用现代话说就是"论从史出"。这是个好传统。文献学方法包括校勘、辨伪功夫。所论多宏观，故重典章制度。同时，它包含归纳法，广征博引，力戒孤证。在表达上，"让史料自己说话"，质朴、简洁、有力。

文献学、考据学是不断发展的。至近代，受西方实证科学影响，已日益重实效。方法本身也因资料库和电子计算机的利用而改进。但单靠文献学、考据学方法亦有弊端。正如列宁所说："社会生活现象极其复杂，随时都可以找到任何数量的例子或个别的材料来证实任何一个论点。"② 这就不是论从史出，而是史随论走了。因此，史料愈多，愈要有科学的驾驭史料的方法。这方法，首先就是历史唯物主义。

吴老把历史唯物主义视为研究经济史的基本方法。他认为，历史唯物主义是一种世界观，不只是方法。但是，如果我们不是写历史，而是研究历史，即研究一个未知领域或未决问题，不如把它看作方法。这是因为，原则不是研究的出发点，而是它的最终结果；

---

① 《大分流》的基本观点是：1800 年以前是一个多元的世界，没有一个经济中心；只是 19 世纪欧洲工业化充分发展以后，一个占支配地位的西欧中心才具有了实际意义。西欧之首先实现工业化不是由于欧洲传统文化及制度上的优越性，而主要是两个具有偶然性的因素造成的：一是英国的煤矿恰好位于经济核心区，一是美洲殖民地的开发；后者尤为重要。该书由史建云译成中文，收入《海外中国研究丛书》。吴承明对该书的评议引自《〈大分流〉对比较研究方法的贡献》，载《中国学术》2003 年第 3 期。

② 《列宁选集》第二卷，人民出版社 1995 年版，第 578 页。

规律虽是客观存在，但只在一定条件下起作用。历史唯物主义的原则，对别的学科来说，可用作逻辑论证，如评某文学作品，可说它不符合历史规律。但对研究历史本身来说，却不能这样。如五种生产方式，可称为社会发展规律，但具体研究某个民族的历史时，缺奴隶社会者有之，缺封建社会者有之，缺资本主义社会者更有之。这些"缺"正是研究的目的。对于研究工作者来说："马克思的整个世界观不是教义，而是方法"。"历史唯物主义从来也没有企图说明一切，而只是企求提出'唯一科学的'说明历史的方法。"这种科学的说明历史的方法的核心，也是在实践中用得最多的，就是历史辩证法。辩证法思想来自人们观察自然现象的总结，即自然辩证法或辩证唯物主义。"历史唯物主义就是把辩证唯物主义的原理推广去研究社会生活，……应用于研究社会历史"。吴老认为，钱学森把历史唯物主义称为"社会辩证法"，与自然辩证法相并列，很有见地。但是，过去讲授历史唯物主义却很少讲辩证法，而把国家、阶级、阶级斗争当作主要内容。这是因为，我们把辩证唯物主义和历史唯物主义截然分成两门课。阶级斗争是历史的"直接动力"，这是1879年马克思在发出的一个指挥革命行动的通告中说的。历史发展的基本动力是经济的发展，1893年，恩格斯对此提出"归根到底是经济"的修正。① 这才是历史唯物主义的本意。

因此，一要承认各领域的相对独立性。从这一点说，本来可以分别研究，如政治史、文化史、经济史等。二要有整体观、系统观。"归根到底"是经济，但在一事一物上却未必。三要辩证看待

---

① 恩格斯在1893年给弗·梅林的信中说，马克思和他当初是着重从经济基础中"探索出"政治、法权等观念的，这样做是对的，因为当时是批判黑格尔等唯心主义。但也因此犯了个错误，即忽视各种思想领域有自己发展的历史并在历史上起作用。因而他提出"归根到底是经济"的修正。次年，在给符·博尔乌斯的信中全面发挥了这一点：首先，经济基础不仅是经济关系，而是包括全部技术装备和地理环境。其次，"并不只有经济状况才是原因"，政治和意识形态都互相影响。同时，经济并不是自发起作用，而是经过人的决策，"是人们自己创造着自己的历史"。原来，1890年他就提出历史是由人们的意志"合力"创造的理论，而人们的意志是由生活条件决定的。

生产力和生产关系，相互作用是辩证法的基本原理，"反作用"其实就是作用。①

经济计量学源于数理经济学。数理经济学已有百年历史，经济计量学也有数十年历史，我国现已用于计划和管理。但经济计量学用于历史研究，还是20世纪60年代以来的事。它兴于美国，也以美国独盛，在欧洲和日本史学界并非主流。经济计量学用于历史研究有很大局限性。吴老有20余年经济工作的经历，开始研究经济史时，在作经济理论分析的同时也作计量分析。经过一段研究之后，到了20世纪80年代，感到计量分析需要假设许多不变的条件，如假定价格不变、制度不变等，这与历史不符。他从实际工作与经济史研究结合的角度总结出：计量方法是需要的，能够计量的要用计量。用计量方法可以进行定性分析，但不要从计量中创新观点。② 计量学用于现实经济，目的在设定最佳模式，选出最佳方案。用于历史则不行。历史不能选择，也不能假设。目前所用，大多只是回归分析（Regression analysis）和相关分析（Correlationanalysis）二法，回归分析又多限于单元线性。线性回归方法，计算并不困难，但其适宜性在于对资料的理解、运用，这仍有赖于定性分析。定量分析可避免概念模糊、夸大、以局部作总结等弊病。但应用最多的是拿它检验已有的论点或设想是否正确。在经济史研究中，凡能定量的，都应定量；不能定量的，也尽可能找出相对的数量概念。反之，欲用相关分析推导出新的结论，则须慎重。若迷信数字，必致失误。

发展经济学是研究不发达国家经济的，又注重长期趋势，它的方法以及一些论点，研究中国近现代经济史能有所借鉴。发展经济

---

① 吴承明：《中国经济史研究方法杂谈》，1986年12月在中国经济史学会成立大会上的讲话，载《中国近代经济史资料》1987年第6辑；同时载《工业经济研究》1987年第7期。

② 《吴承明先生谈经济史研究方法问题》，2004年6月8日，载吴承明《经济史：历史观与方法论》，上海财经大学出版社2007年版。

学学派众多，但有共同特点，即注重比较方法。20世纪60年代以前的发展经济学，多是与英美等国的工业化过程相比较，一如过去史学界的西欧中心论。用这些模式研究中国近代经济的发展，自然不得要领。不过，我们过去的研究偏重生产关系，对资本、劳动注意不够，在这方面与外国工业化过程作对比仍是有益的。发展经济学中还有其他一些值得注意的理论，如不均衡发展、发展阶段论、周期论等。这些理论不只从不发达国家出发，而是从整个经济史立论。

区域论和周期论，又称为"空间时间研究法"（Spacialandtemporalstudy），是20世纪70年代兴起的美国学者研究中国经济史的一个学派，近年来极为盛行，并流行于日本、法国的中国史学者。其把中国分为八大经济区，清以后加上东北成九大区。每区都有一两个核心区（Core），经济发展是由核心区向边缘区（Periphery）推广。大区内由各级市场和资本、劳动力的转移相联系，形成多极性体系（Hierarchicsystem）。各大区的发展都有周期性。周期一般有四个阶段：边区（未开发）阶段，大发展阶段，衰落阶段和平衡阶段。区域论源于古老的地缘政治学。中国自古就是大一统为主的国家，经济制度和政治、法律等基本上是统一的，很早就有全国性市场。这一点和欧洲很不相同。美国籍学者王业键的清代粮价研究，用计量学方法说明各大区物价长期趋势的同步性，是个有力的证明。历史发展非直线，有盛有衰就是周期。事物发展出量变到质变，就自成阶段。吴老认为这样去研究经济史比用断代史的方法好，因经济发展往往是朝代断不开的。我国周期论思想出现更早，春秋战国时即有范蠡、白圭的农业循环说。西方周期论最有贡献的是熊彼特（Joseph Schumpeter）的创新论，道出了周期的根源。吴老觉得"阶段"比"周期"的提法更好。不过，西方的周期论一般只讲生产力，不讲生产关系，因而所得结论并不确切。

社会学内容广泛，其中人口、劳动等方面已成专门学科。吴老将涉及经济史者如收入结构学派、功能和行为学说等视为经济学的分支，认为社会学就方法论而言基本特点有三：第一，它认为每个民族或地区都有自己的社会结构和文化传统，其发展也非同一道路。这就摆脱了"西欧中心论"，不去套西方工业化模式，而注意各民族、地区特点的比较研究，因而有"空间史学"之称。第二，它重视"底层"即群众物质生活和精神生活的研究，把人类学、民族学、民俗学、心理学等作为方法引入历史研究，扩大了研究领域。第三，它非常重视社会调查，积累了一套科学调查方法。中国早就注意文化史的研究。社会经济的发展，主要决定于内部力量，传统力量的继承和演变，应是经济史的一个课题。

结构学派在经济学上是新学派。其认为经济的发展不仅是生产力的进步，而且在于结构的合理，否则比例失调，产生危机。在经济史上以法国年鉴学派为代表。从方法论上说，最重要的就是"整体历史"论，反对描述个别部门、事件，因为"整体大于部分之利"，而历史是一系列"互相连锁"的事实。即使研究一国一地区历史，也是先研究地理、气候、交通等，即人与环境的历史，然后是人口、劳动、贸易、家庭、文化等，即群体的历史，最后才是政治、军事、外交等历史。他们主张研究质，不注意计量分析，而代之以结构分析；尊重传统，讲究平衡；重视经济结构。这都是研究中国经济史所需要的。但是这派学者提及中国时，不恰当地强调了传统平衡的作用。行为学说是早期比拟于生物学的研究而来，功能学说则是认为社会现象不能用简单的因果关系去解释，时常是种瓜得豆，因而要研究先于结果（或目的）的东西，即功能。其理论用于经济学，形成制度学派。其制度（Institution）有制度和机构二义。如银行、交易所是一种制度，也是执行某种功能的机构。经济发展与否，就看这些机构执行其功能是否得当，以及各种功能配合得好坏，这种配合也就是结构（制度）。在方法论上，就是研究各种制度的功能效率。如钱庄的功能不如银行，漕运的功能不如商运。在研究中又特别重视服务性的功能，如商业、运输、资金融通、政府管理和税制等。有人把这些转化为交换成本，交换成本低，经济就有发展。国外用这种方法研究中国经济史的很多，一般把中国近代经济的不发展归之于运输落后，商业机构不健全、利息率高等，也用这种观点研究宋以后的市场、行会、商税和币制、票号、钱庄等。我国经济史学者一向注意政府作用的问题。历代统治者的作用，多强调赋税剥削、官田、官工商业、抑商和贪污腐败等消极作用。国外学者相反，一般认为，和欧洲封建社会相比，中国政府敛聚较轻，维持社会安定和经济秩序较有效率，对于水利、粮仓、救灾等大为赞扬。近年来，特别对于清政府的经济政策深为赞许，原因之一是中国在乾隆时能养活三倍于过去的人口。

系统论方法包括控制论和信息论，是20世纪50年代发展起来的科学研究方法。用系统论方法研究历史，尚未见国外著作，在中国却有不少论述，已形成一个学派。系统论在中国，尤其是青年史学家中受到欢迎，大约因为它具有辩证唯物主义思想，许多原理本是马克思、恩格斯早已提到过的。在我国的一些论述中，有些是讲系统论的一些原则，如整体观、结构分析、层次分析、相互作用、功能、行为等，探讨这些原则在历史研究中的适用性。如金观涛、刘青峰、李桂海、陈平诸家把系统论用于中国封建社会史的研究。诸家研究的结论有个共同点，即认为中国封建社会是个超稳定系统，两千年来内部的振荡只引起王朝的更替，结果是封建模式的复制，重归于稳定。吴老不同意那种认为中国封建社会是个封闭系统，不能容纳外来因素输入，因而停留在稳定状态的说法；而认为中国从来不是个封闭国家，不仅汉唐朝时如鲁迅所说采取"拿来主义"，直到明清海禁，许多重要农作物还是从国外引进的。吴老认为，应用系统论一些原则作为观察、研究历史上某些问题的方法是完全可以的。事实上，像结构分析、层次分析、相关分析以至功能、行为等学说，早已应用于历史研究了。但用系统论研究整个社会的历史有两个问题：一是大系统问题，一是计量问题。目前用系统论研究中国历史的，除一些年代、人口数字外，都不计量，没有一个数学模型，这就失去了系统论的光辉。系统论方法在数据不足时,也可不建立数学模型,先建立物理模型,作定性分析,但目的是为将来进行定量分析。在用系统论研究中国历史时,连物理模型也难建立。因而所谓相互关系、功能、结构等,还是一些概念,看不出方向、时序、质和量。在讨论各种力量时,只能用集中、分散、增强、减弱等来表示。系统论方法既然是计量,当然经济计量学方法的一些缺点它也都存在。另外,系统论是不注意内部矛盾的,因为目前应用的都是人造系统(工程、计划、预测模型等),不去人为地制造矛盾。控制论的主要目的,就是消除不稳定,使系统保持原有状态。这些都是不符合历史唯物主义研究原则的。但我并不认为系统论方法不能用于研究历史。毛泽东说:应先作经济史、政治史、军事史、文化史几个部门的分析研究。我想,目前用大系统研究全社会历史的条件还不成熟,不如就一些经济史的专题,进行小系统研究。系统论的方法不断发展,比经济史研究进步更快。例如现在我们说的还是"老三论",而新三论——耗散结构论、协同论、突变论,已经出世了。①

五 一点感悟

20世纪80年代以来,西方经济学在中国得到迅速普及和传播,对于中国市场取向改革的萌芽,发挥了促进与推动作用。相对而言,中国和外国经济史研究要冷清和滞后许多。随着改革开放的深入,当要求中国自己的经济理论问世并领航中国经济时,中外经济史教学与研究滞后的问题就逐渐出现了。经济史与经济学存在着"源"与"流"的辩证关系。② 今天我们对历史上的许多事物还不清楚,或不很清楚,还需要一事一物、一个个专题进行研究。在这

---

① 1986年12月在中国经济史学会成立大会上的讲话,载《中国近代经济史资料》1987年第6辑;同时刊载《工业经济研究》1987年第7期。
② 详见董志凯《经济史与经济学的"源"、"流"之辩》,《中国经济史研究》2006年第1期。

种定性研究中，传统的方法，文献学、考据学、考古学的方法，仍是第一要义。至于研究其发展变化，即动态的研究，也要以史料为基础，不能单靠逻辑思维或计算机给出答案，即使给出，最好也要有文献学的证明。近年来，一批经济史研究人员为了弥补史料、文献的不足，做了大量艰苦的基础工作，但与深入研究的需求比较，还很不够。不仅如此，对于已经发掘的史料，研究也很不足。

在这种背景下，吴老提出"史无定法"的包容理念，有两个重要意义：一是如前所述，为经济史研究开辟新航道，打开思路，促进经济史成果百花齐放、推陈出新；一是启迪和勉励我等后生学者：经济史研究是一个多么有趣、多么广阔的天地，有大量尚待开垦的荒地，可以从各个角度、多方位、多层次进入，取此法之长，补他法之短，通过不懈努力，定能收获硕果。

让我们努力开拓耕耘，以新的成果告慰吴老！

（原载《中国经济史论丛》，武汉出版社2013年版）

编选者手记

董志凯老师是中国经济史学界的学术前辈，在中国现代经济史研究领域深耕40余年，著述甚丰，硕果累累。她耗尽半生精力组织编写的《中华人民共和国经济档案资料选编》，享誉海内外，是研究中国现代经济史必备的基础资料，仅凭这一点，她便当之无愧是中国现代经济史学科重要的奠基人之一。

董老师治学非常勤奋，退休后仍然笔耕不辍，每年都有新作面世。她对中华人民共和国经济史上的重大问题都有自己独到的见解，我们中国现代经济史研究室的才俊在和她聊天中便会得到启发。董老师集中研究固定资产投资、城市建设、"156项"建设项目、国有企业管理、计划经济体制、毛泽东经济思想、陈云经济思想等问题，撰写了大批有分量的论文和专著。

在选编本书时，我们从她发表的论文中筛选出21篇文章，其中有16篇研究了国民经济恢复时期的货币制度与私人投资、"三大改造"与工业化的关系、"一五"建设、国有企业管理与投融资、城市规划与城市建设、"三线"建设、国民经济调整、计划管理、所有制结构调整、突破封锁禁运、对外投资、中国经济发展道路等内容，有3篇文章探讨毛泽东、陈云的经济思想，有2篇文章讨论经济史研究方法，因此，这本书的主体部分是她发表的部分中国现代经济史的研究文献，另外的部分是她对部分中共领导人经济思想史研究的文章及探讨经济史学方法的文章。

赵学军
2018 年 10 月

《经济所人文库》第一辑总目(40 种)

(按作者出生年月排序)

《陶孟和集》　　《戴园晨集》
《陈翰笙集》　　《董辅礽集》
《巫宝三集》　　《吴敬琏集》
《许涤新集》　　《孙尚清集》
《梁方仲集》　　《黄范章集》
《骆耕漠集》　　《乌家培集》
《孙冶方集》　　《经君健集》
《严中平集》　　《于祖尧集》
《李文治集》　　《陈廷煊集》
《狄超白集》　　《赵人伟集》
《杨坚白集》　　《张卓元集》
《朱绍文集》　　《桂世镛集》
《顾　准集》　　《冒天启集》
《吴承明集》　　《董志凯集》
《汪敬虞集》　　《刘树成集》
《聂宝璋集》　　《吴太昌集》
《刘国光集》　　《朱　玲集》
《宓汝成集》　　《樊　纲集》
《项启源集》　　《裴长洪集》
《何建章集》　　《高培勇集》